KB141722

사주, 관상 실전(實戰) 통변(通辯)의 길-❷

궁합은 내로남불

한명호 엮음

겉 궁합은 지갑 **속** 궁합은 금고

도서출판 두원출판미디어

인간은 누구나 철저한 이중성(二重性)의 성향을 갖고 있다.
선악을 논하는 것은 음(陰),양(陽)의 원리(原理)로 본다면 그것은 지극히 당연한 것이고, 타당성이 있는 말이다.
삼라만상(森羅萬象) 모든 것이 음, 양의 원리(原理)에 항상 이중성의 요소(要素)를 간직하고 그것이 외부의 영향으로 인한 것이던, 내부 요인으로 인하던, 표출되는 시기(時期), 환경(環境), 방법(方法) 등 여러 가지를 종합적(綜合的)으로 보고 판단, 그 사람의 됨됨이와 의중(意中)을 부분적이나마 읽을 수 있다.

세상을 살면서 우리는 불연 듯 내가 당했다는 일종의 피해의식(被害意識)과 같은 정신질환(精神疾患)에 나 자신도 모르게 시달리면서 살아가는 것이 현실(現實)이다. 특히 이성(異性)간의 관계에 있어서는 그것이 더욱 강하게 나타난다. 미혼(未婚)일 경우는 각자가 당사자 개인(個人)에 국한(局限) 될 수 있을지 모르지만 기혼자(旣婚者)일 경우는 문제가 제법 심각해지는 경우가 다반사(茶飯事)다.

가정(家庭)이라는 작은 집단이 전체가 흔들리게 되는 것이다.
이로 인해 파생되는 여러 문제는 사회적인 문제로도 발전 된다.
각 개인 구성원의 입장에서 본다면, 그 여파가 자신만으로 한정(限定)되는 것이 아니라, 후(後)에 또다시 가정(家庭)을 꾸리더라도, 항상 그 앙금(鴦衾)으로 암암리(暗暗裡)에 후유증(後遺症)으로 시달리게 되는 것이다.
이런 경우 대체적으로 그들의 사주를 보면 남성(男性)의 경우는 항상 재(財)로 문제가 되고, 여성(女性)의 경우 관(官)으로 그 원인(原因)이 발생 한다.

다른 경우에 의해 생기는 경우도 많지만, 위의 경우와 비교(比較) 한다면 그 차이란 비교가 안 된다. 세상사 모든 일이 계획하고, 뜻한바 데로 순조로이 이루어진다면 무슨 고민이 있고, 걱정이 있으랴만 어느 하나라도 그리 마음먹은 대로 되는 경우란 극히 드문 것이다.

설사 그것이 뜻대로 된다하더라도 그것은 어느 일정한 기간이 있어 그리되는 것이요, "아 앞으로도 계속될 것이다." 하고 긍정적인 생각을 하면 틀어지고, 될 듯 될듯하면서도 안 되는 것이 세상사(世上事)다.

때로 뜻하지 않은 횡재(橫財)로 복(福)이 넝쿨째로 굴러오는 경우도 있지만, 이런 경우는 준비가 안 된 탓으로 그리 오래가지 못한다.

항상 준비되고, 때를 기다리며 묵묵히 매진하는 사람이 모든 일에 성공 한다지만, 그것 또한 만족한 답변이 되는 것이 아니다.

준비된 자는 완비된 사람을 만난다.

- 예측하고, 대비하고, 남보다 앞서야 정상을 차지하는 것이요, 그것을 지키기 위해 몇 배의 노력과, 인내가 필요한 것이다.
- 삶도 마찬가지다. 배우자의 선택은 인생(人生)에 있어서 나의 모든 것을 맡기고, 의지하고, 사후까지 그것이 연결된다.
- 살아 숨 쉬는 그 기간만이 아니다.

  나의 후대(後代)가 탄생하여 나의 사후(死後)까지도 관리(管理)하는 것이다.

그 모든 것을 나 자신과 배우자가 작품을 만들고, 그것이 제대로 그 역할을 할 수 있도록 가꾸어야하고 정성을 드려야 이루어진다.

"부부(夫婦)란 일심동체(一心同體)다" 라고 하는 이유도 다 그런데서 연유한다.

이렇듯 중요한 것이 이성(異性)의 선택이요, 배우자(配偶者)다.

선택도 중요하지만 살다보면 항상 변수라는 것이 생긴다.

그 변수(變數)에서 우리 인간은 고뇌하고, 번민하고, 인생을 다시 한 번 생각한다.
여기에서 논하는 것은 바로 그 변수에 대한 예이다.
그 중에서 부부간의 심리적인 문제, 건강, 그리고 복잡한 가정사 여러 문제와, 섹스에 관한 사항을 다루어 보았습니다.
실제 상담, 실례로 하나하나 분석해 열거해 보았으니 독자여러분께 많은 참고가 된다면 좋겠습니다.
연세가 드신 분들의 사주는 그만큼 세상을 오래 살아오셨기에 더욱 중요한 자료가 될 것으로 생각 합니다.
실제 상담에서 차지하는 비중이 의외가 아니라, 실로 많으므로 많은 관심과 연구가 필요한 부분이라 생각 합니다.

각 항목별로 분류 하였으니 참조하시기 바랍니다. 항상 많은 진전, 건승을 기원합니다.
성불하십시오.

2021년 辛丑年 -코로나와 싸우면서
(법사 원담) 한 명호 올림.

✤ 차례

○ 제 1 장

○ 제 2 장

○ 제 3 장

○ 제 4 장

○ 제 5 장

제 1 장

부부(夫婦)

행복한 부부의 조건
덕(德)에 대하여.
좋은 사주의 조건.
해로하기 힘든 사주.
삶이 피곤한 사주.
바람직한 배우자의 사주.

부부란 ? 남녀가 한 가정을 이룬 후 부여 받는 명칭이다.
인간이 이성간에 성립되는 성스럽고, 의무가 부여되고, 그에 상응하는 많은 혜택과 책임감이 부여된다. 과연 시작부터 끝까지 잘 이어질 것인가? 많은 시련과 어려움도 겪어야 하지만 보람 또한 스스로가 창출하는 것이다. 성숙한 인간으로써의 존엄성 또한 잘 지켜나가는 것도 막중한 임무다. 행복이란? 합심하여 이루는 것이다.
부부란 ? 혼연일체요, 일심동체가 이루어져야 함이다.

◉ 부부(夫婦)

가정을 형성하는 제일 중요한 역할을 한다.
같이 식사하는 시간을 많이 갖는 것이 좋다.
서로의 복을 공유하며 누리기 때문이다.

✤ 부부(夫婦)란 선남선녀(善男善女)가 서로간의 인연(因緣)으로 여보, 당신하면서 행복하게 한 평생 같이 살기로 약조(約條)하고, 서로 간 믿음과 사랑으로 맺어지는 인연(因緣)이다. 인간사의 최대의 행복(幸福) 중 하나다. 이는 신성(神聖)한 것이다.

● 인간으로써 누릴 수 있는 권리(權利)중 하나이기도 하고, 종족보존(種族保存)이라는 숭고(崇高)한 의무(義務)를 이행하는 한 방법(方法)이기도 한 것이다.
이것은 좋아도, 싫어도 선택하는 누구나의 길이다.

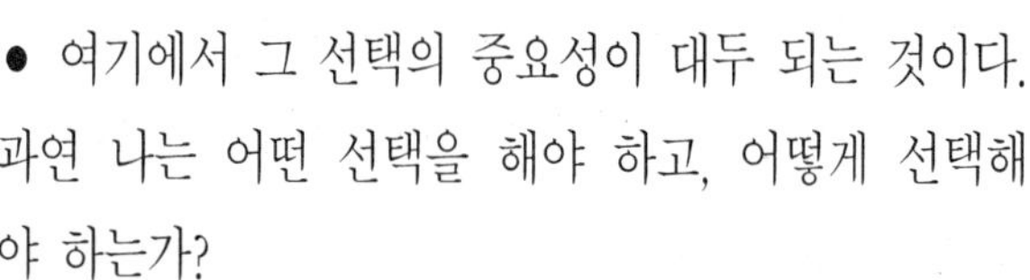

● 여기에서 그 선택의 중요성이 대두 되는 것이다.
과연 나는 어떤 선택을 해야 하고, 어떻게 선택해야 하는가?
그리고 그 후, 나는 어떻게 처신(處身)해야 주어진 생(生)의 참다운 의미를 느낄 것인가? 하고 말이다. 후회(後悔) 없는 삶을 영위하기 나의 선택이다.

● 사람의 삶은 크게 결혼, 그 전(前)과 그 후(後)로 나눈다.
그리고 그 후의 성패(成敗)는 결혼이라는 선택 여하에 따라 모든 것이 갈리는 것이다.

✣ 행복한 부부의 조건

행복(幸福)한 부부(夫婦).

✣ 부부(夫婦)란?

● 부부(夫婦)란 무엇일까?

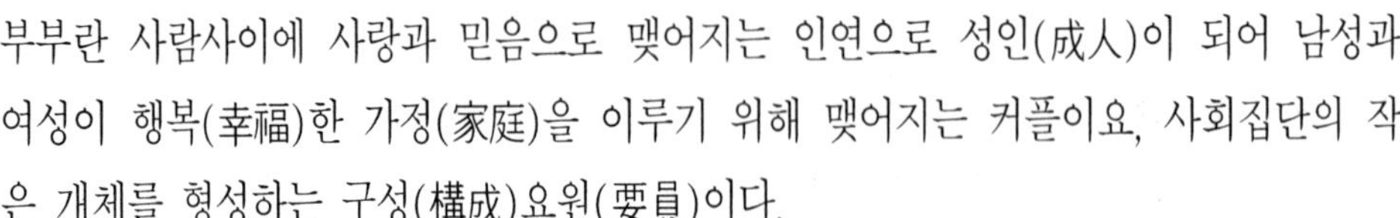

부부란 사람사이에 사랑과 믿음으로 맺어지는 인연으로 성인(成人)이 되어 남성과 여성이 행복(幸福)한 가정(家庭)을 이루기 위해 맺어지는 커플이요, 사회집단의 작은 개체를 형성하는 구성(構成)요원(要員)이다.

◈ 오행(五行)으로 보는 부부(夫婦)관계.

● 부부(夫婦)란 극(剋)하는 관계로 성립된다.

극(剋)하는 오행이 남편(男便)이요, 극(剋) 당하는 오행(五行)은 아내인 처(妻)다. 극(極)과 극(極)은 통(通)한다고 하는 것을 생각하면 될 것이다.

◈ 목(木) ➜ 토(土)

● 나무가 뿌리를 내리려면 흙이 있어야 한다.

흙도 나무가 있어야 중간에 버팀목이 되어 흙이 붕괴되는 것을 방지한다. 산에 나무가 없으면 산사태가 잘 나는 이치(理致)다.

흙이 단단하면 나무가 뿌리를 내릴 수 없다.

◈ 화(火) ➜ 금(金)

● 화(火)는 전기요, 빛이다. 금(金)은 쇠다.

동선(銅線)이다. 전기는 구리선(銅線)을 사용하는데 그 이유는 잘 통하기 때문이다.

● 쇠란 열로 달구어진 후에야 금속성의 진가가 발휘된다.

용광로에서 달구어진 후 녹아서 변형(變形) 되어, 필요한 모습으로 변화(變化)되어 그 역할을 다하는 것이다. 화기(火氣)가 약(弱)하면 쇠를 녹일 수 없다.

◈ 토(土)→수(水)

● 물이란 흐르는 것이다.
가두는 틀에 따라 그 모양이 항상 변한다. 여자란 남자하기 달린 것이란 이야기가 성립(成立)한다.

● 물을 둑을 쌓아, 막은 후, 다목적(多目的)으로!
이용하면 유익(有益)하게 사용한다. 둑이 얕으면 물이 넘친다. 물이 없으면 경작(耕作)을 못한다.

◈ 금(金)→목(木)

● "목수가 연장을 탓 한다." 는 말이 있다.
그 연장이 바로 금(金)이요, 나무가 목(木)이다. 아무리 좋은 재질(才質)이 있어도 그것을 활용 못한다면 소용이 없다. 그리고 재주와 연장이 아무리 훌륭해도 재료(材料)가 없으면 아무것도 이룰 수 없다, 서로가 공존(共存)하고, 상호 보완관계가 이루어져야 한다. 나무가 너무 굵고, 단단하면 톱날이 무뎌지고, 도끼 이가 빠진다.

◈ 수(水)→화(火)

● 물과 불은 상극(相剋)의 관계다.
이루어질 수 없는 사랑이다. 화(火)인 전기는 물속에서 더 잘 통한다. 아무리 뜨거운 불길도 차가운 물의 기운에는 그 화기(火氣)가 수그러든다. 그러나 수기(水氣)가 약(弱)하면 강(强)한 화기(火氣)를 잡을 수 없다. 남편과 아내는 존중하고, 서로가 협력(協力)하며 가정(家庭)을 이끈다.

● 아내의 기운이 지나치면 남편이 기울어진다.
역(逆)으로 아내가 가정을 이끄는 실질적인 가장(家長)이 된다. 지금은 아내가 가장이 된다 해도 크게 개의치 않는다. 그만큼 세상이 변하고 있다는 설명이다. 극즉변(極則變)이다.

✤ 행복(幸福)이란?

보통 행복(幸福)이라는 의미를 찾는다면, 어떠한 표현이 잘 어울릴까?

- 그것은 추구하는 사람의 의도(意圖)에 따라 달라진다.

환경, 주변 여건에 따라, 필요나 유무, 기타 상황으로 제각각 다 다르다.

- 자기는 필요로 하나 그것에 대한 만족과 성취를 못 느낀다.

항상 모자람을 느끼는 사람이거나, 애착이 강한 사람은 그것을 충족하고, 정복(征服)감을 느끼면서 그에 대한 부족함을 해소하였을 때 비로써 행복감을 느낄 것이다.

- **행복이란?** 그런 것이다. 일종의 욕심(慾心)에 대한 발로(發露)이다.

그것이 지나치면 항상 화근(禍根)이 되어 재앙(災殃)으로 내게 다가온다.

그러므로 지나친 행복은 결국 불행과도 일맥상통(一脈相通)한다.

약간 모자란듯하고 항상 공간(空間)이 있어, 채울 수 있는 여유(餘裕)가 있어야 한다. 그것이 알찬 행복이다.

- 그렇다면 부부간에 있어서 **진정(眞正) 행복한 부부란**?

어떤 부부를 말하는 것일까? 흔히들 말하는 잉꼬부부라는 표현을 쓰는데, 과연 그것이 진정으로 행복을 뜻하는 것일까?

- 그것은 단지 외관상(外觀上)으로 나타났을 때의 부분적인 형태(形態)다.

그 자체로는 아주 좋아 보이는 것이나 그 속내는 알 수가 없다.

우리는 주변에서 가끔 이런 말을 많이 하고, 들었을 것이다.

- "그래 그 사이 좋기로 소문났던 부부가 글쎄 이혼을 했데." 참! 알 수가 없는 것이 부부"라 더니 그 말이 딱 맞구먼 하면서 말이다.
- 그 예로 최근 잉꼬부부로 소문난 연예인 부부가 줄지어 우리에게 이혼이라는 생각지도 않았던 소식을 전해주는 것을 대중매체를 통해서 들었을 것이다.

● 부부(夫婦)란? 그런 것이다.

그 속사정은 그들 밖에는 아무도 모르는 것이다. 설사 이야기를 들어 안다 해도 그것은 한 쪽의 일방적으로 자기합리화를 위한 사연 일 뿐, 편협(偏狹)된 사실이다.

● 결국 양자(兩者)가 같은 장소에서 대화를 한다.

시시비비를 가려야하는 것이고, 그것도 힘들면 재판이라는 법정(法廷)다툼이 끝난 후에 누가 잘못하고 오해가 있었는가가 명확히 나온다.

그래도 안 풀리는 부분은 그 각자의 속내 심정까지는 법정(法廷)에서도 어쩔 수가 없는 것이다.

● 진정 행복한 부부란 지나치게 화려(華麗)하지 않다.

시끄럽지도 아니하고, 조용하면서도, 서로의 눈빛만 보아도 이심전심(以心傳心)으로 모든 것을 해결(解決)하고 웃음을 간직할 정도가 되어야 어느 정도는 행복한 부부라고 할 수 있다.

● 이 세상에서 100% 행복한 부부는 거의 존재(存在)하기 어렵다.

✥ 행복에 근접하여 만족을 느낀다.

● 근접하려 노력하므로 행복한 부부가 될 수 있다.

부족(不足)하더라도 이해(理解)하고, 도와주며 합심(合心)하여 그것을 채우려는 부부가 진정 행복한 부부다.

● 이미 커다란 문제점으로 부각되고 있는 것.

바로 부부 (夫婦)간의 성(性)에 대한 문제, 속궁합이다.

● 이것에 관한 사항은 아무에게나 이야기를 할 수 있는 문제도 아니다.

그렇다고 마냥 혼자 가슴속에 담아놓고 끙끙 앓을 수도 없는 문제다.

시대가 많이 바뀌고 나니 이제는 “참아야 한다, 참아야 한다.”가 아니라 “나 자신을 위해, 건강한 삶을 위해, 행복한 삶을 위해, 즐거운 삶을 위해, 희망찬 삶을 위해, 나의 권리를 위하여!” 하면서 돌파구를 각자가 찾기도 하고 자문을 얻기도 하고, 병원을 통해 상담과 치료를 행하기도 한다.

- 예전의 내실에서 아낙네들의 기다리는 그러한 일이 아닌 것이다.

실지 예전의 봉건적인 사고방식이 지배하던 그런 시절에도 사람들은 성적인 욕구를 충족하기 위해 나름대로의 방법들을 찾았다.

- 다만 현재와의 차이점은?

이제는 공공연히 그러한 문제에 대해 허심탄회하게 논하고, 토론하면서, 적극적(積極的)으로, 긍정적(肯定的)인 방향으로 유도, 그것에 대한 해결(解決) 방법(方法)을 찾으려 하는 것이다.

- 일반적으로 부(富)와 권력(權力)과 명예(名譽)를 다 얻었는데 무엇이 부럽겠는가?
  또 무엇이 부족하겠는가? 하고 말이다.
- 그러나 그런 사람들도 그저 평범(平凡)하고 보통의 사람들과 똑같은 것이지 다를 것이 하나도 없는 사람이다.

❖ 많으면 많은 데로 시달리고, 적으면 적은대로 시달린다.

- 시달린다는 자체는 상하, 귀천(貴賤)을 떠나서 똑같은 것이다.

사랑을 위해 이국땅에서 목숨을 기꺼이 버린 사람이 있는가 하면, 내가 하고 싶은 일을 하는 것이 더 좋다하여 이혼(離婚)하고, 사랑을 위해 함께 외국으로 나가기도 하고, 모든 것을 다 버리고 이제 살아야 얼마나 사는가 하면서 산으로 들어가 수행의 길을 걷는 사람도 있고, 별의 별 사람이 다 있다. 그것이 인생(人生)이다.

- 작금(昨今)에 들어서 아주 보편화된 눈에 뜨이는 상황이 있다.

스킨십과 섹스에 관한 사항이다. 이제는 숨길 일도 아니고, 서로 편안(便安)하게, 허심탄회(虛心坦懷)하게 이야기 하면서 의논(議論)하여 해결하는 그러한 시대가 된 것이다. 완전히 성(性)에 대한 이야기가 공론(公論)화되어 어려서부터 올바른 성교육(性敎育)을 시켜야 한다며, 보다 적극적로 나서고 있다.

● 실제로 상담을 함에 있어서 나타난다.

금전과 직장, 승진, 가족문제, 자녀의 문제, 집안의 문제, 건강문제 등이 주종을 이루지만 뒤로 실질적인 주종(主從)을 이루는 것이 남(男), 녀(女) 간의 문제요, 특히 침실 문제도 여과 없이 서슴지 않고 나오곤 하는 것이 요즈음 추세(趨勢)다.

● 부적절한 관계를 유지하고 있다.

이 사람이 또 다른 관계로 속을 썩여 고민하는 부분, 과연 얼마나 오래갈 것인지? 아니면 나에게 무리한 요구를 하지나 않을 것인 지? 금전(金錢)이 오간 것이 있는데 받을 수나 있을 런지?

● 헤어지고 나면 다른 인연이 생길 것인지?

팔자가 진짜 그런 팔자인지?

이혼(離婚)하고 이 사람과 합쳐도 되는 것인지?

남편이 눈치를 챈 것 같은데 어찌해야 할런지? 등등 이루 헤아릴 수 없을 정도로 많은 상담이 이루어진다.

● 여자끼리의 상담이 아니더라도 편안한 상태에서 이야기를 할 정도다.

손님들이 많이 자유분방하여 진 것이다.

남자끼리의 상담에서도 많은 이야기들이 오간다.

잠자리하기가 겁이 난다며 건강에 이상은 없는지 물어보기도 하고, 앞으로는 어떤지? 등 등 사연은 널려있다.

● 모두가 한 걸음씩 물러나서 상대방을 이해하는 아량이 아쉬운 것이다.

일부 잘못된 편견과 사고방식으로 탈선이라는 부적절한 방법을 사용하기도 하는데, 만물의 영장이라는 인간으로써의 고귀함을 간직하는 방법을좀 더 신중하게 생각해 보는 것도 좋을 것이라 생각해본다.

● 진정 행복한 부부란 어떤 부부일까?

결혼(結婚)하여 가성을 이루고 난 후(後)는 결혼하기 전(前)과는 많은 차이가 난나.

● 가정을 형성하기 전에는 개인인 본인(本人) 자신을 위주로 한다.

모든 것이 진행이 되지만, 일단 가정(家庭)이 이루어지면 그동안 부모의 그늘 아래에서 예행연습이요, 조연(助演)에 불과하였지만 이제는 실질적(實質的)인 가정을 이끌어가는 주체가 되는 주연의 역할을 하여야 하고, 자녀(子女)가 생기면 그들의 장래를 위해 모든 것을 아낌없이 투자하고, 봉사해야 하는 것이다.

- 작게는 남편이요, 아내다.

좀 더 나아가면 자녀를 포함하여 나의 부모들 까지도 책임을 지고 이끌어가야 하는 경우가 된다. 가장(家長)으로써의 책임이 막중해지는 것이다.

- 부부(夫婦)가 평생(平生)을 해로(偕老) 한다는 것도 큰 행복(幸福)이다.

자의(自意)든 타의(他意)든 그리 못하는 경우도 많다.
누구인들 그리하고 싶겠는가만 어디 그것이 뜻대로 되는가?
상대방이 바뀌기도 하니 말이다. 어떤 이는 또 홀로 많은 시간을 보내기도 하고, 말 못할 사연도 많은 것이다.
그 자체에 대해서는 누구도 쉽게 무어라 말하기 힘들 것이다.

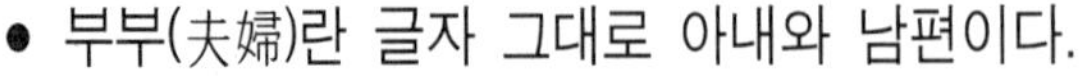

✤ 부부(夫婦)의 형성(形成)

- 부부(夫婦)란 글자 그대로 아내와 남편이다.

- 이중 한 사람이 없다면 형성(形成) 자체가 안 되는 것이요, 설사 형성이 되었다 하여도 중간에 한 사람이 부족(不足)해진다면 흔들리는 것이요, 심해지면 부작용으로 붕괴(崩壞)되는 것이다.

- 근본 요소는 항상 짝을 이루어야 한다.

그래야만 부부(夫婦)가 성립(成立)이 된다.
필수(必須) 요건(要件)이다.

✤ 부부(夫婦)의 형성(形成) 시기(時機).

- 부부가 형성 되는 시기는 언제일까? 그리고 언제가 제일 적합한 시기일까?
  모든 일에는 항상 때와 시기가 존재한다.
- 시기(時期)도 제일 적합한 시기가 있다.
  그보다 못해도 필요에 의해 형성 되는 시기(時期)가 있다.
- 그 시기를 놓치다 보면 시기에 관계없이 항상 대기 상태가 된다.
  이 상태가 되면 진도(進度)가 나가는 것이 불분명해져 삶의 진도가 흐름을 잃어버리게 된다.

✤ 부부(夫婦)의 선택(選擇)과 그 이후.

부부의 연이 맺어지고 나면 그 이전과 이후를 비교하게 되는데, 자연 득실(得失)을 따지는 것이 인간의 심리다.

- 계산에서 밀리면 잘못된 선택이다.
  득(得)이 될 경우는 잘된 선택으로 생각 하는 것이 심리다.
  서로가 절충(折衝) 하며 사는 것이 부부인데, 지나친 득실(得失)을 따지면 마음의 평정이 기울어 항상 애로 사항이 생긴다.

- 서로가 기울어보일 때 서로 채워주는 역할이 필요한 것 또한 부부다.
  기울기가 지나치면 일어서기 힘들어지고 헤어짐이라는 수순이 나온다.
  여기에서 득실(得失)이란 정신적인 면, 육체적인 면이 큰 비중을 차지하지만 그에 못지않게 작용하는 것이 경제적인 면이다. 이것은 양쪽을 아우르는 역할을 하는 것인데, 이것이 제대로 역할을 못하면 전체가 흔들리며 커다란 문제를 야기한다.

✤ 선택의 중요성.---사람이란 매사 모든 일에 항상 판단을 해야 한다.

- 결혼(結婚)이란?
  보는 문제 뿐 아니라, 어떠한 경우라도 그 선택에 따라 모든 것이 그 이후로는 그 결정에 따라 진행되므로, 잘못 되었다고 답이 나온다면 그것을 다시 원위치로 돌리려면 많은 시간이 필요해진다.

- 이미 엎질러진 물이다.
  절대로 다시 돌아갈 수 인생의 항로다.
- 후진(後進)이 없는 전진(前進)만이 있는 것이 인생 항로다.
- 궤도(軌度)를 수정할 수는 있어도 가는 배를 못 가게 하거나, 뒤로 갈 수는 없다.

때로는 빠른 길이라 생각하고 갔지만 그것이 오히려 더 늦는 경우도 있으니 말이다.

- 부부의 선택에 있어서 이미 한 번의 선택이 이루어지면 되돌릴 수는 없다.
  많은 사람들이 후회를 하는 이유도 신중함이 부족했기 때문이다.
- 결혼을 인륜지대사(人倫之大事)라 하는 이유도 다 이런 연유다.

- 결혼이라는 선택에 있어서 잘못된 선택을 하는 사람은 결코 완전한 성공을 이룰 수 없다. 설사 그 사람이 성공을 해도 불행한 성공이요, 반쪽 성공이다.
- 정말로, 실로 잘 된 선택이라도 크게 빛을 못 보는 것은 그 사람의 능력의 부족이요, 그릇이 작은 탓이다. 결혼이라는 선택이 잘되었다면 벌써 반은 성공 한 것이다.

그 다음 그 사람의 능력(能力), 팔자(八字), 복(福)이다.

✤ 행복한 부부가 되기 위한 선택의 방법.

- 미혼(未婚)에서 기혼(旣婚)이 된다는 것은 이제 진짜 독립을 위한 시작이다.
  부모의 그늘에서 벗어나 성인으로써 사회에 떳떳이 자기 자리를 잡고 그 일원으로 활동하면서 자기 영역을 구축하는 것이다. 그 첫걸음이 바로 결혼(結婚)이요, 부부(夫婦)의 연(緣)이다. 그만큼 중요한 것이다. 이의 중요성(重要性)은 책 한 권을 다 그것으로 도배해도 모자람이 항상 남는다.

✤ 남성(男性)의 경우.

● 어떠한 여성을 나의 배우자로 맞을 것인가?

● **선택**이란? 항상 본인(本人)의 의사가 중요하다. 확고한 판단이잘 내려지지 않을 경우, 주변의 많은 사람들에게 자문을 구할 것이다.

● 그런데 제일 위험한 것이 바로 일임을 한다는 것이다. 주변에서 "좋으니 아무소리 하지 말고 나만 믿고 따르라"는 소리다. 물론 그만큼 자신 있고 확실한 무엇이 있으니 그리 하는 것이지만, 이때 그 사람이 누구인가 잘 보고 판단해야 한다.

● 이것은 물론 남성(男性) 뿐 아니라 여성(女性)도 해당되는 말이다. 그리고 그 다음은 본인들이 좋아 결혼하는 경우인데, 주변에서 반대하는 경우도 있고, 마지못해 찬성하는 경우도 있고, 진짜 좋아하는 경우도 있을 것이다. 이 경우 많은 시간을 갖고 살펴보는 것이 옳다. 이유는 아직 안목이 세상을 많이 산 사람들보다 무엇인가 허점(虛點)이 많기 때문이다. 이제 본론(本論)으로 들어가 보자.

✤ 여성의 사주를 면밀히 관찰한다.

● 이것은 극히 간단하면서도 당연한 말이다. 그러나 외모라든가, 경제력이라든가, 소개하는 사람의 말에 현혹되어 대강 훑어보고 넘어가는 경우가 많기 때문이다. 그까짓것 안 보면 어때! 물론 맞는 말이다. 안 보면 그 누가 무어라하는가? "같은 값이면 다홍치마"라고 한 번 자세히 훑어보는 것도 누가 되지 않는다. 그렇다고 본인이 직접 보는 것도 아니지 않는 가? 약간의 발품을 팔면 되는 일인데 말이다.

✤ 여성의 사주에서 정관(正官)을 살핀다.

● 여성(女性)에게 정관(正官)은 남편이다. 남편이 사주(四柱)상 확실히 살아 있어야 한다. 정관(正官) 기운(氣運)이 있는 가 살피는 것이다. 그것이 좋게 작용해야 한나. 여성의 입장에서 살펴보자. 남편인 정관(正官)이 보이지 않고, 기운(氣運)도 없고, 여성에게 짐이나 되고, 사사건건 문제되어 흉(凶)으로 작용한다면, 그 여성은 삶이 참으로 피곤 할 것이다. 문제는 여기에 있다.

✤ 남성(男性)이 지금 아내가 될 여성(女性)의 사주(四柱)를 본다.

그 여성의 남편이 “별 볼일 없는 사람이다.” 하자. 그렇다면 본인(本人)인 남성(男性)인 사람이 이 여성과 결혼한다면 남성 자신이 결국(結局) 그 별 볼일 없는 사람, 즉 자신(自身)이라는 이야기다.

✤ 답은 무엇일까?

● 남성 자신이 진짜 별 볼일이 없는 사람이거나, 여성 팔자에는 별 볼일 없는 한심한 남편을 맞아야 하는 그런 운명이라는 것이다.

● 여기에서 남성은 다시 한 번 생각해보아야 하는 것이다. 과연 나는?

✤ 남성의 사주에서 어디에 중점을 둘 것인가?

● 처(妻)인 재성(財星)을 살피고, 일지(日支)인 처궁(妻宮)을 살핀다.

● 일지(日支)는 처 궁(妻宮)인데 재성(財星)이다.

그 자리에 위치하면 제대로 자기 자리를 차지하고 있는 형국이니 일단 편안한 것인데, 그것 역시 좋은 쪽으로 작용해야 실로 길(吉)한 것이다.

● 일주가 약(弱)할 경우.

재(財)의 기운이 강(强)하면 엄처시하(嚴妻侍下)요, 처(妻)의 입장에서는 관(官)이 약한 것이 되므로 몸이 약(弱)하다.

● 일지(日支)는 처궁(妻宮)이라 처(妻)의 자리다.

과연 무엇이 자리를 하고 있는 가?

살펴야한다. 그만큼 중요하다는 이야기다.

✤ 일지(日支)에 인수(印綬)가 있을 경우.

● 인수(印綬)는 어머니인데, 처(妻)의 자리에 있다, 어머니의 간섭이 심하다 볼 수 있고, 처가 어머니처럼 자비와 인자함을 갖추고, 현숙하다 볼 수 있다. 사주가 강(强)할 경우 오히려 그런 면이 흠이 되나, 사주가 약(弱)할 경우는 큰 도움이 된다.

- **남편이 모자라 사업하다 망했다면?**

"그것도 배우는 것이다." 생각하고 더 열심히 내가 왜 망했을까? 깨우치면서 배우면서 산다는 각오로 더 열심히 살면 그것으로 인수(印綬)의 역할이다.

- **재(財)의 극(剋)을 받는다는 것은?**

금전(金錢)으로 인한 고통(苦痛)이 그만큼 심하다는 뜻이다. 일을 배워도 투자(投資)하며, 키우면서 배우는 것이고, 버려가며 배우는 것은 질적(質的)으로 다르다.

✤ 일지(日支)에 견겁(肩劫)이 있을 경우.

항상 판단을 할 때는 일단 사주가 강(强)한가? 약(弱)한가 판단하고, 그 다음상황을 보아야 한다.

◈ **일간이 약(弱)할 경우.**

아내의 커다란 힘이 되고, 항상 의논하고 협력하는 관계가 형성된다.

◈ **일간이 강(强)할 경우.**

다툼이 자주 생기고, 낭비로 가정경제가 문제된다. 의견 조율이 힘들어 중재자가 필요한 상황.

- **재성(財星)이 일지(日支)에 없고 다른 자리에 있을 경우.**

그 성향을 분석 어떤 작용을 하고, 역할을 하는 가 분석해야 한다.

- 일지(日支)에 역마나, 화개, 기타 등등이 있을 경우.

그에 적합한 해석을 하면 된다. 재성(財星)과 동주(同住)하는 가? 확인, 해석한다.

✤ 여성(女性)의 경우.

여성의 경우는 남성과 같은 방법으로 관찰하는데, 여성에 있어서 남성은?

◈ 일지(日支)인 남편(男便)궁과, 정관(正官)을 살펴본다.

◈ 정관(正官)이 없는 경우 ➜ 편관(偏官)을 살펴본다.

◈ 길(吉), 흉(凶)의 관계를 면밀히 살펴본다.

◈ 일지(日支)의 육친(六親)도 살펴본다.
더 자세한 설명은 여성만 따로 다음 장에서 설명을 하기로 --.

✤ 덕(德)에 대하여.

우리는 흔히 "시집을 잘 갔느니, 장가를 잘 들었다"는 표현(表現)을 많이들 하는데 과연 그것은 무엇을 의미하는 것일까?

● 배우자(配偶者)를 잘 만나서 가정(家庭)이 편안함을 말한다.

여자(女子)의 입장에서는 남편(男便)을 잘 만난 것이요, 남자(男子)의 입장에서는 아내를 잘 만난 것이다. 그럼 잘 만났다는 것은 무슨 의미?

● 부부(夫婦)의 관계가 형성이 된 후.

가시(可視)적인 효과(效果)가 나타나야 한다는 것이 전제 조건이다.
전(前)과 후(後)의 차이가 현저하게 나타나야 한다.
여러모로 편안한 것이요, 쉽게 말하면 호강(豪强)하는 것이다.
그러나 이것도 겉으로의 나타남이지, 속은 모르는 것이다.

● 흔히들 겉 궁합, 속궁합 이야기를 하는데 외관상(外觀上)의 모양을 겉 궁합 이라면 안으로의 내적(內的)인 문제는 속궁합으로 표현한다.

● 속과, 겉이 어느 정도 다 절충(折衝)되어야 제대로 임자를 만나 서로가 의지하며

그야말로 배우자의 덕(德)을 보는 것이다. 덕(德)이란? 서로 간 배우자의 복(福)을 말한다. 그럼 어떤 이들이 이런 복(福)을 갖고 있는가?

심신(心身)이 건강하다는 말을 음미해보자. 일단 몸과 마음이 실하고, 튼튼해야 모든 일에 적극적(積極的)이요, 솔선수범이 이루어진다.

- 외부로 부터의 도전(挑戰)에 저항(抵抗)하고, 자신을 지킨다.

어려움이 있어도 혼자, 또는 합심(合心)하여 견디고 넘어간다.

때로는 상대의 역할을 대신 해 주기도 한다.

사주(四柱)로 알아볼 수 있는 그 성향(性向)과 특징(特徵)을 살펴보자.

✤ 처덕(妻德)에 대하여.

- **처덕(妻德)이라함은?**

처(妻)를 맞이하여 모든 것이 좋아지고, 잃어버린 짝을 찾아 나머지 부족(不足)한 부분을 충분히 채워 삶의 활력소다. 생(生)에 있어서 기쁨을 맛보는 것을 말한다.

- 처덕(妻德)이라는 말은 남성(男性)에게 소용되는 말이다.

남성(男性)에 있어서 처(妻)는 정재(正財)와, 편재(偏財)로 구분된다.

ㅇ정재(正財)로 하면 본처(本妻)다.

ㅇ편재(偏財)라 함은 첩(妾), 소실(小室), 김밥을 이야기한다.

- 덕(德)이 있다는 말은 신세를 진다, 도움을 받는다,

상대가 그 역할을 충분히 하여 본인에게 많은 편안함과 안락함을 재공하고 다방면에서 심신(心身)의 안정을 도모하여 준다는 것이다. 예로부터 집인에 여자하나 질 들어오면 집안이 흥(興)하고, 여자가 잘못 들어오면 집안이 망(亡)한다 하였다.

덕(德)을 보는 것은 집안이 흥(興)한다는 것이다.

✤ 처궁(妻宮)과 처덕(妻德)에 대하여.

◈ 처궁(妻宮) : 몇 번을 장가가느냐가 주안점이요,
◈ 처덕(妻德) : 여자가 얼마나 힘이 되어주고, 잘 하는가 보는 것이다.

✤ 재성(財星)이 빛을 발하는 것이다.

- 빛을 발한다 함은 재성(財星)이 길신(吉辰)이 되어 사주 전체를 활기차게 하여주는 것을 말한다.
- 재(財)가 자기 역할을 한다는 것은 처가(妻家)가 기대이상의 역할을 하는 것도, 처가(妻家)식구(食口)도 다 포함된다.

✤ 재성(財星)이 약(弱)할 경우.

- 재성이 약(弱)하다 함은?
- 재(財)가 그의 역량(力量)을 발휘함에 있어 원활하지 않다는 말. 여기서 주의 할 것은 약(弱)하다고 무조건 안 되는 것은 아니다.

능력(能力)은 있어도 발휘(發揮) 못하는 경우도 있다.

- 이럴 때는 옆에서 조금만 도와주고, 그 자질(資質)을 개발하면? 그 이상의 효과(效果)도 볼 수 있다. 발전성(發展性)을 본다.
- 원동력(原動力)은 남성에게 달려있다. 물론 운(運)에서도 그 기운(氣運)이 나오겠지만 근본 원동력은 남성의 식상(食傷)에 달려 있다.

재(財)를 충분히 생(生)하는 능력(能力)이 문제다. 본인은 노력도 안 하고 덕(德)만 바라는 사람은 설사 덕(德)을 본다 하더라도 그 덕이 오래가지 못한다.

- 처가(妻家)에서 사위 한 번 밀어준다?

장모(丈母)가 온갖 정성을 다하였는데 정작 사위라는 인물이 능력 부족이라 죽 쑨다면 어찌할 것인가?

- **처(妻)의 덕을 보는데 중요한 것은?**

재(財)를 관리하고, 키우는, 생(生)하는 능력이 있나, 없나 보는 것이다. 또한 능력이 어느 정도 있다 해도 운(運)에서 그것을 뒷받침해 주는가? 도 판단해야 한다.

- 과정(過程)에서 흉(凶)운이나, 길(吉)운이 어느 정도 인가?

그것이 내부의 영향인가? 외부의 영향인가도 판단이 나와야 한다.

여기에서 보는 것이 대운(大運)과, 세운(歲運)의 관찰(觀察)이다.

✤ 재성(財星)이 강(强)할 경우.

- **재성(財星)은 일간(日干)의 관리(管理)를 받는다.**

그 기운(氣運)이 지나치게 강(强)하면 관리하기 힘들어진다. 오히려 장애(障碍)가 되니 문 앞에서 골키퍼 하지 말고 비켜 달라 요구 하게 된다.

- 심지어 "당신이 못나 내가 생활전선에 나가니 당신이 내가 없는 동안 집안일 대신 하라!"한다.

- 한술 더 떠 뜬다.

"남들은 서방이 돈도 잘 벌어다 주고 호강도 시켜준다는데 나는 이게 무슨 꼴이야!"하며 남편을 노골적으로 헐뜯는다.

- "내가 눈이 삐어도 한참을 삐었지!

저 인간이 뭐가 좋다고 아이고! 내가 내 발등을 찍는 거야! " 넋두리도 나온다.

✤ 이럴 경우는 견겁(肩劫)의 도움을 받아야 한다.

- 나의 통치(統治력이 모자라니 힘을 키우는 것이다.

때로는 인수(印綬) 도움을 받아야 하니 내가 부족한 지식을 배우고, 깐끔하지 못한 외모도 더 세련되도록 분위기도 개선(改善)하는 것이다.

남과 비교(比較)해도 빠지지 않는 다는 것을 보여야 한다.

● 왕(旺)한 재성(財星) 기운을 설기(泄氣), 관(官)을 생(生)하게 해준다.

그것은 재성(財星)이 활동하여 스트레스가 쌓이지 않도록 하고, 아내의 갖고 있는 능력(能力)을 인정, 사회적 활동을 하도록 허락하는 것이다.

- 집에서 아르바이트라도 할 수 있도록 분위기를 조성하여 주는 것이다.

그렇게 한다면 일일이 남편이 나서서 신경쓰지 않아도 아내가 알아서 할 것은 다 처리하는 것이 되니 일석이조(一石二鳥)다.

● 재성(財星)이 관(官)을 생(生)하는 것은, 정경(政經)유착(癒着)이다.

정치는 돈이 없으면 참으로 힘들다. 경제 쪽에서는 사업(事業)하기 편해야 돈을 버는 것이다. 각종 법규(法規)라든가, 규제(規制)가 사업하는데 발목을 잡는다면 아무것도 못한다.

- 그 규율과 법을 제정하고, 실행하는 권력(勸力)과의 상호협력 관계가 항상 필요하고, 서로가 원하는 바를 갖고 있으니 물물 교환 식의 교환을 하며 공생(共生)해야 한다.

  좋게 이야기하면 상부상조(相扶相助)다.
- 재성(財星)의 기운이 강(强)하면 반드시 활동하도록 이러한 관계가 형성(形成)되어야 사주(四柱)가 편안해진다.

  곧 나의 행복(幸福)이요, 가정의 행복이다.

✤ 처덕(妻德)이 없는 경우.

남성(男性)의 경우 처덕(妻德)이 없다면 참으로 세상사는 것이 사는 건지, 뭐하는 건지 실로 알 수 없다. 여성도 마찬가지다.

남편 덕이 없다면 참으로 세상사는 것이 가시밭길이요, 암흑(暗黑)이다.

✤ 재성(財星)이 흉(凶)으로 작용한다.

- 사주(四柱)에서 재성(財星)이 길(吉)로 작용 않고, 흉(凶)으로 작용한다면 참으로 사는 데 문제가 많다. 도움 되어도 시원치 않을 판인데 설상가상 흉(凶)이 된다면 의욕상실이요, 땀 흘린 보람이 없어지고, 심하면 이별(離別), 사별(死別) 하게 된다.
- 팔, 다리가 한 쪽이 없어지는 아픔을 겪는 상황.

✤ 재성이 강하여 약한 인성(印星)을 극(剋)하거나, 파(破)할 경우.

인성(印星)이라 함은 남편에게는 집이요, 문서요, 재산이다. 처(妻)가 작살내는 것이다. 자기의 기운만 믿고 만용을 부리다가 해를 입히는 것이다.

✤ 사주에 견겁(肩劫)이 왕(旺)하여 재성(財星)을 극(剋)할 경우.

- 견겁(肩劫)이 왕(旺)하다는 것은 나의 기운이 지나치게 강(强)함이다.
관리를 당하는 재성(財星)의 기운(氣運)이 어느 정도 강(强)해 다스림과 구박에도 견디면 다행인데, 재성(財星)이 너무 약해 제대로 힘도 못 쓰고 무너지면 빈 공간이 너무나도 커진다. 지나치게 강(强)해도 안 되지만 어느 정도는 강(强)하여 비바람 정도는 견디어 낼 그런 나무가 되어야한다.
- 재성(財星)이 약할 경우, 관성(官星)이 있어 견겁(肩劫)을 억제해야 한다.

✤ 아버지가 어머니를 심하게 학대한다 하자,

- 이때 자식들이 보다 못하여 아버님 너무 심할 경우.
어머니 좀 그만 구박 하시고 남편으로써의 사랑을 베푸십시오. 하고 견제(牽制)하는 자식들이 있다면 남편도 쉽게 아내를 대(對)하지 못하는 것이다.
그런데 그 자식인 관성(官星)마저 없거나 기운(氣運)이 약하다면, 견제의 균형이 무너져 그 집안은 콩가루 집안이 되는 것이다. 결국 처덕(妻德)이 없는 이야기다.

✤ 아버지인 본인(本人)이 기운(氣運)이 약할 때,

● 일간(日干)이 신약(身弱)할 경우.--아버지와 사이가 원만하지 않음은 처덕이 없다.

● 여기에 더불어 자식인 관(官)이 강하고, 처 또한 이들과 합세하여 일간인 아버지를 억압할 때 처(妻)가 자식의 손을 들어주니 아버지인 일간(日干)은 왕따를 당한다.

● 이 역시 처복(妻福)이 없다. 자신의 무능(無能)이요, 사주(四柱) 자체가 그런 것이다.

✤ 사주에 재성(財星)이 보이지가 않을 경우.

● 사주에 처(妻)가 보이지가 않으니 그립고, 아쉽다.

여보!, 여보! 하고 불러봐야 대답이 없다. 왜 일까? 재성(財星)이 워낙 기(氣)가 약해 잘 보이지 않는 경우가 그것이고, 재성(財星)이 있어도 지나친 견제와 억압으로 제구실을 못한다. 빨래와 밥은 누가하누? 소는 누가 키우는가?

✤ 견겁(肩劫)이 지나치게 왕(旺)할 경우. (양인(羊刃)도 포함)

● 시집식구들 뒤치다꺼리하기가 벅차다.

쉴 시간도 없다. 워낙 대가족이라 살림살이도 빠듯하고, 내 자식 키우기도 힘이 드니 "나, 힘들어 이집에서 더 이상은 못살아 "하고 손들고 나가는 것이다.

● 항상 가정(家庭)이 원만하지 못하다.

가족(家族)간의 분쟁(分爭)이 심하고 구성원(構成員)과의 사이가 자연 소원(疏遠)해진다.

✤ 정재(正財)와 편재(偏財)가 합(合)을 하거나 많을 경우.

● 재(財)는 합(合)을 이루면 그 힘이 변화무쌍이다.
물론 다른 육친도 마찬가지지만 재성(財星)은 내가 관리하는 종목(種目)이라 변동이 심하면 그 타격이 크다. 바로 현실로 나타나니 말이다.

✤ 합(合)을 이루어도 덩어리가 되면 동시 진행이다.

● 각각이 그 작용을 한다면 거치는 것이다.
너무 많아도 없는 것과 진배없다. 여복(女福)이 많아도 진짜는 처복(妻福)이 없다.

● 나무가 가지가 지나치면 ?
항상 가지치기를 당하는 것이다. 앙상한 가지만 남는다. 골라도 평생 지겨운 상대를 고르게 된다.
이용당할 까? 걱정이다.
명심해야 한다. 상담 시 일러주시라!

● 사주가 강(强)하면 그런대로 넘어간다 하면?
부(富)는 누릴지 몰라도 자손이 성장할수록 문제가 생긴다.

● 사주가 매우 신강(身强)하다. 자손이 많으면 ?
항상 그 중 하나, 둘은 사별하거나, 건강에 이상이 생기거나 마음고생을 하게 된다.
재(財)가 관(官)과 합(合)을 이루면 그 흉(凶)은 감(減)해진다.

✤ 여성의 사주에 식상관이 많은 사람.

● 식상관이 많다는 것은 결국은 관(官)을 극(剋)하는 결과를 초래한다.
여성이 관(官)을 극(剋)하는 것은 남편을 업신여기거나, 우습게 보는 형태이니 남편이 남편 대접 못 받는 것이니, 이 또한 처복(妻福)이 없다.

● 여자의 사주가 독신녀(獨身女) 이거나, 과부팔자이면 ?
남편인 내가 그 자리에 간다는 소리인데 교제를 해도 성립(成立) 안 되고, 살아도 일찍 죽는다는 소리이니, 이 또한 처덕이 없는 경우다.

✤ 처(妻)가 외도(外道)를 하는 경우.

- 처(妻)가 바람을 피우는 것도 처덕(妻德)? 처덕이 없는 것이다. “남편이 오죽하면 여편네가 바람을 피우나?” 하고 말들 하겠지만 여자가 정숙(貞淑)하지 못하고, 바람기가 있을 경우는 어쩔 수가 없다.

- 요즈음 흔한 말로 “애인(愛人)이 없으면? 희귀동물” 이라는 소리까지 나오는 세상이다.

- 사람은 누구나 이성(異性)에 노출(露出)되어있다. 실로 마음만 먹으면 얼마든지 가능하다는 설명이다. 그러나 지켜야할 도리(道理)가 있고, 윤리(倫理)가 있는 법이다.
- 누구인들 몰라서 그런 행동을 안 하겠는가? 지금은 법적으로도 간통이 없어졌다지만 그것은 일종의 자신에 대한 심리적(心理的)인 죄를 짓는 것이다. 평생을 떠나지 않는 원죄(原罪)다.

✤ 재성(財星)이 도화(桃花)와 동주(同住)를 할 경우.

- 동주(同住)란 같이 함께 기거(寄居)한다는 의미로 동시패션이다. 끼가 다분하다는 말이다. “손대면 톡하고 터질 것만 같은 ---” 항상 불씨를 갖고 있는 사람이다.
- 상(相)을 보더라도 이런 사람은 완연히 그 형상(刑象)이 다르다. 흔히들 끼가 넘친다, 끼가 잘잘 흐른다, 화냥기가 다분하다, 등 등 표현을 많이 하는 경우를 보는데 이런 소리를 들을 정도면 이미 그 사람은 위험수위를 넘었다고 보는 것이 옳다.

- **재(財)란 금전(金錢)이다.**

돈이란 제일 더러운 것이라고 하지 않던가?
그래서 더러운 곳에는 항상 검은 손들이 왔다 갔다 하는 것이다.

● "부자(富者)는 음덕(陰德)을 베풀어도 끝이 없다." 는 어떤 의미인가?

원죄(原罪)의 끝이 없다는 설명이다. 재성은 인성을 극한다. 답이다.
지저분함이 극(極)에 달하였으니 하는 행동이 지저분한 것이다.
버드나무 가지에 물이 오른 듯하고, 애교가 넘치니 분위기는 항상 야릇한 분위기다.
진실성이 결여된 사람이다. 관(官)과 암합(暗合)을 이루거나, 관(官)이 그득해 항상 주변에 남정네들이 포진(布陣)하는 팔자다.

● 아버지와의 상관관계.

아버지는 자손(子孫)에게는 재성(財性)이다. 이것이 핵심이다. 우리는 재성하면 일반적으로 부부관계로 지나치게 편협 된 인식이 강하다. 통변(通辯)에서는 간혹 단점(短點)으로 나타난다. 왜? 부친(父親)과의 관계는 소홀히 보기 때문이다.
아버지와 사이가 안 좋을 경우, 당연히 재성(財性)과 사이가 안 좋은 것이다. 그것은 재성의 개념상 원만하지 않다는 설명인데 무엇을 의미할까? 여기서 많은 해석이 나온다. 재성에 연관된 사항들이 일반적으로 불편함이 많다는 설명.

● 불효자식의 재성.

불효자식! 세상이 그런 것일까? 부모에 냉정함을 보이는 자식들은 아내가 대체적으로 선하지 못하다. 긍정적인 의미에서 말이다. 순리를 중시하지 않으니 무슨 덕을 입겠는가? 재(財)를 냉대(冷待)하는 것이나 같다. 일시적인 풍요(豊饒)는 누릴지언정 장기간 부(富)를 누리기는 어려운 것이다. 내가 악착같이 지킨다 해도 결국 자손이 작살을 낸다. 당연한 순리다. 흉사가 연속이요, 의외의 일이 자주 발생한다.

✤ 관성(官星)이 혼잡하고, 합(合)이 많은 여성.

✤ 명암부집(明暗夫集)의 경우.

- 여성(女性)의 사주(四柱)에서 일지(日支)는?
  남편의 자리인데, 지지(地支)에 관(官)을 암장(暗藏)하고 있으면 몰래하는 사랑이다.
- 그런데 주중(柱中)에 또 남편이다.
  관(官)이 천간(天干)으로 투출(透出)되어 있다면? 문제가 생긴다. 남편(男便)이 버티고 있는데도 가까운 곳으로 먼저 찾아간다.
- 여기서 문제가 되는 것은 거리다.
  일지(日支)는 내가 엉덩이를 붙이고 있는 곳이다. 아무리 옆에 있어도 소용없다.
  "자기 어서 나와 하면 " 알았어, 준비 됐어? 하고 뛰쳐나간다.

✤ 관(官)이 많으면 흔한 것이 남편(男便)이다.

남자라, 남편의 존재를 우습게 안다.
"너 아니면 없는 줄 아니?"
"지가 나한테 뭘 잘해줬다고 지랄이야 !" 하면서 대들기 일쑤요, 바가지 긁는 것도 예사다. 남편이 있는데도 술 취해 들어오기 예사요, 심하면 외박도 마다하지 않는다. 이판사판 공사판이다.

✤ 처덕(妻德)이 있는 경우.

- 처덕(妻德)이 있다는 것.
  처(妻)인 재(財)가 사주(四柱)의 주인공인 남성 일간(日干)에게 좋은 의미(意味)로 작용, 길신(吉辰) 역할을 한다는 것이다.
  그러나 손에 쥐어 주어도 못 받아먹는 사람이 있다.

● 그 사람은 처덕(妻德)을 받을 자격이 없는 사람이다.

누구나 다 처덕(妻德)이 있는 것은 아니다.
그러기에 복(福)은 타고나고 본인이 얼마나 노력 하느냐 애 따라 논공행상(論功行賞)이 실시되는 것이다.

● 복(福)이란 다 그런 것이다.

아무나 다 가질 수 있다면 그것은 복(福)이 아닐 것이다. 그런데 다른 경우를 생각해보자.

● 내가 능력이 없어서 처(妻)의 신세를 진다.
남들은 오죽 못났으면 사내가 여자가 벌어온 돈으로 먹고사누? 하고 손가락질 할 수 있다.

● 그러나 이것도 엄격한 의미에서 보면?
처(妻)의 도움을 받으니 처덕(妻德)이라 할 수 있다.

● 특히 재다신약(財多身弱)의 경우.

종재격(從財格)의 경우 셔터-맨을 하더라도 처덕(妻德)은 처덕이다.
그래도 나름대로 할 것은 다 하는 것이다.
요즘의 처덕은 늙어서 버림받지 않는 것이라 한다.
혼밥, 혼술 안하면 그것이 복이라는 말이다.
너무도 상식을 벗어난 이야기가 정설이 되다시피 하는 세태가 한심하다.
우째! 이리 되었을까?

● 많은 이들이 행복하게 노후를 보내지만 그렇지 않은 사람들도 많다는 이야기다.
물론 경제력이 문제다.

✣ 처덕(妻德)을 입을 수 있는 조건.

◉ 사주가 신강(身强)하여야 한다.

◈ 사주가 일단 신강(身强)해야 한다.

자기 밥벌이를 하는 것이요, 자기 소리를 내는 것이다. 남편이 남편의 구실을 해야 아내를 거느릴 자격이 있다. 강해야 건강한 것이므로 일단은 튼튼한 육체의 소유자가 되어야 무엇을 헤도 할 것이 아닌가?

◈ 사주(四柱)가 신왕관왕(身旺官旺), 신왕재왕(身旺財旺)해야 한다.

◈ 사주가 신약하여 종재격(從財格)이나, 재다신약(財多身弱)일 경우.

그에 상응하는 처신을 하여 처(妻)의 도움을 받는 것도 처(妻)를 위하는 일이요, 그로 인해 덕을 보니 그 역시 덕(德)이 있는 것이다.

어찌 보면 비굴한 덕(德) 같다.) 그러나 팔자(八字)는 팔자(八字)다.

✤ 신왕관왕(身旺官旺).

● 신왕관왕은 사주(四柱)가 강(强)하다.

관왕(官旺)이니 직위(職位)나, 사회적(社會的)인 위치(位置)가 확실하여 타(他)의 부러움과, 남편으로써 자기의 주어진 역할을 확실히 한다.

● 관(官)이 왕(旺)하다는 것은?

비견(比肩)겁(劫)이 재(財)를 극(剋)할 경우, 관(官)이 기운(氣運)이 있어 이를 중간에서 막아내는 방패의 역할을 충분히 해서 아내인 재(財)로부터 신뢰를 받는다.

● 지켜줄 능력(能力)이 있다.

그리하면 아내는 감응(感應)하여 관(官)인 남편을 일심(一心)으로 모시는 것이다.

✤ 신왕재왕(身旺財旺)과 재(財)가 필요한 사주.

● 신왕재왕(身旺財旺)은 아내의 기운도 왕(旺)하고, 남편 본인의 기운도 왕하다. 서로가 건강하니 아쉬울 것이 무엇이 있겠는가?

● 부창부수(夫唱婦隨)의 역할을 한다.

남편은 넉넉한 부(富)를 아내에게 아낌없이 베푸니, 아내 또한 남편(男便)을 지극정성으로 대한다. 남편을 섬기더라도 흡족하게 해준다. 재(財)가 기운이 왕(旺)하므로, 얼마든지 도울 수 있다. 짐을 들어도 같이 들어줄 정도의 힘은 된다.

◈ **재성(財星)을 필요(必要)로 하는 사주.**

사람이란, 심리(心理)가 아쉽고, 귀(貴)하면 잘하게 되어있다. 나에게 꼭 필요한 존재(存在)이므로 항상 잘하게 되어 있다.

◈ 사주에서 재성이 길신(吉神)의 역할을 할 때.

이것 역시 재(財)가 필요한 경우다.

✤ 재성(財星)이 약(弱)해도, 식상(食傷)이 생(生)을 잘 할 경우.

● 재성(財星)이 약(弱)하지만 식상(食傷)이 왕성(旺盛),

재(財)를 충분(充分)히 생(生)할 경우는 내가 만들어서 재(財)를 취하는 것이다. 입거나, 받아서만 취(聚)하는 것이 아니라, 내 스스로 만들어 키워서 잡아먹는 스타일이다. 이 때 재(財)는 그 은공(恩功)을 갚느라 헌신적인 노력을 한다.

저축하여 그 보람을 느끼며 복(福)과, 덕(德)을 받는다.

✤ 신약(身弱)일 경우 재(財)가 식상(食傷)을 재(財)로 화(火)할 경우.

● **설기(泄氣)가 심하여 신약(身弱)일 경우를 설명.**

재(財)가 식상(食傷)과 합(合)을 이루어 재(財)로 화(化)하였다면 일간에게는 실기가 줄어들고, 그만큼 재(財)가 더 늘어나는 격(格)이 된다.

결국 급한 불만 끄는 격이나, 결과(結果)는 같다.

✤ 남편(男便)-덕(德)에 대하여.

- 결혼적령기에 다다른 여성을 둔 가정(家庭)은 항상 걱정이다.
"어떤 배필을 만나야 행복하고, 잘 살 수 있을까?" 하고 말이다.
남성이던 여성이던 그만큼 중대사다.
- 이제부터 미래의 삶을 서로가 의지하고, 죽을 때까지 같이 살자고 언약(言約)을 하고 나머지 인생(人生)을 서로에게 맡기는 것이다.

- 이것은 한 번의 실수라는 것도 용납이 안 되는 것이다. 기본적(基本的)인 조건(條件)은 남성의 경우와 마찬가지다.
- 여성은 기본적(基本的)으로 강(强)해야 한다.
강하면서 유연(柔軟)함을 보이는 것이 참다운 강함이다. 여린 듯 강함을 보이는 것이다.
- 덕(德)이란 말을 다른 말로 하면 ?
복(福)이라 할 수도 있다.

- 없는 복(福)도 결국은 복(福)이다. 다만 유(有),무(無)의 차이 뿐이다.
복(福)이 없는 인간(人間)은 돌을 씹어도 차돌을 씹는 것이고, 있는 놈은 돌을 씹어도 진주를 씹는다.

- **사주(四柱)가 강(强)한 것 같으면서도 유(柔)하다.**

- 구색(具色)은 갖춘 것 같은데 복(福) 없는 사람이 있고, 달랑달랑 겨우 턱걸이 하는데도 운(運)에서 뒷받침 되고, 남편이 밀어주어 키워서 복(福)을 주워 먹는 사람도 있고, 복이 있건 없건 다 있기는 마찬가지인데 손에 쥐고, 피부로 느끼고, 누리고, 만끽하는 것과 못하는 것의 차이다.

✤ 신왕관왕(身旺官旺)한 사주.

● 여성에게 남편은 관(官)이다.

남편의 덕(德)이 있으려면 남편(男便)인 관(官)이 강(强)해야 한다.
그래야 제대로 자기 몫을 한다.

● 신왕(身旺)은 본인이 강(强)해야 똑똑하고, 슬기로운 것이다.

본인이 못나고 부족하여 보라, 서방이 자연 곁눈질을 하게 된다.
"나보다 못난 놈도 저런 마누라 얻어서 사는데 나는 이게 뭐야"하면서 바람을 피운다. 일단 자기 자신이 갖출 것은 구비(具備)해야 한다.

● 운(運)이란 10년에 한 번씩 돌아온다.

정관(正官)운이 오면, 이때는 여성이 바람나는 것이 아니라, 남편이 승진(昇進) 되는 것이다.

● 똑같은 사안을 놓고 볼 때 사람마다 보는 시각이 다르듯 해석도 각자가 다 다르다.

● 관(官)이 왕(旺)하므로 운(運)을 접수한다.

모자라고 그릇된 인간은 여기서 바람나는 것이다.
그런 기운(氣運)이 강(强)하니 흔들린다.
강약(强弱)의 차이다.

▼ 월(月)에 정관(正官)이 있으니, 사람은 일단 심성이 바르기는 하다.

乙	乙	戊	丁	신(申)월의 을(乙)목 일간.
酉	亥	申	酉	관(官)을 잘 살펴라.

🔲 월간(月干)에 인수(印綬)니 착하고 순리(順理)를 아는 사람이다.

기(氣)를 펴지 못하고 있다. 관(官)이 지지(地支)에 셋이다. 어차피 거쳐 가야 하는 운명(運命)이다. 양분화 되어 있으니 필히 겪어야 하는 운명. 여기에서 시지(時支)

를 보자. 결국 그곳으로 가는 운명이다.

◈ 자기보다 연하(年下)의 남성으로 보는 것이 옳을 것이다.

법적(法的) 남편은 아니다. 시간(時干)에 을(乙)목이 있으니 남의 남편(男便)이다. 일간(日干)을 살펴보자. 음지(陰地)의 나무다. 지지(地支)는 금수(金水)다. 사는 것이 순탄하지는 않은 팔자다.

◈ 본인이 주변머리 없는 것이다. 사람이 영악스럽지 못하다.

융통성도 부족하고 어찌 보면 답답한 면도 보이는 사람이다. 사는 데는 별 어려움 없는 사주다. 진짜 남편이 없으니 그것이 문제다. 소실(小室)팔자(八字)다.

✤ 신왕재왕(身旺財旺)한 사주.

● 신왕재왕(身旺財旺)이란?

일간(日干)이 튼튼하고, 재(財)또한 튼튼한 것을 말하는데 여성에게 남편은 관(官)인데 왜 재(財)이야기가 나올까?

●재(財)란 관(官)을 생하는 것이다.

● 신왕(身旺)하고 재왕(財旺)하면 일단 재물에 구애 받지 않음이니 사는 데는 불편이 없다.

● 사람의 욕심(慾心)이란 하늘을 찌르는 것.

그것 갖고는 양(量)이 차지 않는다. 물질적(物質的)인 풍요(豊饒)를 누리니 이제는 인간의 풍요와 사랑도 누리고 싶은 것이다.

● 그래서 재(財)를 보고 재생관(財生官)하여 관(官)까지 연결이 되는 가? 살피는 것이다.

✤ 재(財)는 관(官)을 생(生)하는 능력이 있다.

관(官)인 남편 복까지 있는 것이요, 재(財)가 관(官)을 생(生)하지 못하면 재복(財福)에서 끝나는 것이다. 평균치(平均値)에 도달이 아니라는 것이다.

✤ 신왕(身旺)에 재관(財官)이 왕(旺)한 사주.

● 신왕(身旺)하고 재(財),관(官)이 왕(旺)하다면?
재관(財官)이덕(二德)을 갖춘 것이다. 갖추어야 할 힘은 다 갖춘 것이다.
추진함에 있어 부족한 것이 없으니 모든 일은 마음먹기 달린 것이다.
남편을 출세(出世)시키고, 남편의 덕(德)을 입고 서로가 상부상조(相扶相助)요, 내조(內助), 외조(外助)가 빛을 발하는 것이다.

● 대체적으로 가문(家門)이 출중한 집안이다.

● 여기서 나오는 말이 명관과마(明官跨馬)이다.

✤ 신왕재왕(身旺財旺)한 여성(女性)은 받을 복(福)이 있는 여성.

여성 사주에 재(財)가 잘 구비되면 받을 복(福)이 넘쳐나는 사람이다.

☞ 관성(官星)운(運)에는 시집을 가는데 지나치면 바람이 나는 것이다.
남자한테 미치면 정신이 없다. 자기 것 다준다.

☞ 운(運)이 좋을 때 만난 인연(因緣)은 오래간다.
충(沖)으로 만난 인연은 항상 다툰다. 처녀, 총각이 껍데기 벗어지는 것을 표현(表現)하기도 하는데 결혼만 하면 뭘 하나 매일 싸우는 걸!

☞ 처녀는 식상(食傷)운에 결혼(結婚) 한다.
기혼자(既婚者)는 식상(食傷)운에 이혼(離婚)을 생각하는데 관(官)을 극(剋)하니 남편이 그리도 보기 싫어지는 것이다.
그 운(運)이 지나면 "내가 왜 그랬나?" 하면서 서방 챙겨주기 바쁘다.

✤ 관인(官印)상생(相生)의 사주.

● 관(官)은 인(印)을 생(生)하고, 인(印)은 아(我)를 생(生)한다.
모든 기운(氣運)이 결국 나에게 오는 것인데, 여기서 문제가 발생(發生)한다.

● 한 쪽이 너무 비대(肥大)해지면 항상 한쪽은 몰(沒)하게 되어 있다.

관(官)의 기운(氣運)이 인(印)을 생(生)해 주다보니 정작 아(我)를 극(剋)할 기운이 없어지는 것이다. 생(生)에 열중 하다 보니 내가 관리(管理)할 것을 못한다.

✤ 여성에게 관(官)은 남편(男便)이다.

✤ 관(官)이 몰(沒)하여 기울어져 버리면?

● 아내에게는 남편이 없어지는 것이다.

자연 남편복은 없다. 주변을 둘러보면 이런 상황이 가끔은 보인다. 고생고생해서 말년(末年)에 돈 벌어놓고 세상을 하직하는 것이다. 이제 좀 살만하니 북망산으로 떠나는 것이다. 처자식만 남겨놓고 조용히 세상을 뜨는 것이다.

● 여성의 입장에서 보면 남편복은 이제 끝난 것이다.

새로이 다른 인연을 찾으면 되겠지만 어디 그것이 남편만 하겠는가?
그동안 재복(財福)은 넉넉하지는 않았지만 그럭저럭 지냈는데 이제 재복(財福)이 넉넉하여지니 남편이 가는 것이다. 결국 혼자서 사는 팔자(八字)가 되는 것이다. 이것은 남편(男便) 복(福)이 없다고 보는 것이다.

▶ 결론을 놓고 본다면 남편을 잡아먹은 것이나 같다.

戊	丙	丙	己	인(寅)월의 병(丙)화 일간.
戌	寅	寅	亥	지지(地支)에 목(木),화(火)가 보인다.

◘ 여기서 남편(男便)을 찾아보자. 남편은 년지(年支)의 해(亥)수다.

● 인(寅)↔해(亥)합(合)목(木) 하고, 목생화(木生火)하여 일간(日干)인 병(丙)화에게 헌신적(獻身的)으로 봉사(奉仕)한 것이다.

● 살신성인(殺身成仁)의 모범을 보인 것이다. 결국은 키워서 잡아먹은 것이나 똑같은 결론이 나온다.

● 사고로 남편이 죽고 보험금, 위로금은 처(妻)가 받아 생활하는 것이다.

✤ 어찌 보면 죽은 사람만 불쌍한 것이다.

● 그러나 그것도 다 팔자다.
좋게 생각 하면 "그래도 처자식 고생하는 것은 싫어서!" 라고 생각하라. 그런데 사후(死後) 남은 사람들은 그의 뜻을 기리는 사람이 별로 흔치않은 것이 세상사다. 죽은 사람만 불쌍한 것이다. 좌우지간 오래 살고 볼 일이다.

✤ 재(財)나 관(官)이 필요한 사주.

● 재(財)나 관(官)이 필요하다함은 꼭 있어야 한다는 것이다.
사람이란 아쉽고 궁하면 머리를 읍 조리고, 아부도 하고, 사정도 하고, 심지어는 비굴한 행동까지도 서슴지 않는다. 나름대로의 명분(名分)은 다 있다.
이런 사주는 온갖 정성을 다 한다. 안하면 내가 힘들고 아쉬우니 살기위해서 말이다. 겉 다르고, 속 다른 사람이다.
● 재(財), 관(官)이 용신(用神)인 여자는 시집가면서부터 변화가 빨리 진행된다.
● 적응(適應)도 빠르고, 눈 설미(雪眉)도 있어 귀여움을 독차지한다.

✤ 여자의 사주에 재, 관(財官)이 겸비(兼備)되어 있는 사주.

여자의 사주에 재(財)와 관(官)이 겸비(兼備)되어 있다면, 일단 좋게는 보는데, 사주의 강(强), 약(弱)과 처신(處身)에 따라 해석(解析)이 나눠진다.

✤ 사주가 신약(身弱)한 경우.

● 사주가 신약(身弱)하다는 것. 일단 내가 내 것도 마음대로 못한다는 것이다.
재관(財官)이 겸비 되어있더라도, 나는 그것을 내 마음내로 못한나는 것이다.
여자에게 재(財)는 시댁(媤宅)도 된다.
시댁의 식구들도 당연하고, 시가(媤家) 친척(親戚)도 포함된다.

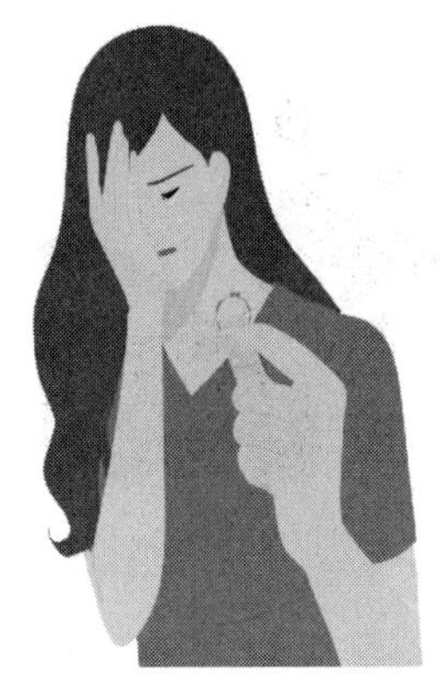

- 시댁(媤宅)과 관(官)인 남편(男便)을 위해희생.
  온갖 정성을 다하고, 남편이 돈이 급하다면 급전(急錢)도 대다 주었건만 결국 끝에 가서는 토사구팽(兎死狗烹)이 된다. 신약한 자여! 그대 이름은 여자(女子)다.
- 사주(四柱)가 신약(身弱)하면 ?
  이런 일이 비일비재(非一非再)하다.

✣ 시댁(媤宅)은 흥(興)하고 집안은 가세(家勢)가 기운다.

- 시댁(媤宅)은 재(財)요, 우리 집은 인수(印綬)다.
  시집가면서 재(財)인 시댁에 얹혀살면서 시댁의 식구가 되니, 인수(印綬)인 집안은 자연 재(財)의 극(剋)을 받아 가세(家勢)가 기운다.
- 재(財)가 겸비 되었으니 일단 출생 시는 집안이 부유하였다.
  시집가고 나서 집안은 기울고 망하는 것이다.
- 재(財)와 관(官)이 겸비되면 사주가 신왕(身旺)해야 한다.
  그래야 큰 문제가 안 생긴다.
  지나치게 신약(身弱)하면 항상 죽 쒀서 개주는 형상이다.

✣ 속 썩이는 남편.

- 남편이 속 썩이는 것도 여러 종류다.
  무엇이 심란(心亂)하게 하는가? 가 중요하다. 금전, 애정, 바람, 자식 관련 일, 무관심, 건강--------등 등
- 그 중에서 제일 심란하게 하는 것은 바람을 피우는 것이다.

▼ 관성(官星)이 도화(桃花)와 동주(同住)하면 바람을 피우는 것이다.

○	己	乙	戊	묘(卯)월의 기(己)토 일간이다.
○	酉	卯	寅	묘(卯)가 도화(桃花)가 된다.

묘(卯)가 도화(桃花)가 된다.

- 년지(年支)가 인(寅)이다.

  인(寅)-오(午)-술(戌)하여 인(寅) 다음 자(字)가 묘(卯)이다. 묘(卯)가 도화(桃花)가 된다. 일지(日支)를 기준으로 한다면 사(巳)-유(酉)-축(丑)하여 오(午)가 도화(桃花)가 된다.

- 기(己)토 일간(日干)에게는 목(木)이 관(官)이다,

  을(乙)목이 천간(天干)에 투출(投出)하여 있다.

  일(日)과 월(月)의 지지(地支)를 보니, 묘(卯)↔유(酉)하여 충(冲)이다.

  아내 기(己)토에게 을(乙)목은 편관(偏官)이라 살(殺)이다.

- 회초리로 두들겨 패는 것이다.

  게다가 도화(桃花)를 깔고 있으니 바람도 피우면서 말이다.

  집에 안 들어 왔다고 "어디에서 잤느냐?"고 묻다가는 몽둥이가 날아온다.

  관(官)의 기운이 왕(旺)하다. 기(己)토는 의지(依支)할 곳이 없다.

  귀신은 뭐하나! 저런 인간도 안 잡아가고----------------

✤ 지나치면 항상 문제다.

여자의 사주가 지나치게 강(强)하면 남편을 꺾고, 지나치게 약(弱)하면 병치레에 아내구실도 제대로 못하는 것이다.

✤ 관성(官星)이 천라(天羅)지망(地網), 수옥(囚獄)살, 기타 형살(刑殺)에 임할 경우.

- 남편이 군(軍), 경(警), 검(檢), 법(法), 별정직(別定職), 독립(獨立)직과 인연(因緣)이 되는데, 이것이 나쁘게 작용하면 오히려 역(逆)으로 감옥 이나 나쁜 쪽으로 연결된다.

✤ 천라지망살(天羅地網殺), 수옥(水玉)살

- 좋게 작용을 하면 전국(全局)구요, 남자 옭아매는 데는 선수다.

- 나쁘게 작용 하면 범법자요, 꽃뱀이 되는 것이요, 공갈(恐喝)에 협박(脅迫), 사기꾼이 되는 것이다.

- 재고(財庫)나 관고(官庫)를 갖고 있으면 재계, 정계와 인연이 된다.
  재(財)는 재물(財物), 관(官)은 직(職)이라 정경(政經)으로 연결된다.

✤ 종재격(從財格)이나 종살격(從殺格)의 사주.

☞ 여자가 종재격(從財格)이면 ----------시댁(媤宅)일 이면 내 일이다.
종살격(從殺格)이면--------------남편(男便)이 하늘이다.

☞ 일심동체(一心同體)요, 부창부수(夫唱婦隨)다. 싸울 일이 없다.

▶ 남편 없이는 못 사는 사주.

丙	庚	癸	甲	유(酉)월의 경(庚)금 일간.
戊	午	酉	申	화금(火金)상전(相戰)이다.

⇧ 신왕관왕(身旺官旺)한 사주다.

- 시어머니가 재(財)→ 년간(年干)에 있고 절지(絶地)에 있어 안 계시다.
- 관(官)이 왕하고 병(丙)-경(庚)성(星)이라 순탄한 직업을 가진 사람이 아니다.
- 별정직(別定職)의 직업이다. 무쇠와 같아 웬만한 일에는 눈 하나 깜짝 안한다.
  항상 어려운 존재→ 남편이 있어야 사는 사람이다.

▶ 재관(財官)이 구비(具備)되어 있는 사주다.

己	辛	丙	己	인(寅)월의 신(辛)금 일간이다.
丑	酉	寅	亥	지지(地支)가 금(金)목(木)으로 구성

⬆ 신왕(身旺)하고 관왕(旺)한 사주다.

- 합(合)이 많은 사주(四柱). 남편과는 아주 좋은 사이. 금슬(琴瑟)이 너무나 좋다. 일간인 보석 신(辛)금을 병(丙)화인 라이트로 비추어주니 영롱함이 더욱 창연 하고, 진가(眞價)가 더욱 빛난다. 볼수록 귀하고 아름다운 사람이다. 편안한 사주다.

✤ 좋은 사주의 조건.

- 일단은 사주(四柱)가 강해야 한다.

약하면 저항력(抵抗力)이 약하고, 운(運)에서 좋은 기운(氣運)이 도래(到來)해도, 그것을 제대로 소화(消化) 시키지도 못하고 강 건너 불구경 듯 쳐다만 보는 것이요, 손에 쥐어주어도 그것이 무엇인지 모르니 제대로 활용(活用)도 못하는 것이다.

- 쇠약하면 안타까운 상황이 발생한다.

복(福)도 건강하고 힘이 있어야 갖는다. 그렇다면 어떠한 사주가 강(强)하고, 튼튼한 사주인가? 그리고 그 조건(條件)과 기준(基準)은 무엇인가?

✤ 신강(身强)한 사주의 조건.

신강(身强)이라는 단어가 나오면 신약(身弱)라는 용어도 나오게 되어 있는데, 사주추명(推命)에 있어 먼저 판단해야 하는 것, 바로 이것이다.

- 제품으로 친다면 성능(性能)이다.

좋은지 나쁜지, 얼마나 쓸 수 있을까? 아니면 얼마 못가 폐기처분해야 할 것인가?

- 과연 투자(投資)한 만큼의 가치(價値)를 창조해 낼 것인가?

등등 모든 면에서 손익(損益)을 따져보듯 아래에서 위까지, 겉에서 속까지 다 해부(解剖)하는 것이다.

● 상품(商品)을 구입할 때.

이모저모 따져보고 구입하듯 사주를 추명 할 때는 그 모든 것을 정확히 판단해야 하는데, 그 첫 걸음이 바로 사주(四柱)의 강약(强弱)을 구분하는 것이다.

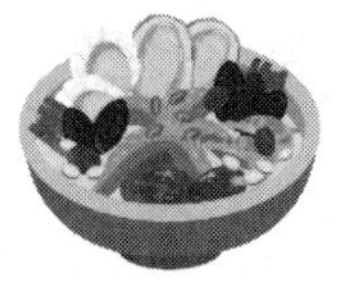

◈ 양(量)과 질(質)의 관계.

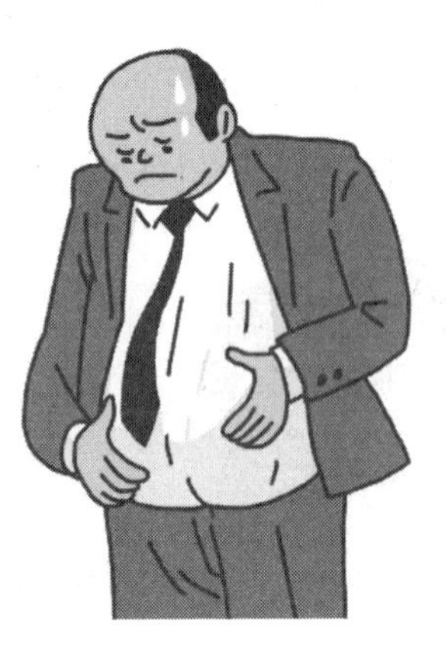

● 사주의 강약(强弱)은 양(量)보다는 질(質).

우선으로 하고 있고, 상담에서도 이의 정확한 판단이 요구된다.

● 단순한 오행의 분류.

즉 겉으로 나타난 형상(形象)만으로 강약을 구분하는 경우야 없겠지만, 변화(變化)관계가 항상 돌 뿌리처럼 발목을 잡는 경우가 많으니 오랜 연륜(年輪)을 가진 분들도 가끔씩 실수를 하곤 하는 것이다.

◈ 강(强),약(弱)의 정도(程度)에 관하여.

● 사주가 강하고, 약하고 그 기준은?

보통 득령(得令), 득得地), 득세(得勢)를 보고 판단을 하는데 이것은 하나의 기준일 뿐, 항상 변화하는 그 관계를 살펴야 한다.

● 상대적으로 득령(得令)을 못하였을 경우.

실령(失領)이요, 득지(得地)를 못하였을 경우는 실지(失地)라 하고, 득세(得勢)를 못하였을 경우는 실세(失勢)라 하여 득(得)과 실(失)을 논(論)하여 강약을 논하는데, 이 역시 그에 따른 다른 변화관계를 항상 살펴야 한다.

● 강하고 약함에도 정도가 있다.

일반적으로 상(上), 중(中), 하(下) 하여 구분 하듯 다 각각 구분이 있다.

● 사주를 구분할 때는?

태강(太强), 태약(太弱), 신강(身强), 신약(身弱), 그리고 중강(中强), 중약(中弱), 하여 삼등분(三等分)하여 구별한다.

● 이의 구분을 %로 하여 계산하는 경우도 본다.
그에 대한 것은 각자의 방법(方法)이므로 각자 알아서 받아들이고, 그 이외에도 여러 방법이 많을 것이다. 기본적으로 취하는 방법에 대한 설명을 보자.

✣ 득령(得令)

● 득령(得令)은 내가 얻어야 할 귀(貴)한 것을 얻음을 말한다.
일차적인 귀(貴)함이라함은 나에게 힘이 되어주고, 도와주는 기운(氣運)을 말한다.

● 그러니 인수(印綬)요, 견겁(肩劫)이다. 이것만 보더라도 "인간은 참으로 이기적(利己的)이다." 라는 것을 알 수 있다. 기준(基準)은 어디인가?

● 사주(四柱)는 모계(母系)위주다.
어머니의 자리인 월지(月支)를 기준으로 한다.

● 월지(月支)의 작용에 의한다.
득령(得令)이 바뀌면 그 기운(氣運)이 바뀐다.

● 그 변화(變化)를 우선 읽어야 한다.
실제의 예를 들어보자.

▼ 월지(月支)가 년지(年支)와 합(合)을 할 경우.

● 사(巳)-오(午)하여 화국(火局)이 형성.
월지(月支)가 일지(日支)와 합(合)➜ 사(巳)-유(酉) 금국(金局)을 형성.

○	○	○	○	사(巳)월에 출생(出生).
○	酉	巳	午	월지(月支)가 좌우로 합(合)을 한다.

🅰 화(火)도 되고, 금(金)도 되는 것이다. 전(前), 후(後)를 보면 된다.
기운(氣運)이 반 으로 나누어진다. 각각 지배하는 시기(계절)를 판단한다.

▼ 월지(月支)인 유(酉)금이

년지(年支)인 사(巳)화와 합(合)을 이루어 금국(金局)을 형성한다.

○	○	○	○	월지(月支)가 유(酉)금인데
○	午	酉	巳	년지(年支)와 합(合)을 이룬다.

⇧ 다른 곳으로 합(合)이 없으므로 기운(氣運) 전체가 금(金)으로 변한다.

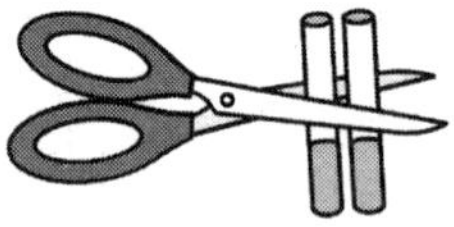

• 유(酉)금이 원래 금(金)인데 합쳐져 더 큰 덩어리를 형성. 그 기운(氣運)이 더 강 (强)해지는 것이다. 가을이 깊어만 간다.

▼ 월지(月支)인 신(申)금이

일지(日支)인 자(子)수와 신(申)-자(子)하여 수국(水局)을 형성

○	○	○	○	신(申)월에 출생을 하였다.
○	子	申	酉	좌, 우로 합(合)을 이룬다.

⇧ 년지(年支)인 유(酉)금과는 신(申)–유(酉)하여 방합(方合)이다.

• 금국(金局)을 형성한다.

신(申)금 자체가 갖고 있는 금(金), 수(水)의 기운을 백분(百分) 발휘(發揮) ➜ 양분(兩分)되는 형상이다. 초가을인데 가을과, 겨울의 맛을 내는 것이다.

▼ 년(年)월(月)의 기운(氣運)이 결국은 일(日)로 흘러간다.

인(寅)목이 일지(日支)와 합(合)하여 인(寅)오(午) 화국(火局)을 형성한다.

○	○	○	○	인(寅)월에 출생하였다.
○	午	寅	亥	인(寅)–해(亥)합하여 목국(木局)을 형성.

⇧ 년–지(年支)인 해(亥)수와 합(合)을 한다.

- 인(寅)해(亥)합 목국(木局)을 형성한다.

  이른 봄인데 봄과 여름의 기운(氣運)을 나타낸다. 나타난 지지(地支)의 성향(性向)만으로도 순행(順行)을 한다는 것을 알 수 있다. 일단은 흐름을 타는 것이다.

✤ 진(辰), 술(戌), 축(丑), 미(未) 일 경우는 어떨까?

- 항상 변화가 심한 기운이다.

  주변 세력에 동조(同調), 군중심리(群衆心理)에 의한 변화가 다양하다.

  각각 계절의 끝이요, 고장(庫藏)이라 변화(變化)가 심하다.

▼ 여성의 사주. 동짓달의 물이라 차갑기가 한량없다.

○	癸	○	○	계(癸)수 일간(日干).
○	丑	子	○	자(子)월에 출생(出生) 하였다.

⇧ 여성(女性)이므로 남편(男便)은 일지(日支)의 축(丑)토가 된다.

- 남편이 꽁꽁 얼어붙어 남편(男便)의 구실을 못한다. 발기불능에 성기도 작다.
- 자(子)-축(丑)-수국(水局)하여 물로 변화하니 흔적도 없이 쓸려 내려간다.
- 남편을 잡아먹는 사주라 남편이 북망산(北邙山)으로 산행(山行)을 떠난다.

  그것도 물에 휩쓸려 흔적도 없이 말이다.

✣ 합(合)의 기운(氣運)의 순서(順序).

● **합(合)의 종류(種類)가 다양하다.**

중복(重複)이 될 경우 과연 어느 합(合)을 우선으로 하여야할까? 하는 문제가 생긴다. 그 순서를 살펴보자.

① : **육합(六合) : 무촌(無寸)의 관계다.**

부부(夫婦)합이다. 못 말리는 합(合)이다.
부모도 못 말리는 것이 부부의 합이다. 실질적(實質的) 사용은?
인(寅)--해(亥), 진(辰)--유(酉)

② : **삼합(三合) : 부모, 본인, 자손의 삼대 : 일촌(一寸)간이다.**

신(申)--자(子)--진(辰)→수국(水局),
인(寅)--오(午)--술(戌)→화국(火局),
사(巳)--유(酉)--축(丑)→금국(金局),
해(亥)--묘(卯)--미(未)→목국(木局)

③ : **방합(方合) : 형제의 합이다. 이촌(二寸)간)이다.**

인(寅)--묘(卯)--진(辰),------봄, 동방
사(巳)--오(午)--미(未),------여름, 남방
신(申)--유(酉)--술(戌),------가을, 서방
해(亥)--자(子--)축(丑)-------겨울, 북방

④ : **동합 (同合) : 동료, 친구, 경쟁자의 합이다.**

자(子)--자(子), 오(午)--오(午), 묘(卯)--묘(卯), 유(酉)--유(酉) 등 같은 자(字)의 합(合)이다.

✣ 득지(得地).

- 득지(得地)란 내가 앉아있는, 내가 깔고 있는 자리다.
  위상(位相)이요, 심신을 의탁할 수 있는 집이요, 안방을 마련한다.
- 위치(位置)로는 일지(日支)다.
  일지(日支)에 인수(印綬)나 견겁(肩劫)이 자리하면 득지(得地)했다 한다.
  일지에 설사 인수나, 견·겁(肩·劫)이 없다 해도 득지(得地)로 보는 경우가 있다.

◈ 득지(得地)로 인정(認定)이 되는 경우.

- 득지(得地)가 아닌데도 득지(得地)로 같이 취급을 한다는 설명.
- 결국 인수(印綬)나 견·겁(肩·劫)이 아니지만 그와 같은 역할을 한다는 것이다.
  그것은 진(辰), 술(戌), 축(丑), 미(未)인데, 토(土)가 변화가 많다는 것을 다시 한 번 입증(立證)을 하는 셈이다.
- 여기서 또 한 가지 알아둘 것은 지장간(支藏干)도 자세히 살펴야 한다.
  암장되어 있는 천간(天干)도 살펴야 한다.

①	②	③	④
甲	丙	丁	癸
辰	戌	未	丑

① 甲

辰 -------------------지장간 (乙, 癸, 戊)

진(辰)토는 계절로 목(木)인 봄에 해당이 되고, 을(乙)목이 있고, 습(習)토이므로 갑(甲)목이 착근하고, 성장하는데 힘이 된다.

② 丙

戌 ------------------지장간 (辛, 丁, 戊)

술(戌)토는 정(丁)화가 있고, 화,토(火土)는 동격(同格)이라 같고,

③ 丁

未 -----------------지장간 (丁, 乙, 己)

정(丁)화가 있고, 미(未)토는 여름의 계절이라 화기(火氣)가 왕하고,

④ 癸

丑 -----------------지장간 (癸, 辛, 己)

계(癸)수와, 신(辛)금이 있어 득지(得地)나 진배없다.

✣ 득지(得地)는 착근(着根), 유근(有根), 통원(通源)이라는 용어와 같은 의미로 사용하는데

※ **착근**(着根) : 착(着)은 붙는다는 의미로 뿌리에 붙어 공생을 의미한다.

※ **유근**(有根) : 유(有)란 넉넉하다. 란 의미인데, 뿌리내리고 지내기가 편하다는 의미이고,

※ **통원**(通源) : "근원(根源)이 일맥상통(一脈相通)한다."라는 의미다.

✣ 득세(得勢)

● 득세(得勢)란?

세력을 얻는다는 의미인데, 주체(主體)인 일간(日刊)에게 도움이 되는 세력(勢力)을 뜻한다.

● 득령(得令)이나 득지(得地)를 제외한 세력.

즉 년(年), 시(時)의 세력(勢力) 그리고 월간(月干)의 세력을 말한다.

움켜 쥔다 잡힌 것이 아니다.

◈ 득세(得勢)의 판정(判定)시 유의(留意)할 점.

◉ 사주(四柱)에서 시(時)는 말년(末年)을 의미한다.

년, 월, 일에서 세력을 얻지를 못하고 시(時)에서만 자기의 동조(同調) 세력을 얻는다면 세력으로서의 가치가 많이 떨어진다.

● 시(時)는 말년(末年)이다.

노후에 힘을 얻어 보아야 이미 한참 일할 시기는 지나갔다는 것이다.

그래서 예전에 일부 술사(術士)들 가운데서는 시(時)에 대한 개념(槪念)이 그리 크지 않았던 모양이다. 그렇다고 시(時)를 우습게 생각하거나 관심 밖이라는 이야기는 절대 아니다.

● 당시 시대적인 상황(狀況)이 시간을 정확히 알 수 없었다.

그런 탓에 흔히 해질 무렵이라던가, 새벽 무렵 하는 식으로 시(時)를 대충 알아서 사주를 보곤 하였던 습관이 잘못 와전, 그 중요성(重要性)에 대한 오해가 있었던 것으로 생각된다.

● 사주(四柱)에서 시(時)가 차지하는 비중(比重).

현대(現代)에 들면서 더 커지고 있다.

이제는 노령화시대 운운할 정도이니 더욱 더 관심을 가져야 한다.

용신(用神),-기타 여러 문제에서 시(時)가 차지하는 의미가 크다.

✣ 실전으로 살펴보는 관계.

▼ 갑작스레 사망한 사람의 사주이다.➜경찰 수사의뢰 되었던 사주.

乙	己	甲	庚	신(申)월의 기(己)토 일간.
亥	亥	申	寅	사주(四柱)가 너무 약(弱)하다.

⬆ 실령(失令)이요, 실지(失地)요, 실세(失勢)이다.

● 나를 도와주는 기운을 찾아보기 힘들다.

년지(年支)의 인(寅)중- 병(丙)화가 있으나, 나와는 거리가 너무 멀다.

게다가 년(年), 월(月)이 천충-지충(天冲-地冲)이다.

일지(日支)와 시지(時支)는 동합(同合)으로 엉뚱한 곳에 힘을 보태고 있다.

● 인(寅)-해(亥)합(合)➜목(木)으로 변화하는데 신(申)금이 방해(妨害)한다.

●대운(大運)과세운(世運)에서 목(木)의 기운이 들어와 신(申)금을 무력화 시키고, 합(合)을 성사시키니 기(己)토 일간은 힘을 못 쓴다.

힘이 되어주는 세력이 없다.

●처복(妻福)도 지지리도 없는 사람이다.

▼ 월지(月支)가 오(午)화이니 득령(得令)은 하였다.

丁	丙	壬	庚	오(午)월의 병(丙)화 일간(日干).
酉	辰	午	辰	합(合)이 많이 보인다.

⬆ 일지(日支)는 진(辰)토이니 실지失地)다.

● 세력(勢力)은 어떨까? 전체를 한 번 살펴보자.
일단 나의 세력을 먼저 살펴보는 것이다. 왜냐하면 팔이 안으로 굽으니까. 시간(時干)에 정(丁)화가 있고, 월지(月支)에 오(午)화가 있다.

● 월지는 득령(得令)으로 사용되었고, 시간으로는 정(丁)화(火) 하나가 있다.
정(丁)화를 살펴보자. 지지(地支) 금(金)기운이 강(强)해 금다화식(金多火熄)이다.

● 득령(得令)은 하였으니 부모의 덕(德)은 있다.

● 실지(失支), 실세(實勢)라, 처덕(妻德)도 없다.
인덕(人德)도 없고, 자식(子息) 덕 또한 없는 사람이다.

● 일주(日柱)가 약해 내입 풀칠하기 바쁘다.

● 득령(得令)하여 괜찮은가 하였더니, 갈수록 태산이라 결실(結實)이 보이지 않는다.

● 첫인상이나 말은 그럴듯한데, 다음이 안 보인다.

● 다른 사주와 비교를 하여보자.

▼ 지지(地支)가 온통 수국(水局)으로 변하였다.

丙	庚	壬	壬	자(子)월의 경(庚)금 일간.
子	申	子	辰	지나친 쏠림이 문제인 사람.

🔼 실령(失令)이요, 득지(得地)요, 실세(失勢)다.

● 득령(得令)이고, 득지(得地)고, 득세(得勢)고 필요 없는 사주다.
전부(全部) 물이니 무엇을 논할꼬? 물로 따라가는 사주. 사주 따라 간다고 했던가?

● 체질(體質)이나, 성격(性格)도 한 쪽으로 흐른다.
일방통행(一方通行)이다. 지나치게 일면(一面)으로 발달한다.
편협(偏狹) 된 사고(思考), 행동(行動)에 일반적(一般的) 해석(解析)이 어려워진다.
자기편(自己便)이 아니면 무조건 적(敵)으로 간주하는 성향이 된다.

▼ 여기에서 년(年), 월(月)의 불을 보도록 하자.

甲	庚	丙	丙	신(申)월의 경(庚)금 일간이다.
申	申	申	申	금(金)기운이 지나치게 강하다.

⬆ 불이 있기는 한데, 불이 다 가물거린다.

- 작은 불로는 강한 쇠를 녹일 수 없다.

시간(時干)에 재(財)가 있는데 그것 역시 갑(甲)-경(庚)충(沖)이요, 주변이 온통 철조망이 둘러있어 나무가 꼼짝 못한다. 자라지도 못한다. 분위기에 푹 간다.

- 재(財)가 갑(甲)목인데 구석에 몰려있다.

재(財)는 처(妻)요, 아버지인데, 재(財)인 나무에 도끼질을 해대니 나무가 부러지고, 연필을 깎아도 지나치게 칼질을 하여 심도 부러지고 몽땅 연필도 못된다.

- 부모 꺾는 자식이다. 아내도 견디지 못하고 도망간다.

"내가 살려면 여기를 벗어나야 한다."며 숨어 지내더니 종내(終乃)는 소식도 없다. 처(妻)가 있다는 자체도 매우 이상스러운 상황이다.

▼ 실령(失令)이요, 득지(得地)는 하였으나, 인(寅)목이 목(木)이 아니다.

庚	甲	乙	丁	사(巳)월의 갑(甲)목 일간이다.
午	寅	巳	亥	지지(地支)에 화기(火氣)가 강하다.

⬆ 인(寅)--오(午)하여 화(火)로 변한 것이다.

거기에 인(寅)-사(巳)형(刑)이 있으니 더더욱 그 역할을 못한다.

※ 득세(得勢)의 관계를 살펴보자. 인수(印綬)인 해(亥)수가 년지(年支)에 있다. 그런데 월지(月支)와 사(巳)-해(亥)충(沖)이 되어 별 볼일 없어진다.

※ 월간(月干) 을(乙)목은 어떨까? 밑에서 불이 나고, 뿌리 내릴 마땅한 곳이 없다. 결국은 득세(得勢)도 못한 것이다.

※ 금(金),수(水)의 상황을 보자.

경(庚)금은 갑(甲)--경(庚)➜ 충(冲)으로 상처를 입고,
해(亥)수는 사(巳)--해(亥)➜ 충(冲)으로 상처를 입고

▶ 결국 남은 것은 목(木),화(火)이다.

지지(地支)를 보니 인(寅)목, 사(巳)화가 상처(傷處)를 입고 결국 한창 일할 시기(時期)를 제대로 활용 못하는 것이다.

● 허공(虛空)에 떠있는 상태다.

일을 해도 매끄럽지 못하고, 두서(頭緖) 없고, 독자적인 일처리가 아쉽고, 항상 이리저리 흔들리면서 처리하고 핀잔만 받는다.

◈ 얼핏 보면 뿌리가 튼튼하고 제법 사주가 강해 보이나, 빛 좋은 개살구다.
◈ 사주의 강(强),약(弱)을 구분하면서 항상 꼭 살펴보아야 하는 것이다.

▼ 선강후약(先强後弱)은 초년(初年)에는 사주가 좋았으나,
갈수록 혼탁(混濁)한 사주로 바뀌는 형태를 말한다.

乙 壬 丙 丙　　신(申)월의 임(壬)수 일간이다.
巳 戌 申 戌　　선강후약(先强後弱)형의 사주다.

⬆ 전체적인 기운은 신약(身弱)이라 실세(失勢)의 사주가 된다.

● 월(月)에 신(申)금이니 인수(印綬)라 득령(得令) 하였다.
일지(日支) 술(戌)토이니 실령(失令)이요, 후반기(後半期) 갈수록 힘들어지는 사주.

▼ 월지(月支)가 인(寅)월로 실령(失令)을 하였다.

戊	壬	甲	戊	인(寅)월의 임(壬)수 일주이다.
申	子	寅	午	지지(地支)가 수(水),화(火)로 양분.

🔲 질적(質的)으로 본다면 강한 쪽으로 보는 것이 옳은 것이다.

● 일지(日支)에 자(子)수를 놓아 득지(得地)다.
세력(勢力)으로는 우월을 가리기가 비슷하나 약한 쪽으로 기운다.
그러나 인(寅)월은 이른 봄이라 한기(寒氣)가 있는 봄이다.

◈ 여기에서 득령(得令)에 대한 중요한 사항 나온다.
인수(印綬)와 견(肩)·겁(劫)이라고 무조건 득령(得令)이 아니라는 것이다.

◈ 외형적(外形的)인 면만 보는 것이 아니다.
실질적(實質的)인 부분을 좀 더 자세하게 살펴보아야 한다는 설명이다.
산은 산이되 산이 아니고, 물은 물이되 물이 아니로다.

▼ 자(子)수는 한기(寒氣)가 그윽한 겨울의 물이다.

○	甲	○	○	자(子)월의 갑(甲)목 일간이다.
○	○	子	○	자(子)월은 동짓달이다.

🔲 이미 얼어있는 것이다. 나무는 꽃을 피우려하는데 물이 얼었으니 낭패(狼狽)다. 득령(得令)이 될 수가 없다.

▼ 경(庚)금에게 토(土)는 인수(印綬)다.

○	庚	○	○	미(未)월의 경(庚)금 일간이다.
○	○	未	○	토(土)는 인수(印綬)인데---

🔲 토(土)는 조(燥)토와, 습(濕)토의 구분이 필요하다.

● 조토(燥土)는 토생금(土生金)을 못한다.
인수(印綬)이지만 인수(印綬)의 역할(役割)을 못한다. 득령(得令)으로 보는 것이 아니라는 설명. ● 실령(失令)이다. 지금은 부분 판단이다.

▼ 임(壬)수에게 축(丑)토는 관(官)이 된다.

○ 壬 ○ ○ 축(丑)월의 임(壬)수 일간이다.
○ ○ 丑 ○ 선달의 흙이라 얼었다.

🔼 선달의 흙이라 얼음덩어리다.

● 겨울의 흙이라, 흙이 아니고 얼음과도 같다.
여기서는 득령(得令)으로 본다. 축(丑)은 합(合)으로 변해도 금(金),수(水)이다. 가장 기본적인 것 같으면서 중요한 것이 바로 이것이다.

▼ 항시 조(燥)습(濕)을 유념(留念)하여야 한다.

○ 丁 ○ ○ 묘(卯)월의 정(丁)화 일간이다.
○ ○ 卯 ○ 목생화(木生火) 못한다.

🔼 습(濕)목은 목생화(木生火)를 못한다.
정(丁)화의 입장에서는 항상 목생화(木生火)가 필요한 것이다.
목(木)으로써의 효용가치가 없다. 극(剋)은 잘한다. 득령(得令)이 못된다.

● 선인장도 꽃을 피운다.
다만 시간이 문제인 것이다.
긴 시간 아니, 짧은 시간이 될 수 도 있다.

● 상대의 속은 진심을 토로하지 않은 이상 알 수가 없다. 추념일 뿐이다.

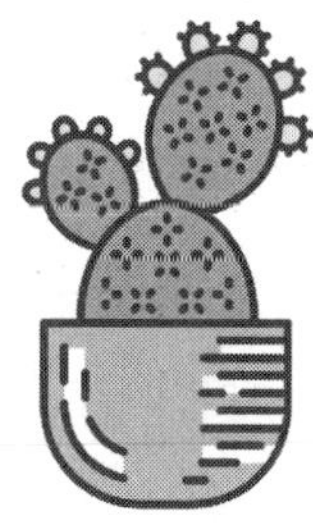

▼ 을(乙)목이 신(申)월에 출생을 했으니 당연히 득령(得令)을 못했다.

○	乙	甲	○	신(申)월의 을(乙)목 일주이다.
○	○	申	○	월간(月干)에 갑(甲)목이 있다.

🔼 월간(月干)에 갑(甲)목이 있으니 득세(得勢)가 아닐까?

천만에다, 갑(甲)목 자체도 신(申)금을 놓고 있으니 절궁(絶宮)에 해당.
득세(得勢)도 못한 것이다. 월주(月柱) 자체가 흔들린다.
세력(勢力)도 살아있어야 제 능력(能力)을 발휘한다.

✤ 사주(四柱)에 월지(月支)에 인수(印綬)나 견·겁을 놓았다.
장남(長男), 장녀(長女)의 역할을 한다고 하였는데 그 이유는 무엇일까?
차남(次男)인데 월지에 득령(得令)을 한 경우를 예로 들어보자.

▼ 형님이 일찍이 돌아가시고 둘째이지만, 장남의 역할을 하고 있는 분의 사주(四柱). 인수(印綬)이면서 견겁(肩劫)으로 화(化)한 것이다.

丙	辛	丁	甲	축(丑)월의 신(辛)금 일간이다.
申	酉	丑	辰	둘째의 사주(四柱)이다.

🔼 2006년 병술년(丙戌年)에 하던 사업이 부도가나 정리하였다.

- 득령(得令)을 하였다.

사주(四柱)에서 기(氣)의 핵(核)을 받았다는 것이나 마찬가지다.
일단은 기운(氣運)을 받는 것이 중요하다.

- 천륜(天倫)을 제대로 받는다.

부모(父母)의 사랑을 받고, 출생(出生)시의 복(福)은 있다는 말이다.
그러니 형님이 살아계셔도, 형님은 그 역할을 충실히 이행하지 못하므로 대신 그 역할을 한다는 것이다. 모시고 살고, 아니고의 차원은 아니다.

● 태어날 때 복(福)을 받고 나왔으니?

부모에게 당연히 그 은혜(恩惠)에 보답해야 한다는 업(業)의 차원(次元)이다. 여성(女性) 경우도 마찬가지다.

● 꼭 둘째가 아니더라도 득령(得令) 한 경우는 ?

자식(子息)의 도리를 다 해야 한다. 이를 이행하지 않을 시(時)는, 업보(業報)로 그에 대한 응분의 대가(代價)가 전해지는 것이다.

● 상담을 하다보면 이런 경우.

부모(父母)에 무관심(無關心)하여 매사 모든 일이 잘 풀리지가 않는 경우가 있는데, 이것은 그 사람의 능력(能力)이나 운(運)의 차원을 떠난 근본적(根本的)인 업(業)의 차원에서 살펴볼 필요도 있다.

자신의 과오를 뉘우치고 반성하면서 기일을 잊지 않고, 살아계시면 자주 찾아뵙고 하라고 일러주는 것도 상담의 기법이다.

▼ 계축(癸丑) 일주(日柱)는 득지(得地)로 본다 하였는데 어떨까?

○	癸	○	○	미(未)월의 계(癸)수 일간이다.
戌	丑	未	○	계(癸)–축(丑)일주이다.

⬆ 물론 득지(得地)로 볼 수가 있다. 그러나 변화(變化)를 보아야한다.

● 시(時), 월(月), 일(日)이 ➜ 합(合).

축(丑)–술(戌)–미(未) 형살(刑殺)을 형성(形成)하였다. 여기서 다 망가지는 것이다.

● 풍파(風波)가 심하다.

그 복(福)이 없어지는 것이다.

그래서 득지(得地)로 안 보는 것이다.

✤ 이미 깨어진 그릇이다.

▼ 여성 사주다. 지지(地支)로는 사(巳)-오(午)-미(未) 방합(方合).
화국(火局)이요, 사(巳)-유(酉) 금국(金局)의 형성이 보인다.

乙	乙	丙	丁	오(午)월의 을(乙)목 일간이다.
酉	巳	午	未	지지(地支)에 국(局)이 형성.

↑ 목(木),화(火)가 주류(主流)를 이루고 있다. 화(火)는 목(木)에게는 식상(食傷)이다. 그런데 그것이 지나치게 많다.

● 식상(食傷)이 많을 경우는 관살(官殺)이 오히려 나의 편이 된다.

◈ 지지(地支)를 살펴보니 인수(印綬)인 수(水)가 보이지 않는다.
목(木)도 또한 보이지 않는다. 득령(得令), 득지(得地),득세(得勢)와는 관계가 멀다.

● 천간(天干)에 도움을 주는 자가 보이지 않는다.
당연히 신약(身弱) 사주로 보아야 할 것이다.

◈ 그러나 이 사주(四柱)는 신강(身强)으로 보는 것이다.

● 을(乙)목 여성(女性)에게는 자식이 병(丙), 정(丁) 화(火)다.
자식이 똑똑하다. 천간(天干)에 나와 있고, 뿌리도 튼튼하니 말이다.

● 자식이 모든 것을 다 해결해준다.

✣ 바람직한 배우자란 어떤 형의 배우자를 말할까?

● 가정(家庭)을 이루어 단란하고, 화목함을 우선으로 하는 사람이 있는가 하면, 재물(財物)을 우선으로 하는 경우도 있고,

● 명예(名譽)를 우선으로 하는 사람도 자기의 처한 환경(環境)이나 자라온 과정(過程),

● 그리고 자기의 이상(理想) 등이 그 모든 것을 결정하는데 중요한 역할을 한다.

● 집안에 항상 아픈 사람이 많아 건강을 원하는 사람.
일단 건강을 첫째로 볼 것이고, 금전적(金錢的)으로 고생을 한 사람은 "쪼들리는 것

은 신물이 나니 나는 넉넉한 사람을 찾겠다."고 할 것이고, 배움에 굶주린 사람은 학(學)을 갖춘 사람을 원할 것이다.

- **바닷가가 싫어 육지를 원하는 사람은 뭍을 찾을 것이다.**

제각기 자기의 부족하고 아쉬웠던 부분에 대하여 충족함을 느끼려고 하는 일종의 보상(報償)차원에서 심리(心理)가 작용 할 것이다.

그러나 그런 자기의 바람을 충족(充足)하였다 하더라도 그것이 과연 자손(子孫)에게도 "그것이 좋으니 그리 하여라." 하고 말하는 부모가 과연 얼마나 될 것인가?

"나는 원하는 바를 한껏 채우고 지내보았으나 또 다른 문제가 생기더구나." 하면서 "너만은 본인이 원하는 바데로 상대를 찾아 가거라."할 것이다.

그러나 그 이야기도 따지고 보면 결국 부모의 전철(前轍)을 밟는 것이나 똑같다.

- **그리하여 발생하는 것.**

너는 부모가 정해주는 상대를 찾아 가거라 하면서 선을 보기도 하고, 약간의 강제성(强制性)을 띄기도 하는데 그것 역시 부모의 아쉬움에 대한 바람이다.

결국 중요한 것은 공통분모(共通分母)적인 사항을 원만히 충족(充足)시키는 사람이 바람직한 것이다. 그런데 과연 그것을 충족(充足)시켜줄 만한 배우자가 과연 얼마나 될 것인가도 의문이다.

사람은 제각각 장단점(長短點)이 다 있으니 말이다.

- **선택하는 것이 절충(折衝)이라는 보완(補完)의 수(數)를 찾는 것이다.**

"웬만하면 하지 뭐."하면서 권유하는 것이다. 그러다 진짜 원하는 배우자를 만날 경우 "야, 진짜 딱 이야, 이제는 놓치지 마라." 면서 부추기도 한다. 막상 본인은 아직 세상사 경험이 부모 보다는 월등히 부족(不足)한 것이 사실이다. 그리하여 부모와 함께 상담도 하고 많은 자문을 구하는 것이다. 실로 현명한 것이다. 정작 본인들의 생각과 제3자의 생각을 들어보는 것도 좋으니 말이다. 결혼(結婚) 그 자체(自體)에 신중(愼重)을 기한다는 것이 참으로 필요한 것이다.

● **삶에 있어서 차지하는 비중(比重)이 너무 지대(至大)하기 때문이다.**

후회하는 사람들을 우리는 주변에서 얼마나 많이 보는가? 밀고 당기는 말다툼은 기본이요, 한 지붕 두 가족도 보통이고, 요 근래 신문지상에 나오는 기사를 보면 30%가 울며 겨자 먹기 식의 삶을 영위하고 있다니 참으로 사회적인 문제가 아닐 수 없다. 그로 인하여 발생되는 사건사고는 얼마나 많은가?

● **요즈음은 시대가 다변화 되었다.**

동영상을 공개하여 상대방을 매장시키려하는 경우도 종종 발생한다.
상대방은 한동안 그로 인한 충격으로 자기 영역에서 본의 아니게 많은 시간을 뒷전에서 회한(悔恨)과 눈물로 시간을 보내며 재기(再起)에 몸부림치는 것이다. 그러나 한 번 그렇게 낙인찍힌 상처(傷處)는 쉽게 아물어지는 것도 아니요, 평생(平生) 꼬리표가 되어 따라 다니는 것이다.

● 비단 이성(異性)관계만 그런 것이 아니다.
세상사(世上事) 모든 것이 다 그러한 것이다.

✣ 여기서 업보(業報)란?

● **악플로 엄한 사람을 괴롭히는 자들은?**

● 손가락이 마비가 될 것이요, 손을 잘못 놀려 패가망신(敗家亡身)하는 벌을 받게 되는 것,

●세치 혀로 남을 중상모략, 그것도 모자라 법대로 하자며 우기는 인간들은 세치 혀로 인해 백치 아다다가 되는 것이다.

☻ 선택이란 참으로 중요한 것이다.

- 수 십 번을 이야기해도, 그래서 사주의 상담(相談)이 필요한 것이다.
- 어디를 가서, 누구와 상담을 하더라도 맞는지, 틀리는지는 누구나 다 금방 알 수 있는 것이다.
- 맞으면 당연한 것이고, 틀리면 그러면 그렇지! 콧방귀 뀌는 것이 사람들의 심리다.
- 선택(選擇)은 각자의 자유(自由)다.
- 주어진 운명(運命)에 대한 판단(判斷)은 항상 나의 몫이다. 통계운운하며 주접떠는 사람들은 삶이 그런 것이다.

▼ 지지(地支)가 화국(火局)과 금국(金局)으로 양분(兩分) 되어있다.

丙	庚	辛	癸	유(酉)월의 경(庚)금 일간이다.
戌	午	酉	丑	지지(地支)에 국(局)을 형성하고 있다.

⇧ 수적(數的)으로 보나 덩어리로 보나 양(陽)보다는 음(陰)인 금(金), 수(水)의 기운이 약간은 강(强)하다. 중강격(中强格)의 사주이다.

⇨ 사주에 병(丙), 경(庚)을 갖추면 음성(音聲)은 우렁차다.

- 마치 테너의 소리를 듣는 듯 착각(錯覺)을 느낄 정도이다.

사주 조화가 잘 이루어지면 그 값어치를 하는데 덩치 값도 못하고, 건들건들하다 망신살이다. 균형상 목(木), 화(火)가 조금 부족하다.

- 약간의 도움만 있다면 크게 빛을 보는 사주이다.

아직 나이가 있으니 서두르지 말고 천천히 매사를 처리하면 될 것이다.

- 잠재력(潛在力)이 있고 무한히 발전(發展)하는 사주다.
- 쇳덩어리가 불속에 들어가 강도(强度)가 잘 조절이 되어 빼어난 금속(金屬)의 역할을 한다.

✣ 종격(從格)이라 함은?

내가 백기(白旗)를 들고 커다란 세력(勢力)에 순종順從), 항복(降伏)하는 것이다.

● 형편이 어려워 부잣집이나, 자손을 필요로 하는 집안에 양자(養子)로 간다.
자신을 의탁(依託)하여 자라는 경우도 이에 해당. 예전 이야기다.

▼ 전화위복(轉禍爲福)의 기회로 삼고, 삶 하는 경우.

己	丁	辛	癸	유(酉)월의 정(丁)화 일간.
酉	丑	酉	丑	종격(從格)의 사주.

⬆ 대체적으로 양자(養子)로 갈 경우.

근본적인 자신의 어려운 환경보다는 나은 편이므로, 오히려 전화위복(轉禍爲福)의 기회로 삼고 삶 하는 경우가 많다. 그러나 본인이 안고 있는 마음의 쓰라린 기억은 항상 남아 있다. 한 구석에는 묘(妙)한 감정의 기류(氣流)가 존재(存在)하고 있다. 그러나 그것을 극복(克復)하고 살아가는 경우가 대부분이다.

● 여성(女性)의 사주.

● 정(丁)화인 본인이다.
재(財)인 금(金)에 종(從)하여 산다. 그런데 재(財)가 덩어리 되어 억, 억 소리가 나오는 부(富)를 누리는 사주가 되어있다.

● 지지(地支)에 재(財)인 금(金)이다.
국(局)을 이루었는데, 천간(天干)에 신(辛)금이 대표자(代表者)로 우뚝 서 있으니 그 쓰임세가 만만치 않다. 계축(癸丑)과 정축(丁丑)이 백호(白虎)이다. 재고(財庫)를 놓고 있다.

✣ 종격(從格)에 대한 기본적(基本的)인 이해(理解).

◈ 일단은 지지(地支)에서 삼합(三合)국이 형성(形成)이 되어야 실로 유용(有用)한 종격(從格)이 된다. 엉성한 덩어리는 쓸모없고, 자질(資質)이 부실하다.

● 지지(地支)에 국(局)을 형성한 상태.
천간(天干)으로 투간(透干)된 오행(五行)이 하나만 존재해야 한다.
● 둘 이상이 천간에 나타나면 경쟁이 생겨 서로 다투다 세월만 간다.
배는 한 척 인데 사공이 둘인 경우다.

◈ 일단 종(從)하였으므로 인수(印綬)나, 견겁(肩劫)이 없어야한다.

이미 남의 집에 성까지 바꾸고 들어가 사는데 생모(生母)라고 찾아오고, 형제(兄弟)라고 찾아온다면 본인도 물론이지만 양부모(養父母)의 심정도 힘들 것이다.
차라리 없다고 생각하고 잊는 것이 전부(全部)를 위해 편하다.

● 종격(從格)의 사주.
인수(印綬)나 견(肩)·겁(劫)의 운(運)은 좋지 않은 이유다. 그저 그 존재(存在)만 알면 된다.
✣ 그래도 찾는 다고 나서는 것이 인간의 그리움이요, 핏줄이 당기는 것이다
그 때의 절박함이나, 한 많은 사연을 그 누가 알아줄 것이며 다정하게 위로의 말 한마디를 던져 주겠는가?

▼ 인수(印綬)가 강(强)하고 재(財) 또한 강(强)하다.

壬　戊　丙　丁　　　오(午)월의 무(戊)토 일간이다.
子　申　午　未　　　지지(地支)가 화(火),수(水)로 나뉜다.

◘ 사주(四柱)가 좀 특이한 면이 보인다.
● 월지(月支)에 인성(印星)을 타고 났다. 명예욕(名譽慾)도 대단하다.
년(年), 월(月)이 인수(印綬)로 꽉차있으니 집안이 교육열(教育熱)로 가득한 집안이

다. 부모(父母)대(代)에 그리고 대대로 가풍이 그러한 것이다.

- 교육자의 집안인데 재(財)가 왕(旺)하다.
  재물(財物) 또한 풍족(豊足)하여 가히 넘쳐날 사주다.

✣ 예전에는 어느 정도 벼슬만 해도 먹고사는 데는 지장이 없었다.

- 물론 청렴결백하여 고사(故事)에 나오는 분들의 경우도 있지만, 세력가(勢力家)라 치면 못사는 사람이 없었다.
- 결국 다 일맥상통(一脈相通)하는 것이다.
  지금이야 학(學)과 정(政), 부(富)가 어느 정도 분리가 되어있지만 예전에는 전부다 움켜쥐는 시대였으니까. 허나 지금도 아직 그 전통이 그대로 답습(踏襲)되어 내려오는 것은 사실이다.

- **변이유전자니까!- ----- 위드 코로나**

명예(名譽)니 그것이 곧 지위(地位)요, 권력(勸力)과도 연결되고 곧 그것이 부(富)와도 관계 지어진다. 한자리 할 사주다.

✣ 바람직한 사주란?

- 실로 바람직한 사주는?

재물, 권력, 명예 물론 다 좋지만 그것이 전부(全部)가 아니므로, 각자 필요에 의해 판단하는 것이 좋겠다. "나에게 필요한 사람이 나에게는 제일로 좋은 것이요." 그것이 답이다. 공연히 이런 사주가 바람직합니다. 하고 결론 비슷하게 이야기 하는 것 자체가 모순(矛盾)일 수도 있으니 말이다.

✣ 해로(偕老)하기 힘든 사주.

- 사주가 지나치게 강(强)하여도 좋은 것은 아니다.

항상 지나치면 화근(禍根)이 따르는 법이다. 특히 부부간에 있어서 서로의 희생(犧牲)과 양보(讓步)와 이해(理解)가 필요한 것인데, 그러한 것이 지켜지지 않는다면 불행한 결과를 초래할 수 있다.

◈ 오로지 자신의 모든 것을 위하여?

자신만의 사고방식(思考方式)으로, 자신만 알고 행동 하다보면, 주변(周邊)의 모든 사람이 희생(犧牲)하여야 한다는 논리(論理)가 나오는 것이다.

- 비록 본인은 사회에서 인정(認定)받는 위치에 오를지 모르나, 인간으로써의 가장 중요한 것을 많이 잃어야 한다는 것을 알아야 한다.
- 그 때는 아무소리도, 보이는 것도,
  생각나는 것도 그 모든 것이 단절(斷 絶) 된듯하여 자신도 모르는 것이다.
- 사람이란 앞만 보고 달릴 때는 뒤가 보이지가 않는다.
  때로는 뒤도 돌아보고, 쉬기도 하면서 내가 가는 길이 올바른 길인가도 자주 확인해야 하는 것이다.
- 산도 정상(頂上)에 오르면 결국은 하산(下山)하는 길밖에 없다.
  등반(登攀)사고도 거의가 하산 길에 많이 생기는데 이것은 무엇을 의미할까? 어느 기간 동안은 그것이 지켜지나 시간이 흐르고 나면 결국 그것이 허망하다는 것을 알지만, 이미 그 때는 늦어버린 것이다. 그것이 인간사(人間事)의 일이요, 팔자(八字)다.
- 배우자를 선택함에 있어서 궁합(宮合)을 보고 여러 많은 방법을 동원하지만 ?
  결국 중요한 것은 그 사람의 됨됨이다.
- 좋은 배우자를 만나는 것, 인생 성공이다.
  그 차지하는 비중(比重)은 엄청난 것이다.
- 과연 이 사람이 오랜 시간 나와 인생(人生)을 같이 할 것인가? 아니면 중도(中途)에서 그만 둘 것인가? 물론 사연이야 많다.
- 북망산(北邙山)을 가는 경우도 있을 것이고, 경제적(經濟的)인 사유, 이런 저런 수많은 이유로 결국 차를 갈아타기도 한다.

- 차를 갈아탔는데, 또 잘 못 탔다. 하차(下車)하는 경우도 생기고, 인생이란 파노라마다. 그래도 최대한의 그러한 불행(不幸)을 막고 사는 방법은 없을까?

● 미리 진단하는 것이다.

행복(幸福)과 불행(不幸)의 진위(眞僞)를 가리는 것이다. 겉으로는 아무리 잉꼬부부처럼 행세 하여도 결국에는 이혼(離婚)이라는 수순을 밟는 것을 우리는 방송을 통해서도 많이 보지 않는가?

● 유명인들 이야기만이 아니다. 결국 우리의 이야기요, 삶의 부분이다.

좀 더 알차고 행복한 삶을 누리기 위한 선택은 무엇일까? 물론 많을 것이다.

우리가 할 수 있는 것은 우리의 알고 있는 실력을 발휘하는 것이다.

그리하여 많은 사람들에게 그것을 알려주는 것이다.

사주에 대한 정확한 분석(分析)으로 말이다.

◈ 해로(偕老)하기 힘든 이유는 무엇일까?

● 좋은 인연(因緣)으로 하여 맺어진 부부(夫婦).

누구인들 해로(偕老)하기가 싫겠는가?

애초 잘못 맺어진 인연(因緣)이라면 언제인가 헤어지는 것이 정해진 운명(運命)이고, 설사 서로 좋아서 맺어진 인연인데도 불구하고 본인들의 의사와는 상관없이 헤어짐의 아픔을 겪는 경우도 허다하다.

● 왜 우리는 사별(死別)이 아닌 이별(離別)을 하여야 하는 것일까?

● 다 정해진 운명(運命)이요, 팔자(八字)다. 그 원인을 한 번 분석 하여보자.

사별(死別)도 팔자요, 이별(離別)도 팔자지만 본인 잘못인가?,

● 주변(周邊)의 환경(環境) 때문인가?

얄궂은 운명의 장난인가?, 아니면 몰라서 그런 것인가?, 아니면 부덕(不德)의 소치인가? 이외에 많은 원인과 사연이 있겠지만 그중에서 부부(夫婦)의 가장 가까운 원인(原因)에 대하여 살펴보기로 하자.

그리고 사주의 예를 인생을 어느 정도 사신 분들의 예를 간혹 넣었는데 그것은 과거와 미래 --- 지나온 모든 과정을 정확하게 짚어보는 의미.

✤ 남성(男性)-(본처(本妻)와 해로(偕老) 힘든 경우)

남성(男性)의 경우니, 처(妻)와 해로(偕老)하지 못하고 중간에 서로의 연(緣)이 끊어지는 경우다.

✤ **남성에게 여성은 재(財)에 해당.**

● 재(財)의 상태(狀態), 환경(環境), 변화(變化)유무(有無)에 따라 발생한다.

✤ 인수(印綬)의 지나친 강(强)함으로 인해.
재(財)가 무력화되어 견디지 못하고 튕겨나가는 경우도 있을 수 있고,

✤ 관(官)이 재(財)와 합(合)을 하여 일간(日干)인 본인을 왕따 시키고,
강박관념에 견디지 못하여 스스로 물러나는 경우가 있고,

✤ 재(財)의 기운이 지나치게 강하여 "하늘아래 나보다 더 센 사람 있으면 나와 봐!" 하는 식의 안하무인(眼下無人)에 견디지 못하여 쥐구멍을 찾다가 손을 드는 경우도 있을 것이요,

✤ 비견(比肩), 비겁(比劫)이 왕(旺)하여 주눅이든 재(財)가 더 이상은 못 참겠다,
나도 나가면 얼마든지 남정네가 많다.
"너 따위에게 매일 의심을 받고 간섭받으며 살지 않겠다." 하고 뛰쳐나가는 경우도 있고, 지나친 시집살이로 떠나기도 하고, 반대로 다른 여자가 들어와 나가기도 하고,

✤ 식상(食傷)이 왕(旺)하여 지나치게 일간(日干)의 기운을 설기 시킨다.
장모 등살에 견디지 못하고 끝내는 경우도 있다.

✤ 관(官)의 기운(氣運)이 극(剋)에 달하면?
아비 알기를 개떡같이 아니 세상이 원망스럽고 저것도 자식이라고 "아! 부모인 내가 가정교육을 잘못 시킨 탓이다" 하면서 능력(能力)이 모자라는 자신(自身)을 원망하며, 가정(家庭)을 등한시하다 떠나가게 된다.

✤ 아내가 떠나는 경우도 있고, 본인인 남편이 스스로 물러나는 경우도 있다.

✣ 기본적인 재(財)의 과다(過多)와 변화(變化)에 의한 경우.

✣ 여성인 재(財)가 많을 경우(재다신약(財多身弱).

● 여성(女性)인 재(財)가 많다.

내가 관리해야 할 여성이 많다는 것을 의미한다. 물론 재(財)는 재물(財物), 아버지 등 많은 다른 부분으로 해석 할 수 있지만 여기서는 부부(夫婦)관계에 집중 하였다.

● 아내가 많다는 것은 복수(複數)라는 의미.

무조건 많다는 것은 아니다. 여자가 많다하여 다 내 아내가 되는 것은 아니다. 법적으로 정식 혼인신고를 한 경우를 말하나 여의치 못할 경우, 동거녀일수도 있고, 부적절한 관계를 유지하는 김밥 형태의 여성일 수도 있다.

요즈음은 하도 김밥 관계가 많으니 무덤덤해진다.

▼ 재(財)가 많은 사주(四柱).

○	丁	○	○	사(巳)월의 정(丁)화 일간이다.
丑	丑	巳	○	지지(地支)에 금국(金局)이다.

⇧ 지지(地支)에 사(巳)-축(丑)하여 금국(金局)을 이루고 있다.

● 그런데 여기서 유(酉)년(年)이 도래(到來)한다고 하자.

사(巳)-유(酉)-축(丑)하여 금국(金局)으로 삼합(三合)국(局)이 형성(形成)된다.

정(丁)화 일간(日干)은 꼼짝 못한다.

가뜩이나 많은 재(財)인데 더 커지니 감당이 어렵다.

무어라 해도 아무소리 없이 당하게만 되는 것이다.

이혼(離婚)수에 사업 망가지고, 모두 내게서 멀어져가는 운(運)이다.

✣ 김밥이란 ?

- 간단하게 요기하기도 편하고, 둘둘 말아져 있으니 관리하기도 좋다.
  주로 야외나, 자유로운 공간에서 집에서 먹는 식사의 대용으로는 전 국민이 즐기는 식단이다.
- 또한 간편하여 아무데나 버리기도 좋다.
  가격이 저렴하니 부담도 없다.
- 식탁이나 상이 없어도 식사가 가능하다.
  굳이 찌개나, 반찬이 없어도 비빔밥과 같은 효과가 있다.
- 잠시잠깐 먹는 식사용으로는 아주 편한 이런 존재에 불과하다.
  가끔씩은 식은 밥이라 체하기도 한다, 그래서 꼭 뜨거운 물이 필요한 것이다. 어묵국물이라도 말이다. 그리고 종류에 있어서도 다양하다. 충무김밥, 삼각 김밥, 주먹김밥, 누드김밥, 치즈김밥, 전통김밥, 여기에 일식도 등장 한다. 가히 국제적인 김밥이다.
- 김밥을 드신 후에는 꼭 차라도 한 잔 하시며, 이빨사이에 김밥자국 확인한다.
  항상 흔적을 남기는 단점(短點)이 있기 때문이다.

✣ 재(財)가 많은 팔자는 금전(金錢)인 재물(財物)이 많다보니 금전에 대한 악착같은 근성(根性)이 부족하다.

- 재(財)가 많다보니 쓸데없이 많은 여성(女性)편력(編曆)이 인생사에 남게 된다.
  여자를 막말로 어떻게 해서 덕(德)을 보는 것이 아니라, 항상 여자에게 당한다. 그리고 하는 말이 아, 기회가 참 좋았는데----.(다 멍멍이 하품하는 소리다.)
- 기회는 자주 찾아오나 제대로 한 번 올 인하기도 힘들다.
- 만나도 별 볼일 없는 여자만 만난다.

● 지지(地支) 삼합(三合)으로 재(財)국(局)이 형성(形成)된다면?

그때는 상황이 달라진다. 그러나 재국(財局)이 삼합(三合)으로 이루어진다 해도 전체적인 것을 파악해야 하고, 운(運) 또한 가세해야 한다.

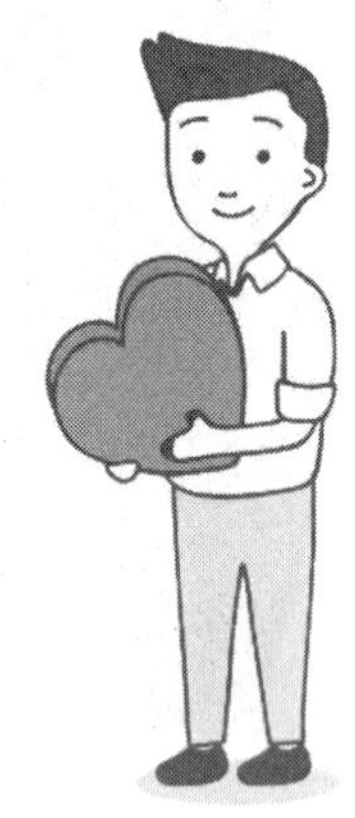

● 그저 속절없는 속물(俗物)들의 사연이다.

그리고 그에도 조건(條件)이 까다로워 일반인들은 그저 평범(平凡)하게 살아가는 팔자라 생각하는 것이 편하다.

● 재(財)가 많으니 자연 신약(身弱)의 사주(四柱).
인데 왕성한 여성의 기운에 남성이 항상 쳐진다.
기운이 딸리는 것이다.

✿ 대체적으로 억센 여자를 만나는 팔자(八字)다.

● 재다신약(財多身弱)인 경우 거의 여자가 드세고, 싸가지 없고, 건방지고, 안하무인(眼下無人)인 아내를 맞는 경우가 허다하다.

● 선을 보아도 여자의 기(氣)에 눌려 항상 퇴자(退字)를 맞는다.

지나치게 사주(四柱)가 강(强)할 경우도 마찬가지다.

✤ 사주에 재(財)가 허약(虛弱)하다.

형(刑), 충(沖), 파(破), 해(害)등 흉살 (凶殺)이 가임(加臨)할 경우.

● 재(財)가 약하다는 것은 처궁(妻宮)이 부실하다는 것.

거기에다 각종 흉살(凶殺)까지 보태지니 처궁(妻宮)이 항상 부실(不實)하여 견디기 힘든 것이다.

이런 사주의 소유자는 아내를 얻어도 앓기 시작하면 장거리 게임으로 나간다.

마라톤의 완주(完走)이다.

● 아내가 병약(病弱)하면 대체적으로 남편은 건강한 편이다.

그래서 자꾸만 밖으로 눈을 돌린다. 하는 말이 "아내와 잠자리 한지가 벌써 몇 달인지 몰라요." 하면서 김밥여성의 동정심을 유발하여 외도(外道)를 하곤 한다.

이것이 이네들의 속성(俗性)이다. 반면에 우직하여 오로지 자신밖에 모르는 사람은 그래도 조강지처(糟糠之妻)라고 열심히 돌보는데, 이런 사람들은 대체적으로 금전(金錢)–복(福)이 박(薄)해 항상 쪼들린다.

▼ 일찍이 아내와 이별(離別)하는 사주.

○	庚	○	○	경(庚)금 일간(日干)의 남성이다.
○	申	申	寅	아내는 인(寅)목이다.

🅤 머리카락을 하도 잘라대니 머리에 머리카락이 남아나지를 않는다.

- 아주 대머리를 만들어버린다.
  아내가 ".나 창피해서 당신과 살수 없어요."하면서 보따리를 싼다.
  남편은 아내가 밖에 나가는 것도 싫다 의처증(疑妻症)이다.

- 반대로 아내의 입장.
  널린 것이 내 눈에는 남자 뿐 인데, 능력(能力)도 없는 당신하고 살기 싫다며 나가는 것이다. 지나친 보살핌도 지나친 간섭이다.

▼ 이 경우는 야구방망이도 모자라 이제는 골프채를 휘두르는 형상이다.

○	庚	甲	○	경(庚)금 일간의 남성(男性)이다.
○	申	申	○	아내는 월간(月干)의 갑(甲)목이다.

🅤 "아이고, 매 맞아 죽기 전에 나는 갈 거야." 하면서 소리 소문 없이 보따리 싸서 줄행랑 친다. 어떤 여자가 오더라도 결국에는 또 그 타령이다.

✤ 식신(食神)과 상관(傷官)이 많은 사주.

- 식상(食傷)이 많으니 몰라도 아는 체한다.
  입도 험하고, 잡놈의 기질이 농후한 사람이다.
- 좋은 쪽으로 빠진다면 자기의 활달한 능력을 잘살린다.
  연예계나, 인문 어학 쪽도 좋고, 활동적인 영역에 참여해 두각을 나타내면 좋다.
  그러나 문제는 좋지 않은 쪽으로 연결되니 문제다.
- 식상(食傷)도 적당히 있어야 그 끼를 발산(發散)하는 것.
  지나치면 사기꾼이요, 도박(賭博)성 짙은 일에 빠지고, 잡기(雜技)에 빠진다.
  직업(職業)을 택해도 그런 곳과의 인연이 많아지니, 자연 접하는 여성 역시---
- 그런 부류에서 생활하는 사람이다. 구정물에서 노는 것이다.
  물론 그렇다고 전부가 그런 것은 아니지만 사주가 그럴 경우, 선택이 자연 그리 되는 것이다. 개천에서 어찌 용(龍)이 나오겠는가?

- 식상(食傷)이 많으면 일을 벌려놓고 감당하기 힘들면 "모르겠다!."하면서 "내 배 째"라는 식으로 나온다. 똥배짱이다. 그럴 수도 있는 거지 뭐? 당연시 하는 것이다.
- 하극상(下剋上)의 기질(氣質)이 강하고, 윗사람 알기를 우습게 아니 예의(禮義)라는 것도 상실(喪失)되는 경우가 많다.

- 식상(食傷)은 재(財)를 생(生)한다.
  내가 마음만 먹으면 재(財)를 취할 수 있는 능력(能力)은 잠재되어있는지라 눈이 돌아버리면 강간(强姦)도 불사, 욕심을 채우는 경우도 발생된다.
- 정상적(正常的)인 경우를 외면(外面)하여 일을 처리하려한다.
  그것이 온전할 리 없다. 그러니 어느 여자(女子)가 좋다고 하겠는가?
  혹시 골(骨)이 비었다면? 골다공증(骨多孔症)인가?

✤ 일지(日支)인 처궁(妻宮)에 문제가 있는 경우.

● **일지(日支)는 남성(男性)에게 처궁(妻宮)이 된다.**
처궁(妻宮)이 형(刑), 충(沖), 파(破), 해(亥), 원진(元嗔), 귀문(鬼門)이나 기타 흉살(凶殺)이 가해져 상태가 안 좋을 경우, 문제가 생긴다.

● **처궁(妻宮)은 나의 집이요, 안방이다.**

● 안방에 바퀴가 득실거리고, 형제(兄弟)가 진(陣)을 치고 있거나, 항상 시어머니가 있어서 감 나라, 콩 나라 간섭한다.

● 손님이라 하여 친구들이 낮이나 밤이나 찾아온다.
모르는 여인네가 앉아 여기는 나의 자리니 누구든 들어오면 죽일 것이라며 겁을 주고, 불법행위(不法行爲)로 사법기관(司法機關)에서 자주 찾아오고, 기타 피곤한 현상만 되풀이 된다면 기가 막힌 일이다.

● 어느 여자가 "여기는 나의 보금자리입니다.
내가 평생을 지낼 터전 입니다."하고 얌전히 있겠는가?

● 다 보따리를 싸던가 아니면, 아예 들어올 생각을 안 할 것이다.

● 그래서 처궁(妻宮)은 항상 깨끗하고 성스러운 분위기마저 감돌아야 한다.

● 그래야 가정이 원만(圓滿)하고, 자녀들의 교육 또한 올바르게 진행 될 것이다.

● 공망(空亡)이라 자리가 비어 있으면 항상 비워 두어야 하는 자리인 줄 알고 아무도 오지 않는다. "서있는 사람은 오시오, 나는 빈 의자." 아무리 외쳐도 소용없다.

● 또한 부부간 관계로 상처살((喪妻殺)이라 흉(凶)한 경우가 되어도 안 좋다.

✤ 상처살(喪妻殺) 이란?

✤ 아내의 상고(喪故)를 당함. 상배(喪配)라, 남자의 경우 홀아비가 된다,
이 살(殺)의 공통분모(共通分母)는 인(寅),신(申),사(巳),해(亥)다. 년지(年支) 기준으로 방합(方合)을 보았을 때 그 방합(方合)의 다음 자(字)가 상처살(喪妻殺)이다.

- 그러나 상처(喪妻)살이 있다하여 무조건 "홀아비팔자입니다." 하면 그것은 참 우스운 모양새다.

- 상처살(傷妻殺)도 운(運)의 변화를 살펴야 한다.
길(吉),흉(凶)의 관계는 항상 변화를 예고한다.

▼ 일지(日支)에 인(寅)을 놓고 있으니 상처살(喪妻殺)이다.

○	壬	○	○	자(子)월의 임(壬)수 일간이다.
午	寅	子	丑	지지(地支)가 수화상전(水火相戰)이다.

⇧ 년지(年支)가 축(丑)➜해(亥)–자(子)–축(丑)하여 수(水)의 방합(方合)이 되는데, 그 다음 자(字)가 인(寅)이다.

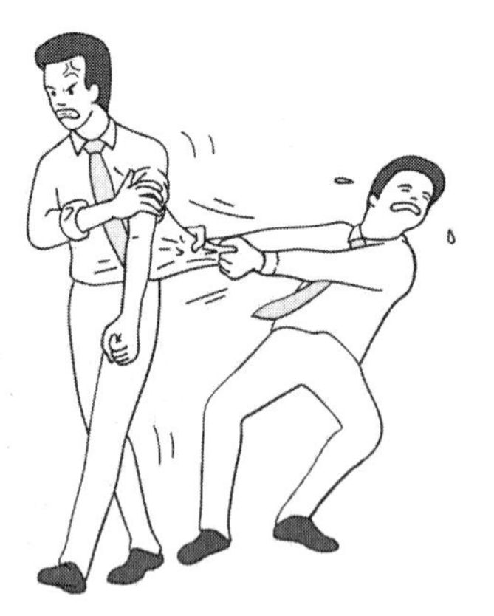

✤ 인(寅)의 활약을 보자.

- 지지(地支)의 흐름을 주도 하고 있다.
  수(水)와 화(火)사이에서 목(木)의 역할을 하면서 수생목(水生木), 목생화(木生火)하여 지지(地支)의 흐름을 유도한다.
- 중간(中間) 매체의 역할을 잘 하고 있다.
  왕(旺)한 수(水)의 기운(氣運)을 인(寅)–오(午)합(合)하여 견제하고 있다.
  이런 경우는 성립이 안 된다.

결론(結論)은 살(殺)이란 의미(意味)보다 생극제화(生剋制化)가 우선.

✣ 비견(比肩)과 비겁(比劫)이 지나치게 많은 경우.

▼ 월(月),일(日),시(時)가 수국(水局)을 형성하고 있다.

庚	壬	戊	丁	신(申)월의 임(壬)수 일간이다.
子	子	申	未	지지(地支)의 변화(變化)를 보자.

⇧ 금(金),수(水)가 냉(冷)한 사주.

- 정재(正財)가 정(丁)화인데 년간(年干)에 있다.
  자손인 무(戊)토가 부모(父母)의 합(合)을 가로 막는다.
  자손이 걸림돌이 된다. 자손(子孫)으로 문제가 발생한다.
- 지지(地支)로 보니 자(子)–미(未)가 원진(元嗔)이다.
  천간(天干)으로 그 영향이 미치는 것이다. 임(壬)수 일간(日干)이 워낙 기운(氣運)이 강하다.
- 정(丁)화 혼자서 감당하기가 너무나 힘들어 보인다. 변강쇠이다.
- 7월의 장마라 화기(火氣)가 너무 부족하다.
- 수기(水氣)가 지나쳐 범람(汎濫)하니 화(火)가 견딜 수 없다.
- 비견(比肩)과 비겁(比劫)이 많으니 의처증(疑妻症)이 있다.

✣ 수기(水氣) 태왕(太旺)에 자(子)-미(未)니 처첩(妻妾)산망(散亡)이다.

- 자손(子孫)이 방해하니 아기 낳다가 사망하는 것이다. 원인은 무엇일까?

- 정(丁)화가 심장(心臟)이니 심장이 꺼진다.
  선천적인 심장판막증(心臟瓣膜症)이다.

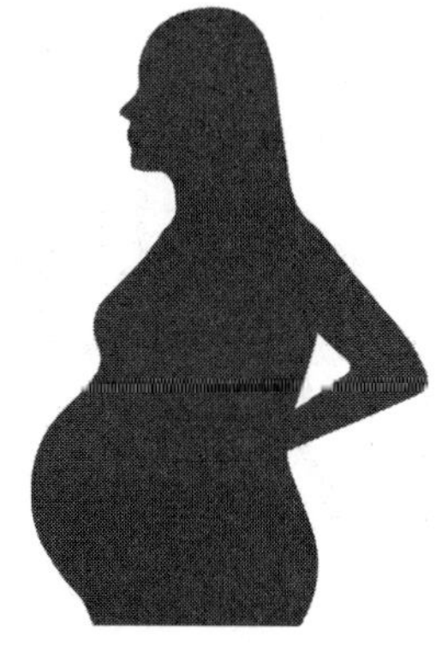

✤ 어느 해가 가장 안 좋을까?

수기(水氣)가 지나치게 강하니 병(丙)화가 안 좋다.
정(丁)화는 합(合)이 되므로 큰 문제가 발생해도 수기(水氣)를 설기 시키므로 그래도 무난히 넘어간다.

✤ 병(丙)화→천간(天干), 지지(地支)로 수국(水局)을 이루는 년(年) 찾자.

丙 丙 丙
申 子 辰 ---→ 신(申), 자(子), 진(辰) →년(年) 이다.

⬆ 아내와 이혼(離婚)을 하거나 사별(死別)을 한다

⬇ 반대의 경우를 한 번 보도록 하자.

- 일단 비견(比肩)과 비겁(比劫)이 많다.
  밥그릇은 하나인데 입은 여럿이라, 결국 서로 먹으려 하다 상(床)을 뒤엎고 밥그릇이 엎어지니 서로 못 먹는다. 그사이 치고 박고 난리굿이다.

- 홍일점(紅一點)이라는 말과는 차이가 많다.
  "마님" 하면서 서로가 가마를 끌고 가려하니 마님은 불안한 것이다.
  과연 어느 머슴에게 가마를 맡겨야 한다는 말인가?

- 사공이 많으면 배가 산으로 올라간다고, 주방에 주방장이 많다보면 음식(飮食)이 엉망이 되는 것이나 같다.
- 여자의 눈에 보이는 것은 남정네뿐이요, 남자의 경우는 널린 것이 여자들뿐이다.
- 자연 배우자는 의처증(疑妻症)이요, 의부증(疑夫症)에 걸린다. 그러니 어디 살맛이 나겠는가? 불안해서 못산다.

▼ 정(丁)화 일간(日干)인데 화기(火氣)가 보통이 아니다.

丁	丁	癸	丙	사(巳)월의 정(丁)화 일간이다.
未	巳	巳	辰	화기(火氣)가 왕(旺)하다.

⬆ 지금도 집 에서는 걱정이다. "저런 계집애를 누가 데려 갈꼬 !"

- 결국 남동생이 먼저 결혼을 했다.
- 천간(天干)으로는 정(丁)-계(癸)충(冲)이다. 결혼이 순탄치 않다.
- 비견(比肩), 비겁(比劫)이 너무 많다.
- 집에서는 식구들이 그녀와의 대화에 있어서 혀를 내두른다.
- 고집에, 이빨 답이 안 나오는 것이다. 결혼 한다 해도 걱정이다.

- 이제 사주가 강(强)하여 해로(偕老)하지 못하는 예(例)를 들어보자. 주로 종격(從格)을 강요하는 사주(四柱)가 많이 나온다.
- 삼합(三合)과 방합(方合)의 차이도 알아보고 흐름을 읽어보자.

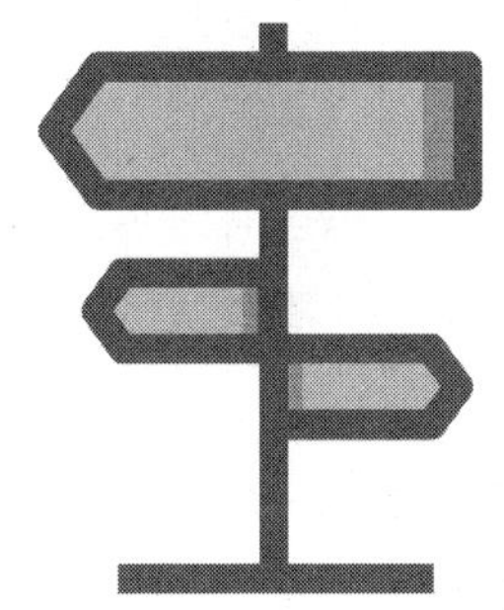

▼ 본인의 눈에는 본인밖에 안 보인다.

壬	壬	壬	壬	자(子)월의 임(壬)수 일간이다.
子	子	子	申	온통 물바다이다.

⬆ 보이는 것이 물이므로 세상이 그것뿐인 것으로 착각하면서 산다.

- 물이란 본인이다. 상대방들은 다 자신과 같은 것으로 생각한다.

나 자신을 위하여 모든 사람들은 나로 모여야 하고 내가 잘되는 것이 다 잘되는 것이라 생각한다. 물이란 다 섞이면 동화(同化)되는 것이다. 하나로 통일이다.
물로 전부 되어 있으니 들어와도 표가 나지 않는다. 다 잠기어 보이지 않는다.

- 재(財)는 화(火)인데 불이 보일라치면 꺼진다. 물바람에라도 꺼져버린다. 재(財)는 아버지요, 처(妻)요, 재물(財物)인데 내 근처에는 오지도 못한다.
- 결국 해로(偕老)하기 힘든 것이다.
- 관(官)인 토(土)는 어떨까? 물에 휩쓸려 흔적도 없이 사라진다.
- 청개구리 냇가에 부모 묘(墓)자리 쓰는 것이나 똑같다.

◈ 금(金)인 → 인수(印綬)는 어떨까?

- 강물에 돌 던지기다. 들어가야 보이지도 않는다.
- 더부살이요, 갇혀서 사는 것이다.
- 만약 지지에 삼합(三合)국을 이루어.

  출세(出世)하고 성공(成功) 한다고 해도 자기에게 힘을 보탠 사람들은 당연한 일을 한 것이라 생각한다.
- 본인(本人)만 사는 것인지?

식구들이나 가족은 염두에도 없는 사람이다.

다 희생(犧牲)양이고, 그 또한 그것이 당연한 것으로 생각 하는 사람이다.

- 불쌍한 인생(人生)이다. 그것이 다 업(業)이요, 수귀(水鬼)이다.

▼ 곡직격(曲直格)의 사주이다.

①

○	甲	○	○	해(亥)월의 인(寅)목 일간이다.
寅	寅	亥	寅	지지(地支)에 목국(木局)이 형성.

⇧ 곡직격(曲直格)이란 목(木)일주가 지지(地支) 전부(全部)가 목(木)일 경우 성립된다. 이런 격을 갖춘 경우 대체적으로 형제가 많은 편이다.

- 본인은 잘 되었을망정 식구, 형제가 희생한 것이다.

- 본인이 알아 처리한다면 별 문제지만, 항상 주변에 대한 애로 사항이 있다.

▼ ①,과 ②를 비교하여보자. ①의 경우와 ②의 차이는 무엇일까?

②

○	乙	○	○	묘(卯)월의 을(乙)목 일간이다.
卯	卯	卯	寅	지지(地支)에 목국(木局)이 형성

⇧ ②의 경우는 방합(方合)이요, ①과 비교해도 사주(四柱) 차이가 현저히 드러난다.

묘(卯)는 도화(桃花)로 건실하게 일하는 것보다도 풍류(風流)와 잡기(雜技)에 더 치중하게 된다. 사춘기를 지나면서부터 일찍 눈을 뜬다.

- 곡직격(曲直格)이라도 격이 떨어져 하격(下格)의 사주다.
- 요 근래(近來) 일부 운동선수들이 중요한 국가대항 시합을 앞두고, 주색(酒色)에 잠시 정신이 팔려 본의 아니게 실수를 한 것도 다 도화(桃花)의 영향이다.

▼ 꽃이 지나치게 피면 열매가 열리지가 않는 법이다.

○	丙	○	○	인(寅)월의 병(丙)화 일간이다.
戌	午	寅	戌	지지(地支)에 화국(火局)이 형성.

⇧ 꽃이란 화(火)인데 열매인 결실(結實)은 금(金)이다.

- 화기(火氣)가 지나치면 결실인 금(金)이 견디지 못한다.
- 맹렬(猛烈)한 화기(火氣)에 녹아버리니 말이다. 곪아서 썩어버린다.
- 염상(炎上)격의 사주다.

언세나 앞장 서야하고, 속에 있는 말은 다 내뱉어야 소화되는 사람이다.
기밀(機密)을 요하는 직종(職種)에 어울리지가 않는 사람이다. 불이요, 빛이니 화려(華麗)함속에 사는 인생이다.

● **꽃이란 영원히 피지 않는 법이다.**

피어있는 동안은 화려하고, 향기(香氣)도 그윽하지만 지고나면 그처럼 초라하고 볼품없는 것 또한 꽃이기도 한 것이 속성이다.

요즈음 소위 공인(公人)이라고 자처하는 사람들의 실태(實態)를 보면 적나라하게 그것이 드러난다. 이혼(離婚)하는 사람들의 경우를 보자.

● **연륜(年輪)이 있는 사람들은 다르다.**

그래도 어느 정도 서로의 까발림을 자제하여 적당한 선에서 넘어가나 나이가 젊은 탓일까? 젊은 층은 솔직함인지, 가식인지는 법정에서 가려지겠지만 표현자체가 자제함이 부족하여 듣는 사람이 민망한 부분도 여과 없이 과감히 내용을 쏟아버린다. 간통이니, 위자료니, 맞고소니 난장판이다.

● **이것이 화기(火氣)가 충만(充滿)한 사람의 특징(特徵)이다.**

식상(食傷)기운이 강한 사람들의 생리(生理)이다.

나의 목적과 합리화(合理化)를 위해서는 과감한 것이다.

● 말이 많고 변명(變名)성의 논리(論理)가 심한 사람 특징이 있다.

다 이런 부류(部類)의 사람이다. 자제(自制)하지 못하는 것이다.

⇨ 삼합(三合)으로 이루어져 사주가 강하니, 잘되면 크게 되는 사주다. 그러나 희생(犧牲)양이 너무 많다. 좋게 보면 어디가나 항상 밝게, 그리고 꽃을 피워주니 그것은 좋구나.

● 향기(香氣)가 지나쳐 악취(惡臭)가 될까 염려가 된다.

▼ 이 사주 역시 염상(炎上)격으로 사주(四柱)가 강(强)한 사주.

○	丙	○	○	똑같은 병(丙)화 일간이다.
未	午	巳	未	지지(地支)에 방합(方合)을 형성한다.

🔼 그러나 삼합(三合)과 방합(方合)의 차이로 위의 사주만은 못하다.
위의 사주가 자동차라면, 이 사주는 자전거다.

- 초반(初盤)은 둘이요, 후반(後半)은 하나다.
- 천간(天干)이 무엇인가 문제다. 삼합(三合)과 방합(方合)의 차이(差異)다.

▼ 가색(稼穡)격의 사주(四柱).

○	戊	○	○	진(辰)월의 무(戊)토 일간이다.
未	辰	辰	未	지지(地支)가 토(土) 일색이다.

🔼 무(戊)토는 원래가 단단하고 두터워 쉽게 흔들리지 않는다.

- 화기(火氣)가 많아 건조하면 흙으로서 기능을 상실한다.
습(濕)한 기운을 갖게 되면 목(木)이 극(剋)을 해도 크게 상심(傷心)하지 않는다.
나무는 물기를 머금은 축축한 토양(土壤)을 좋아한다.
거기에 뿌리를 내리므로 쉽게 해(害)하려 들지 않는다.
이런 사주는 농사를 충분히 지을 수 있으니 강하여 좋은 사주다.
- 다만 두터움이 강하여 능구렁이다.
사업을 해도 탄탄히 다져가면서 사업을 하는 스타일이다. 겉으로는 손해(損害)인 척 하면서도 이미 이윤(利潤)은 벌써 확보해 놓은 사람이다.
- 처(妻)는 흙에 파묻혀서 조용히 살고 있나?
그리 아는 사람이다. 다 처(妻)의 덕(德)이다.
아니면 쓸모없는 인간이 된다.➜ 건조(乾燥)해서.

▼ 무(戊)토 일간(日干)인데 지지(地支)역시 전부 토(土)로 이루어져 있다.

○ 戊 ○ ○ 미(未)월의 무(戊)토 일간이다.

戌 戌 未 戌 지지(地支)가 조(燥)토로 구성.

🅾 과연 가색(稼穡)격이 될 수가 있을까?

- 술(戌)토, 미(未)토➜ 화기(火氣)의 건조(乾燥)한 토양(土壤)이다.
- 흙이란 수분(水分)을 흡수, 항상 촉촉한 상태를 유지함이 좋다.
- 흙이 말라 부스러기 흙이 되어버리니 엉기지 않아 흩어지고 만다.
- 아무것도 할 수 없다. 적은 양의 물로는 건조(乾燥)함을 달랠 수가 없다.
- 산산이 흩어지니 자신을 다스리는 일이 더 급하다
- 혼밥, 혼술, 종교(宗敎)에 귀의(歸依)? 하는 사주다.

▼ 신(辛)금이니 경금속(輕金屬)계통이다.

○ 辛 ○ ○ 유(酉)월의 신(辛)금 일간이다.

酉 丑 酉 巳 지지(地支)에 금국(金局)을 형성.

🅾 금(金), 은(銀), 보석(寶石)이다.

- 금(金)일주가 지지(地支)전체 금국(金局)을 이루니 종혁격(從革格)이다.
- 금(金)의 주된 특성은 바꾸는 것이요, 개혁(改革)이요, 변혁(變從)이다.
- 금속(金屬)이 빛을 발하는 사주다. 나를 따르라, 그리하면 살 것이다.

▼ 경(庚)금이라 중금속(重金屬)이다. 무쇠라 단단하기는 그지없다.
반항(反抗)을 한다면 나의 강철(鋼鐵)검(劍)이 용서하지 않을 것이다.

○ 庚 ○ ○ 유(酉)월의 경(庚)금 일간이다.

酉 申 酉 申 지지(地支)가 금국(金局)을 형성.

🅾 지지(地支)를 보니 방합(方合)이라 위의 사(四柱)보다 질(質)이 떨어진다.

● 쇠도 지나치게 단단하면 용광로에서도 작업이 힘들어진다.
종을 만들어도 소리가 안 난다. 융통성이 없는 인간이 되어 버린다. 가스통을 앞세워 시위하는 형상이 되어버린다. 그저 머슴으로나 지내는 것이 낫다는 소리의 혹평을 듣기도 한다.
○ 법을 위반하여도 무전취식(無錢取食)식의 막무가내가 되어버린다. ○ 막가파의 인생을 사는 것과 흡사한 형상이 나타난다.○ 지나치게 강(强)하여도 흠이다.

▼ 전형적(典型的)인 윤하(允下)격이다.

○ 壬 ○ ○ 신(申)월의 임(壬)수 일간이다.
辰 子 申 辰 지지(地支)가 수국(水局)을 형성.

⇧ 물이란 줄기가 너무 많으면 이리저리 갈라져 제 힘을 발휘하지 못한다.

●작은 물이 한 곳으로 모여 큰 강을 이룬다.
그 강물이 모여 바다를 이루는 형상(形象)이다.
지지 삼합(三合)국을 이루고 있다.

● 물이란 흐르는 것이다. 그것이 법칙(法則)이다.
순리(順理)를 따르고, 원칙(原則)을 존중(尊重)하니 법(法)계통이요, 흐르니 외교(外交)라 깊을수록 잔잔하고 속이 깊은 것이다.

✣ 부부(夫婦)해로(偕老)가 힘들다.

▼ 지지(地支)가 전체 수국(水局)이다.

○ 壬 ○ ○ 축(丑)월의 임(壬)수 일산.
亥 子 丑 子 지지(地支)에 방합(方合)국 성립.

⇧ 그런데 방합(方合)으로 형성(形成)이 되어있다.

● 사주(四柱)가 강하여 좋기는 하나 큰일은 힘들다.

● 자신의 지나침을 빨리 알고, 그에 걸 맞는 처신(處身)을 하는 것.
최선이다. 부부(夫婦) 해로(偕老)가 힘들고, 자칫하면 결혼도 힘들어진다.

✤ 위의 설명들은 사주(四柱)가 지나치게 강한 경우의 예를 든 것이다.

● 태강(太强)한 사주다.
태강의 경우는 인수(印綬)나 견(肩)·겁(劫)이 몰려있는 경우가 많다.
물론 변화(變化)에 이루어진 경우도 성립되나, 그것 역시 크게 벗어나지는 않는다.

● 가정적(家庭的)으로는 불행한 일면을 보이는 팔자.
해로(偕老)하지 못하는 경우, 원인(原因)은 참으로 많은데, 우선 사주(四柱)가 지나치게 강해 독불장군(獨不將軍)식의 형상을 설명 한 것이다.
다른 경우도 마찬가지 "모난 돌 정 맞는다."고 항상 도(度)를 지나치면 그 부작용(副作用)은 반드시 나타나게 되는 것이다.

✤ 관성(官星)이 미약하고 흉살(凶殺)이 있을 때.
여성(女性)에게 해당이 되는 사항인데, 관성(官星)은 남편성인데, 기운(氣運)이 미약한데 거기에 흉살(凶殺)까지 가해지니 견디지 못한다.

▼ 흉살(凶殺)은 형(刑), 충(冲), 파(破), 해(亥), 공망(空亡)등 골치 아픈 경우다.

辛	丙	乙	己	축(丑)월의 병(丙)화 일간이다.
卯	戌	丑	未	일지(日支)가 형살(刑殺)에 걸렸다.

⬆ 일주가 병(丙), 술(戌)로 백호(白虎)살이다.
여기서 남편은 어떻게 ? 어디에? 보여야 논할 것이 아닌가? 월지(月支)의 축(丑)중 계(癸)수가 있는데 시원치가 않다. 병(丙)화 일간(日干)에게 관(官)은 수(水)인데 잘 보이지 않는다. 감추어진 남편이니 내 봉리 정도는 아니다. 거기에 삼형(三刑)살이니 까다로움이 아니라, 흙속에 묻힌 인물이다.

✤ 여성(女性)의 경우--➜ 본 남편(男便)과 해로(偕老) 못 한다.

● 남성(男性)의 경우도 그러하다.

여성의 경우도 본래의 남편과 해로(偕老) 할 수 있다면 그보다 더 좋을 수는 없다. 그러나 일부의 사람들은 그 복(福)을 누리지 못하고, 다른 배우자를 만나 제2의 인생을 시작하기도 한다.

● 여기에서 참된 만남을 통한 기쁨을 느끼는 사람도 있다.

큰 변화가 없이 그저 그럭저럭 이라는 표현(表現)이 어울리는 인생(人生)을 사는 사람도 허다하다. 과연 그 원인은 무엇일까? 그리고 그 후의 그들의 운은 어떠한가? 바뀌는가? 평생을 갈 것인가? 그것이 문제다.

✤ 본 남편과 해로(偕老) 못하는 원인(原因)과 그 분석(分析).

◉ 관성이 미약하고, 흉살(凶殺)이 추가되어, 그 역할이 미약해질 때.

● 여성에게 관성(官星)은 남편이다.

그런데 기운이 약(弱)하여 자기 역할하기도 벅찬데 흉살(凶殺)이 또 들이닥치니 엎친대 덮치는 격이다.

● 발을 다쳐 걷기도 힘든데,

손까지 다치는 격이다.

▼ 여기에서 남편(男便)인 관(官)을 찾아보자.

○	己	○	○	신(申)월의 기(己)토 일간이다.
○	巳	申	寅	지지(地支)에 삼형(三形)살(殺)이다.

⬆ 기(己)토 일간에게 남편은 인(寅)중의 갑(甲)목이 된다.

- 인(寅)↔신(申)충(冲)이요, 인(寅)↔사(巳)형(刑)이다.
- 사(巳), 와 신(申)이 인(寅)에는 흉(凶)이다. 일지(日支)를 살펴보자.

일지(日支)는 배우자의 자리이다. 그 자리에 형(刑), 충(冲), 공망(空亡)이나, 다른 흉살(凶殺)이 가임하면 배우자(配偶者)궁(宮)이 흔들린다.

흔들린다는 것은 그만큼 자리를 지키기가 어렵다는 설명이다.

▼ 기(己)토 일간인데 갑(甲)목은 남편(男便)이다.

○	己	甲	○	신(申)월의 기(己)토 일간이다.
○	○	申	○	천간(天干)이 갑(甲)기(己)합(合)이다.

⇧ 서로가 좋아서 합(合)이 이루어진다. 문제는 자손(子孫)이다.

- 신(申)금이 자손(子孫)인데 갑(甲)목에게는 절지(絶地)이다.
- 가시방석에 앉은 형국(形局)이다.
- 부부(夫婦)합의 기운(氣運)은 결국 자손(子孫)에게 다 간다.

▼ 관성(官星)이 허약하고 충(冲)이나 극(剋) 흉살(凶殺)이 임할 때, 상관(傷官)운에 이별을 한다.

○	甲	○	○	묘(卯)월에 갑(甲)목 일간이다.
酉	寅	卯	○	지지(地支)에 묘유(卯酉) 충(冲)이다.

⇧ 갑(甲)목 일간이다. 관(官)은 유(酉)금이 된다.

- 월지(月支)와 시지(時支)가 상충(相沖)이다. 2월의 갑(甲)목 나무에 유(酉)라는 열매가 하나 열려 있는데, 2월의 봄바람에 떨어지는 것이다. 가을의 열매가 봄이 되니 그 자취를 감춘다.

● 갑(甲)목에게 견겁(肩劫)이 많다.

ㅇ 자손이 화(火)를 생산하니 금(金)인 남편은 더 이상 갈 곳이 없어진다.

ㅇ 바람에 불려 떨어지고, 뜨거운 기운에 열매가 곪아서 녹아 없어진다.

ㅇ 겉으로 상처를 받고 속으로 상해 없어진다.

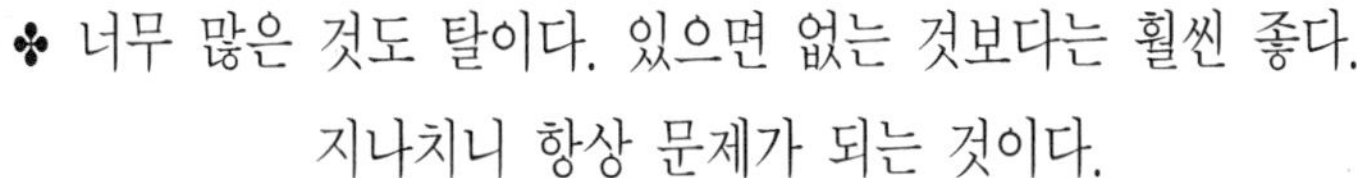

✤ 너무 많은 것도 탈이다. 있으면 없는 것보다는 훨씬 좋다.
지나치니 항상 문제가 되는 것이다.

✤ 관살태왕(官殺太王)

● 관살(官殺)이라면 여성에게는 남편이 되는데 너무 많을 경우다.
다자무자(多子無子)라 오히려 너무 많아도 없는 것이나 같다. 그리고 남자가 하도 많으니 귀찮고, 싫어서 남성기피증이 생긴다.

▼ 관고(官庫)가 중복이 된 사람.

○	乙	乙	丙	미(未)월의 을(乙)목 일간이다.
丑	丑	未	申	관고(官庫)를 놓고 있다.

⬆ 관고(官庫)를 놓고 있는 여성은 남성들은 많지만 정작 내가 마음에 들어 하는 남성은 나를 쳐다보지 않는다.

● 내가 그럭저럭 그런대로 사귀는 사람은 따라다니고, 귀찮게 하는 것이다.
"당신 아니면 못 산다"고 말이다.

● 신부는 한 명인데, 신랑은 넘쳐나는 형국이다.
결국 신부는 결혼하는데 신랑들과 일일이 다 합방하는 것이다. 한 사람도 그냥 놔두지 않는다.

✤ 신부가 얼마나 피곤하겠는가?

- 그래도 첫날밤이라고 전부 열과 성을 다하여 봉사하려고 할 것 아닌가? 그러다 보니 정작 신부는 자손(子孫)이 귀하게 되는 상황으로 이어진다.
- 각성받이 자손을 낳을 수는 없고 혈통을 지켜야 하는데 고민이 많이 생기는 것이다. 오랜 시간이 흐르면서 한 사람 한사람 순서대로 퇴장한다.
- 결국에는 맨 나중에 남는 사람이 차지한다.

힘이 강한 사람, 끈질긴 사람은 끝까지 같이 가도 좋다고 버티며 최후까지 나간다. 이때 신부는 새롭게 나타나는 신랑을 결코 끝까지 외면하지는 않는다. 두 집 살림을 하는 한이 있더라도 결코, 결코---. 옹녀다.

- 복잡한 것이 싫다고 정리하고 새로운 신랑을 맞이하는 사람도 있다.

물론 같이 가는 사람도 있다. 관(官)이 지나치게 많음으로 생기는 일이다. 신부가 신랑을 맞이하는 방법도 여러 가지다.

◈ 몰래 몰래 모텔에서 밀회를 즐기는 사람이다.

아예 유흥가에 앉아서 나는 여기에 있으니 아무 때나 당신들이 편할 때 오면 정성껏 모시겠다는 사람도 있다.

- 한동안 당신하고 잘 지냈어요!

이제는 다른 신랑을 맞아 행복하게 살고 싶다며 헤어질 것을 요구하는 사람도 있고, 시집살이 고추보다 맵다고 하더니, 진짜 힘들어서 이 집에서는 못 살겠다고 뛰쳐나가는 사람도 있고, 폭군 같은 남편에게 시달려 더 이상은 매 맞고, 무시당하고 못살겠다며 하소연 하며 떠나는 사람이 있고, 내 몸이 망가져도 그래도 남편 없이는 못 산다는 것이 이들의 항변(抗辯)이다.

✤ 관살이 혼잡한 여성은 팔자로 이야기 하면 기생팔자다.

- 유흥업에 종사, 직장을 다녀도 직장의 꽃으로 군계일학(群鷄一鶴)이다. 하지만 그 역시 뭇 남성의 선망의 대상 이전에 입에 오르는 여성이다.
- 입살(설화)에 순탄치 않다. 튀려면 확 튀는 것이 났지 항상 어설프다.

- 결혼해도 강요에 의한 결혼이다. 몸을 주어도 거의 강제로 당한다. 이에도 사주의 강약에 따라 경중(輕重)이 나온다. 결혼 한 후에도 남성의 대시가 심해 거절 못한다. 정부(情夫)를 두는 형상이 된다. 근본적(根本的)인 원인(原因)은 본인(本人)이 원하는 것이다.

✤ 편관(偏官)도 편관(偏官) 나름이다.

- 관(官)이 많다는 것은 여러 가지 문제점을 안고 있는 것은 사실이다. 그 중에서도 편관(偏官)이 유난히 많을 경우는 어떨까? 정관(正官)이 있다면 보는 시각(視覺)이 다른데 편관(偏官)만 보인다면?

○ 甲 庚 ○
○ ○ ○ ○

갑(甲)목 일간, 경(庚)금은 편관(偏官) 부딪혀서 결국은 헤어진다. 충(冲)이므로

○ 戊 甲 ○
○ ○ ○ ○

무(戊)토 일간, 갑(甲)목이 관(官)이다. 충(冲)이 아니다. 혼전(婚前)동거(同居)

○ 庚 丙 ○
○ ○ ○ ○

경(庚)금 일간, 병(丙)화가 관(官)이다. 이 역시 충(冲)이 아니니 혼전동거이다.

✤ 재살태왕(財殺太旺)한 사주의 주인공.

● 여기에서 살(殺)을 잘 살펴야한다.

대게 관(官)으로만, 편관(偏官)으로만 생각하는데, 정관도 편관의 역할을 할 때가 많다. 살(殺)이라는 것에 주안(主眼)점을 두어야 한다.

● 살(殺)이란 나에게 직접적(直接的)으로 위해(危害)를 가하는 존재다.

살(殺)도 좋은 작용을 하는 경우도 있지만, 여기서 말하는 살(殺)은 글자 그대로 살(殺)이다. 살인마(殺人魔)와 같은 존재다.

● 과도한 업무(業務)요, 지나친 월권행위(越權行爲)다.

이치(理致)에 어긋나고, 비상식적(非常識的)인 행동이요, 억압(抑壓)이요, 폭력적(暴力的)인 행동이요, 잔인(殘忍)성이요, 모든 악업(惡業)이다.

✤ 재(財)란 여성에 있어서 시댁(媤宅)이다.

● 시집 식구(食口)요, 금전(金錢)이다.

이 모든 것이 나를 힘들게 하는데, 남편이라는 자는 한 술 더 떠 시어머니 잘 모시라고 닦달하지 않는가, 절약하고 아껴 모은 돈 다 털어서 결제대금 보태라고, 사업자금 마련하여 주었더니 기껏 한다는 행동이 주식 투자한다 하더니 다 날려버렸다.

● 그리고는 또 손을 벌린다.

처갓집에 가서 돈 좀 빌려오라고, 어디 친구한테라도 융통을 하여보라고— 어찌어찌하여 힘이 들것 같다고 하면 "그 정도 능력도 안 되냐!" 며 주변머리 없는 인간이요, 필요도 없는 인간이요, 쓸모없는 인간이라면서 구박한다.

● 별의 별 트집을 잡아 이혼(離婚)을 하잖다.

결혼할 때는 당신 고생 안 시킨다며 좋은 소리는 다 하더니 이제 와서는 눈에 돈만 보이는 모양이다. 사주(四柱)의 격(格)을 놓고 논한다면 천격(賤格)에 속하는 격(格)이다. 기어 다닐 정도로 패주고 싶은 심정이다.

● 역할에 따른 정관(正官)과 편관(偏官)을 구별해야 한다.

▼ 관(官)의 기운(氣運)이 지나치면 당하기 마련이다.

○	甲	○	○	8월의 갑(甲)목 일간이다.
卯	申	酉	酉	지지(地支)에 관(官)이 많다.

⇧ 사주(四柱)원국(源局)에 관(官)이 많아 고민이다.
운(運)에서 또 관운(官運)이 온다면 어떨까?

- 기계도 쉬지 않고 돌면 쉬 망가지는 것이다.
- 전쟁터에서 칼 맞고, 쓰러지는데 또 활까지 날아와 등에 꽂히는 격이다.

➜ 운(運)에서 경진(庚辰)년이 온다고 하자. 어떤 변화가 생길까?

- 경진(庚辰)운(運)이 온다면?
  천간(天干)으로는 갑(甲)--경(庚)충(冲)이라 일간이 피상(皮相)을 당한다.
  지지(地支)로는 진(辰)--유(酉) 합(合)금(金)이라 금(金)의 기운이 더욱 강(强)해져 갑(甲)목 일간(日干)을 더욱 압박한다.

- 갑(甲)목이 바늘방석에 앉아있는데, 못이 밖으로 튀어나오는 형상이다.

ㅇ아무리 힘들어도 앉아 있을 수가 없다.
ㅇ그러지 않을 경우 내가 다치는 것이다.
ㅇ그것이 파상풍(破傷風)의 원인을 제공한다.

- 진(辰)토는 갑(甲)목에게는 재물(財物)이다. 돈이다.

ㅇ 토생금(土生金)이라 그 돈이 남편에게 건너간 것이다.
그런데 그것이 나인 갑(甲)목에게는 진(辰)↔유(酉)➜ 합(合)-금(金)이 되어 칼로 써 소송인 관재수(官災數)에, 못된 년이라는 욕설과 함께 구설(口舌)로 돌아온다.

➜ 남편의 사업자금이 모자란다 하여 차용증을 써준다.
친구에게서 돈을 빌려 주었더니 결국 부도가 나고 남편은 잠적하니 차용증을 써준 아내는 사기죄로 피소되고, 갖은 욕설과 수모를 겪는 격이다.

✤ 식상(食傷)이 태왕(太旺)한 경우.

● 식상(食傷)이란 여성에게는 자손(子孫)이다.

식상은 관(官)을 극(剋)한다. 자손(子孫)이 남편(男便)을 극(剋)하는 것이다. 가정을 이루면 자손이 생기는데 그들의 양육은 부부의 책임이라, 유한(有限)도, 무한(無限)도 아닌 그런 책임이다.

➜ 밖에서는 남편의 역할, 안에서는 아내의 역할, 각각의 역할이 있다.

때로는 겉만 그렇지 상황이 바뀌는 경우도 많다. 심성(心性)이 그러한 경우도 있지만, 일단은 어려서 자손(子孫)들은 어머니와 같이 있는 시간이 많으므로 자연 어머니와 더 가까울 수 밖 에는 없다.

● 아이들의 심리는 제일 가까운 사람에게 모든 것을 의지(依持)하기 마련.

기울 수밖에 없다. 이때의 아빠는 자식과 어머니가 한 편이고, 자신은 왕따를 당하는 환경(環境)에 처하게 된다.

● 본의 아닌 분위기 형성이 되는 것이다.

그러다 보니 여성의 입장에서는 아(我)와 식상(食傷)이 한 덩어리가 된다.

관(官)인 아버지가 따로 대치하는 형국(形局)이 형성된다.

● 이 분위기가 평생(平生)을 가는 경우도 많다.

실지 한국적(韓國的)인 가정(家庭)에서는 이런 경우가 매우 많다.

그러다 성장하면서 아들은 아버지편이요, 딸은 엄마 편이라는 이상한 공식(公式)이 성립하게 되는 것이다.

● 음(陰)은 음(陰)의 편이요, 양(陽)은 양(陽)의 편이 되는 것이다.

그런데 간혹 보면 딸인데도 아버지의 편(便)을 유난히 들어주는 경우가 있다. 이럴 경우, 그 딸은 양(陽)의 기운이 강한 딸이다. 아들이 엄마 편을 들어주는 경우는 양(陽)인 아들이 음(陰)의 기운이 강한 것이다.

● **환경(環境)적인 요인(要因)으로 이혼, 어머니가 홀로 자식을 키운 경우.**

그때는 아들과 딸이 다 어머니 쪽으로 기운다. 그러는 가운데서 또 아버지를 옹호하는 자손(子孫)도 나오고 그 각각의 경우가 나오는데 다 그 연유가 있다. 물론 환경도 환경 나름이다. 재혼을 하는 수도 있고 그 경우가 많지만 대체적인 상황으로 설명하는 것이다.

● **관(官)인 남편은 홀로이고, 아내와 자손은 한편이다.**

그러다보니 남편의 기운(氣運)이 식상(食傷)의 기운을 감내하지 못하면 자연 기운다. 거기에 아내의 기운까지 가세하니 아무리 강한 관(官)의 기운(氣運)이라도, 수적(數的)으로는 혼자니 어는 정도는 힘에 부치는 것이 당연하다.

● 아내의 입장에서는 자식 농사가 잘 되면 남편농사는 부실(不實)한 것이다.

아이들 뒷바라지 하느라 남편의 세심한 부분을 챙겨주지 못하기 때문에 자연 남편은 소외감을 느끼고, 왕따를 당한다는 착각을 하는 것이다.

● 남편의 입장에서는, 자식하나 키우려면 요즈음 사교육비도 엄청나다.

그 뒷감당을 하느라 진이 다 빠진다. 해도 해도 끝이 안보일 정도다.

● 성장하면서 다치지나 않나, 어디 아프지나 않나, 온갖 걱정이다.

늦으면 혹시 사고라도 나지 않나, 온갖 걱정을 다 해야 하는 것이 부모다.

● 아내에 대한 보살핌까지 있어야하니 그것이 관(官)의 역할이다.

● 아내의 입장에서는 남편에게만 신경을 쓰다보면 자식농사가 안 된다.

자식에게만 신경 쓰면 남편농사가 안 되는 것이다. 그래서 사람의 눈이 둘이라 두 개를 한 번에 쓰도록 된 것이 아닌가?

● **식상(食傷)이 태왕(太旺)하면 그래서 남편과 해로 못하는 것이다.**

그 기운이 평생을 가니 그러한 연유다.

● 자식과 남편이 각각 자신의 역할을 충실히 한다.

그만큼 모든 것이 원활하게 돌아가는 것이요, 제 역할을 못하면 그만큼 전체가 피곤해진다. 사주가 좋다는 것은 각자가 그만큼 자기 역할을 충분히 하는 사주다. 그것이 좋은 사주이고, 바람직한 사주다.

▼ 5월의 을(乙)목 이라 사주를 보니 식상(食傷)이 지나치게 왕(旺)하다.

丙 乙 丙 丁　　　오(午)월의 을(乙)목 일간이다.

戌 未 午 未　　　지지(地支)화국(火局)이 보인다.

⇧ 재(財)인 토(土)가 역시 화(火)인 식상(食傷)으로 화(化)하였다.

- 관(官)을 찾아야하는데 보이지 않는다. 결혼을 했는데 서방님이 보이지 않는다. 식상관이 많아서 견디기 힘들어 바람나는 상황으로 이어진다.
- 운(運)에서나 남자가 나타나야 얼굴이라도 볼 것 아닌가? 여기에서 문제가 되는 것이 있다. 을(乙)목의 정관(正官)은 경(庚)금인데 설사 합(合)이 되어 온다 해도 그 다음이 문제다.
- 사방이 온통 화(火)라 견딜 수 없다. 남자 잡아먹는 사주, 남편 금(金)인 쇠를 녹여도 쇠똥도 없이 녹여버린다.

- 이런 사람은?
  차라리 혼자 사는 것이 남을 위하는 것이다.
  정신(情神)상태도 약간 염려된다.
  혼(魂)이 날아가는 것이다.
  염상(炎上)이란 말이다.

▼ 식상(食傷)태왕(太旺)한 사주는 자식 낳고 이별을 한다.

○ 乙 丙 庚　　　술(戌)월의 을(乙)목 일간이다.

○ 巳 戌 午　　　지지(地支)화국(火局)이다.

⇧ 사람이 자기의 분신(分身)인 자식을 낳으면 어떨까?
얼마나 사랑스럽고, 대견하겠는가? 그런 자식을 놔두고 생이별을 한다면 참으로 가슴 아픈 일이다.

- 다 각자의 운명(運命)이요, 팔자(八字)다.

그것은 부모(父母)된 자(者)들의 업(業)이요, 책임(責任)이다. 그러나 피치 못할 사정으로 명(命)을 달리 한다던가, 부득불(不得不) 헤어져서 따로 살아야 하는 운명이라면 그것을 감내하고 굳세게 사는 것이 최선일 것이다.

- 남편과는 사이가 좋아 서로가 잠시라도 못 보면 그립고, 애틋하다.

어디 세상사 모든 것이 뜻대로만 되는가? 자식이 그사이를 가로막고 오히려 부모(父母)를 극(剋)하는 상황이라면 참으로 안타까운 일이다.

- 을(乙)목 남편 경(庚)금➜ 년간(年干)에서 갈 곳을 정해 놓고 있다.

자식인 화(火)의 기운이 워낙 강하여 얼굴도 내밀지 못한다.
자식을 낳을 때도 제대로 옆에서 지켜보지도 못하는 상황이다.
갑자기 일이 생긴다던가, 잠시 먼 곳에 있는 사이 아내가 출산한 것이다.
후(後)에도 자라는 사이 아버지의 하는 일이 이상하게 꼬이고 얽히기 시작하더니 결국 두 손을 든다. 자식 낳고 되는 일이 없다.
둘째가 나오더니 형님이 돌아가시고, 셋째가 나오더니 동생이 죽는 형국(形局)이다.
결국 집안도 가세(家勢)가 기울어 몰락(沒落)한다.

✤ 관식(官食)이 동림(同臨)하는 경우.

✤ 관식동림(官食同臨)이란?

관(官)인 남편과, 식(食)인 자식(子息)이 같이 한 곳에 같이 있다는 설명인데, 그것은 당연한 것 같지만 문제가 있다. 임신(妊娠)이 잘 된다는 것은 좋은 것이다.

- 요즈음 애 못 낳는다고 안달인 사람들이 많은 세상인데 말이다.

이 상황은 부정(不正)포태(胞胎)로 보는데 요즈음은 그것보다는 임신이 잘된다고 보는 것이 옳을 것이다. 물론 혼전(婚前)이라면 당연히 속도위반인 것인데, 크게 보자는 의미다.

- 부정(不貞)이라는 단어가 들어가니 선별하여 사용하자는 의미다.

좋은 것은 각자 자리의 자리를 지키고, 자기의 목소리를 확실하게 내는 것이 좋다.

✤ 동림(同臨)이란 어느 경우 일까?

◈ 일지(日支)로 관(官)과 식상(食傷)이 합(合)을 하여 들어올 때.

◈ 암장(暗葬)으로 관(官)과 식상(食傷)이 같이 있을 경우.

※ 육십갑자(六十甲子) 중 관식동림(官食同臨)인 경우는?

갑(甲)	을(乙)	병(丙)	정(丁)	임(壬)	계(癸)
술(戌)	사(巳)	진(辰)	축(丑)	진(辰)	미(未)
⇩	⇩	⇩	⇩	⇩	⇩
정(丁)	경(庚)	계(癸)	계(癸)	을(乙)	을(乙)
신(辛)	병(丙)	무(戊)	기(己)	무(戊)	기(己)

✤ 관식투전(官食鬪戰)일 경우는 어떨까?

✤ 관식투전(官食鬪戰)이란 ?

● 관성(官星)과 식상(食傷)이 서로 다투는 형상이다.

서로의 기운이 한 쪽으로 기운다면 각자의 기운(氣運)을 극대화(極大化)하여 싸우기 마련이다. 관(官)과 식상(食傷)은 그 자체가 서로가 극(剋)하는 관계에 있다.

○그러나 세력이 비슷하여 우월(優越)을 가리기 힘들 경우는 다툴 이유는 없다.

● 그러나 그 기울기가 형성 된다면 보완(補完)하기 위하여 다투게 된다.

● 여성(女性) 입장에서 보면 관(官)은 남편이요, 식상(食傷)은 자손인데, 어느 편을 들어준다는 것도 참으로 난감하다.

▼ 관(官)과 식상(食傷)의 기운이 비슷한 경우.

丙 甲 酉 戊 유(酉)월의 갑(甲)목 일간.

寅 午 酉 辰 지지(地支)가 화(火)금(金)상전(相戰).

⬆ 화(火)와 금(金)의 세력이 균형(均衡)을 이루어 대치 상태이다.

- 일간인 갑(甲)목의 입장에서는 남편도 좋고 자식도 튼튼하다. 참으로 좋은 것이다. 크게 신경을 쓸 필요가 없다. 일간(日干)인 갑(甲)목이 뿌리가 약하니, 흡으로 작용.

▼ 구박받고 사는 팔자.

庚 甲 辛 戊 유(酉)월의 갑(甲)목 일간이다.

午 申 酉 辰 관(官)의 기운이 강(强)하다.

⬆ 갑(甲)목 일간(日干)인데 관(官)의 기운(氣運)이 지나치게 강(强)하다.

- 식상(食傷)화(火)의 기운(氣運)이 약(弱)하다.
- ㅇ 관살(官殺)이 많으면 그것이 나에게는 귀신(鬼神)이다.
- ㅇ 악마(惡魔)요, 살(殺)이다. 양쪽에서 쥐어박고 있다.

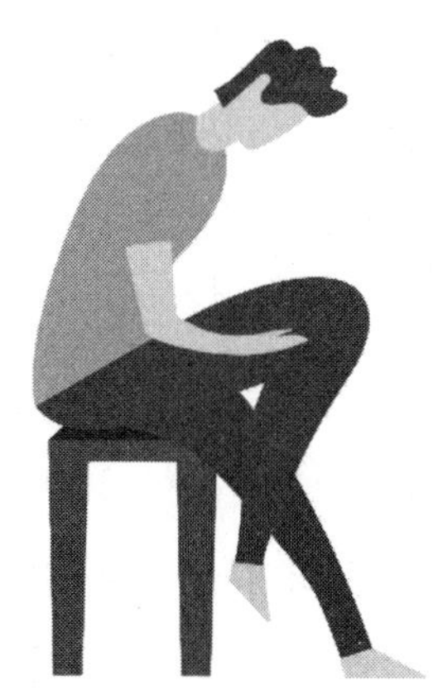

- 관(官)이 강하므로 주눅 들어 산다.

ㅇ 구박을 받고, 쫑코 먹고, 기를 못 펴고 사니 사는 것이, 사는 것이 아니다.

아! 인제나
이곳에서 벗어나나!

▼ 식상(食傷)이 많은 경우.

庚	甲	戊	戊	오(午)월의 갑(甲)목 일간이다.
午	申	午	寅	식상(食傷)이 왕(旺)하다.

⬆ 갑(甲)목 일간의 여성(女性)이다. 식상(食傷)이 많다보니 말이 많다.

- 결국 관(官)인 남편에게 혼이 난다.

ㅇ 관(官)의 기운이 완전히 약하면 상관이 없다.
처음에는 져주다가 나중에는 두들겨 패는 스타일이다.

ㅇ 그것도 사정없이 말이다. 그야말로 "개뿔도 없는 것이 꼴에 그것은 달고 나왔다고" "에라 이 상놈아 !짤라서 개나 갇다 주어라." 하고 욕 듣는 남편이다.

✤ 상관(傷官)운에는 어떤 현상이 나타날까?

◈ 공연히 신경질에 짜증이 나고 반항심만 생긴다.

◈ 이유 없이 남편에게 강짜요, 자식도 싫어진다.

◈ 지나친 포용심이라 혼자서 고독을 씹는다.

✤ 견겁(肩劫)이 태왕(太旺)한 사주.

- 여성(女性)의 입장에서 보면 자기와 같은 사람이 너무나 많다.
- 남편의 입장에서 보면 처가의 식구들도 무척 많다.

  아내에게 조금만 서운하게 하거나, 큰 소리 한 번하면 아내가 뽀르르 친정으로 간다. 그 다음은 난리가 나는 것이다. 식구들이 전부다 몰려온다.

  자네가 해 준 것이 무엇이 있다고 우리 딸 구박을 하는가?

  매형, 매제, 하면서 난리다. 소리 큰 사람이 이기는 상황이다.
- 옆에 여자(女子)만 있어도 남편(男便)의 눈이 돌아간다.
- 자기의 아내가 너무나 많다. 남편이 착각한다.

  "아, 이 사람이 나의 아내구나" 하고 말이다. 실상은 자기의 아내가 아닌데도 말이다. 이러다 보니 그런 상황을 자주 반복 하다보면 젖어서 아주 다른 곳으로 가서 다른 사람과 지내게도 된다.

- 아내의 입장에서 보면 그것이 자기의 남편을 빼앗기는 것이다.
  항상 의심(疑心)을 하게 되고 의부증(疑夫症)의 증세를 보이는 것이다
- 항상 경쟁의식(競爭意識)에 사로잡힌다.
  자기의 것에 대한 집착(執着)이 강하다. 실상 자기가 취하는 것은 별로 없다. 항상 경쟁(競爭)에서 뒤지기 때문이다.
  그러다보니 앞을 내다보는 안목(眼目)이 좁아지고, 근시안적(近視眼的)인 판단으로 항상 실수를 반복하여 큰일은 못하는 것이다. 소탐대실(小貪大失)이다. 풀코스의 음식이 나와도 후반 음식은 손을 못 댄다.

▼ 남자는 남자다.

○	辛	丙	○	신(申)월의 신(辛)금 일간이다.
○	酉	申	酉	지지(地支)에 견겁이 많다.

🔼 열 계집 마다하는 남자 없다고 하였던가?

- 병(丙)화가 남편이다. 병(丙)화의 입장에서 보면 재(財)가 너무나 많다.
- 신(辛)금의 입장에서는 일지(日支)가 견겁(肩劫)이다.
  나와 같은 사람인 여성이 나의 안방에 와 있다.
  운(運)에서 일지(日支)와 삼합(三合)이 이루어진다면 어떻게 될까?
- 일지는 남편(男便)궁인데 견겁(肩劫)이 앉아있다.
  거기에 합(合)이 이루어지니 다른 여자와 눈이 맞아 새로 안방을 꾸미는 것이다. 결국 남편을 뺏기는 것이요, 이혼(離婚)수요, 헤어지는 것이다.

✥ 여기에서 신강(身强)과 신약(身弱)의 차이가 나타난다.

◈ 신강(身强)일 경우------------남의 남편(男便)을 빼앗아 온다.
◈ 신약(身弱)일 경우------------나의 남편(男便)을 빼앗긴다.

✤ 인수(印綬)가 태왕(太旺)한 사주.

- 인수(印綬)란 어머니인데, 어머니의 입김이 너무 강(强)하다.
- 여성의 입장에서도 너무나 과보호로 성장했다.
  어머니의 의존도(依存度)가 매우 강(强)하다.
- 관(官)인 남편이 인수(印綬)인 친정에 온갖 정성을 다 한다.
  진이 다 빠진다. 워낙 기운(氣運)이 강(强)하여, 해도 해도 끝이 없다.
- 아직도 멀었네! 이 사람아! 하면서 우습게 본다.
  자네 그 정도 밖에 안 되는가? 그러면 우리 자식과 이혼하게! 하면서 강제로 이혼도 불사한다.
- 인수(印綬)는 처가(妻家)요, 식상(食傷)은 장모(丈母).남편에게는 다 짐이다.

✤ 재다신약(財多身弱) 사주.

- 여성에게 재(財)는 시어머니다.
  시댁(媤宅)이다. 많다함은 간섭이 지나치다.
  누적되면 월권이요, 분란의 원인제공이 된다.

- 시어머니가 두 분이다.
  재가(再嫁)하여 또 다른 시어머니를 모신다.
  시아버지의 팔자다. 바람기도 다분하다.

- 시댁의 식구가 많다.
  시아버지가 바람을 피거나 가족관계가 복잡하여 두 분을 모신다면 이것 또한 힘든 일이다. 자식의 가정교육이 영향을 받았다고 볼 수 있다. 행동이 학습이다.

◈ 시댁에서 요구하는 사항이 너무 많다.

시작 전부터 삐걱거리던 결혼인데, 예물에서 부터 그러니 그런 결혼이 어디 오래가는가? 가족 수가 많다면 골치 아픈 사연이다. 지금은 옛말.

◈ 시어머니가 시시콜콜 사사건건이 간섭이다. 음식이 짜니------

◈ 금전(金錢)으로 부터의 해방(解放)이 그리운 것이다.
지겹도록 평생을 따라 다니는 사안(事案)이다. 맛 집 구경은 그만! 남편도 그것을 해결하지 못한다.

◈ 재혼(再婚)을 하였는데 또 시원치가 않다. 팔자인 것을!

◈ 그 나물에 그 밥이다. 나물 처리는 비빔밥이 어울린다.

✤ 관성(官星)이 균형(均衡)을 상실하였을 때.

- 관성(官星)은 남편인데 항상 흔들린다.
  가정(家庭)이 흔들리고, 부부(夫婦)관계도 흔들리고 전체(全體)가 흔들리는 것이다. 이에는 과다(過多)하여 소화불량(消化不良)이 원인일 수 있고, 지나치게 부족(不足), 영양실조(營養失調)로 흔들릴 수도 있다.
- 건강한 상태를 유지하지 못하니 해로(偕老)하기가 힘들다.
  균형(均衡)을 이루어야 한다.
  이것은 비단 관성(官星) 뿐만 아니다. 다 해당된다.

✤ 관성(官星)이 합거(合去)가 되는 경우는 어떨까?

합(合)이 이루어지는 경우 그 결과에 따라 해석(解析)이 달라진다.

◈ 합신(合身) : 일주(日柱)로 들어오니 연애결혼이다.

◈ 합거(合去) : 날아가 버리니 눈이 맞아 도망 간 것이다.

▼ 천간(天干)과 지지(支持)에 각각 합(合)이 이루어지고 있다.

○	戊	甲	己	술(戌)월의 무(戊)토 일간이다.
○	○	戌	卯	합(合)이 이루어진다.

⇧ 무(戊)토 일간에게 목(木)은 관(官)이다.

● 년(年),월(月)에 관(官)이 각각 갑(甲)--기(己) 합이다.
묘(卯)-술(戌)합으로 관(官)이 다 묶여 있다.

● 관(官)이 용도(用度) 폐기(廢棄)요, 아무런 활동을 하지 못한다.
운(運)에서나 풀어주어야 움직이는 상황. 관(官)이 무능한 팔자다.

● 유능(有能)하고, 무능(無能)한 것의 기준(基準)이 어느 정도 인지 각자의 판단에 달린 것이지만 상(上),하(下)로 손과 발이 완전히 묶인 상태다.

✤ 기타 흉살(凶殺)을 갖고 있는 경우

◈ 고란(孤鸞)살 이라, 혼자 독신주의(獨身主義)를 고집. 인성이 문제다.
해로(偕老) 못하는 경우다.

◈ 괴강살(魁罡殺)이 있는 경우는 너무 강하다.
부군(夫君)을 꺾는 것이고, 남편이 아내 다루기가 힘들어진다.

◈ 상부(喪夫)살이라 하여 부군(夫君)이 죽는 살(殺)을 갖고 있는 경우.
관고(官庫)를 놓고 있는 경우다.

✤ 년, 월에 관고(官庫)를 갖고 있으면 어떨까?

● 년(年), 월(月)에 관고(官庫)를 갖고 있다는 것은?
일찌감치 관(官)에 대한 고초(苦楚)를 겪는다.

● 어떠한 고초(苦楚)일까?
묘(墓)를 말하므로 무덤이요, 죽음이니 과부(寡婦)가 된다는 설명. 그것도 일찍이.

♣ 이성(異性)간의 고초(苦楚)이다.

◈ 연애(戀愛) 할 때, 남자가 먼저 북망산(北邙山)을 간다.
약하게 작용하면 사고로 불구가 된다.

◈ 장기(長期)간의 헤어짐이 영원한 헤어짐으로 이어진다.

◈ 혼인(婚姻)날 받아놓고 사고(事故)로 무산된다.

◈ 고(庫)란 묘(墓)이다, 무덤이다.

⇧ 사주가 이런 여성일 경우 남성은 일찍 죽는다.

- **그런 경우를 당하기 싫다면?**

  이런 여성과의 언약(言約)은 안하는 것이 액(厄)땜 하는 것이다. 최대한 빨리 잊는 것이 상수다. 하도 세상이 난세(亂世)니 이런 경우가 의외로 많다. 지나고 나면 후회란 소용이 없는 일.

- **약(弱)하게 작용 한다면?**

  그런대로 넘어가는데, 강(强)하게 작용 할 경우, 피해가기 힘든 것이다. 그 예방법은 무엇일까?

- 여성의 사주가 이렇다면 항상 그 요소(要素)는 잠재(潛在)하여 있다. 해결방법은 멀쩡한 사람 불구(不具)의 객(客)이나, 불구자(不具者)를 만들 것이 아니라 아예 미리 그런 사람을 선택하는 것이다.
- 요즈음은 교통사고나, 불의(不意)의 사고로 능력(能力)과 재질(才質)을 겸비하고도 불편한 사람들이 많다. 선택을 잘하면 된다는 설명이다.

✤ 년주(年柱)에 관성(官星)이 있으면 어떨까?

○ 년주(年柱)에 있으면 나이 많은 신랑(新郞)이다.➜ 노랑(老郞)

✤ 시주(時柱)에 관성(官星)이나, 도화(桃花) 있으면 어떨까?

- 시주(時柱)는 말년(末年)이라 ➜ 늦바람이 나는 것이요, 나이로 본다면 아(我)인 일주(日柱) 보다 아래이니, 연하(年下)의 상대자(相對者)다.

✤ 일지(日支)에 편관(偏官)이면 어떨까?

- 일지(日支)에 편관(偏官)을 놓고 있으면 항상 불안한 여성(女性)이다. 남편(男便)궁이 항상 부실하다. 이것이 정(正)과 편(偏)의 차이다. 정(正)은 편한 것이요, 편(偏)은 불편한 것이다.
- 신왕(身旺)사주에 관(官)이 보이지 않으면 시집갈 생각을 않는다. 사주가 지나치게 강(强)하면 눈 아래가 잘 보이지가 않는다. 콧대가 높으니 말이다. "비단 고르려다 광목을 고른다."

✤ 화토(火土)중탁(重濁)의 경우도 시집갈 생각을 않는다.

- 화(火)는 날아가는 것이다.
- 위만 쳐다보고, 토(土)는 땅이니 주저앉아 움직일 생각을 않는다. 이 두 기운이 힘을 합하니, 사람은 천(天)지(地)인(人)에서 인(人)이라 하늘과 땅 사이에서 움직여야 하는데, 움직이지 않는다. 그 구실을 못하는 것이다. 인간의 의무(義務)인 혼인(婚姻)을 거부하는 사고(思考)가 강(强)한 것이다.

- 온전한 결혼생활이 힘든 경우.

출가하는 사주요, 종교(宗教)에 귀의(歸依)하는 사주(四柱)다. 문학에 재질이 있다면 작가지망생, 앉아서 하는 두뇌활동 연관직업. 지나치게 이동이 많거나, 원거리 위치, 떨어져야 하는 경우---

▼ 화토중탁(火土重濁)의 사주.

○	丙	己	○	미(未)월의 병(丙)화 일간이다.
未	戌	未	戌	지지(地支)가 전부 토(土)이다.

⇧ 전형적인 화토중탁(火土重濁)의 사주(四柱)이다.

토(土)도 습(濕)토와, 조(燥)토가 있으니 그의 구별에 따라, 큰 인물인가, 작은 인물인 가? 판결(判決)이 나온다. 여기는 전부 조(燥)토다.

- 식상(食傷)이 태왕(太旺)한 운(運)이나, 견겁(肩劫)이 태왕(太旺)한 운(運)에는 속임수나, 사기 결혼을 당하는 수가 있다.

◈ 사주(四柱)자체가 식상(食傷)이 태왕(太旺)하거나 견겁(肩劫)이 왕(旺)한 사주의 소유자는 헌 신랑을 맞이하는 경우가 많다.

◈ 상관(傷官)운에는 신랑(新郞)의 뒷조사를 잘 해야 한다.

◈ 비견(比肩), 비겁(比劫) 운에는 들통이 나는 운(運)이다.
서로의 약점으로 파혼(破婚)이 되는 경우가 생긴다.

◈ 관성(官星)과 식상(食傷)이 서로 투전(鬪戰)하면?
남편 버리고, 자식 버리고 떠나는 운(運)이다. 이것저것 다 귀찮아지는 운(運)이다. 삶이 피곤한 사주.

◈ **"사람위에 사람 없고, 사람아래 사람이 없다."** 고 한다.

- 물론 맞는 말이다.

생활(生活)하면서 인간적(人間的)인 삶을 영위하는데 있어서 건강(健康)이나, 경제적(經濟的)인 면, 정신적(精神的)인 면 등 많은 문제점으로, 인간으로써 가장 기본적(基本的)인 자유(自由)마저 제대로 누리지 못하고 제한(制限)을 받는다면 참으로 괴로운 일이다.

- 그러면 누구는 지나칠 정도로 자유를 만끽하며 산다. 누구는 일부분의 자유라도 누리는 것에 만족(滿足)하고 감사(感謝)하며 살아야하는 것 일까?

- 타고난 팔자(八字)요, 정하여진 복(福)이다.

사주감명을 통하여 자기에게 주어진 운명을 알고 감수하면서 살되, 최대한의 선택을 하여보자는 것이 이 부분의 주요 이슈다.

◈ **부부(夫婦)란 서로간 이상을 추구, 목표를 향해 부단한 노력을 한다.**

뜻한 바를 성취하면서, 결실(結實)을 이룰 때 그 즐거움을 만끽하며 사는것이 참다운 행복이 될 수가 있는데, 그것을 방해(妨害)하는, 걸림돌이 되는 요소가 많음으로 바라는 바를 이루지 못하고 좌절, 번뇌하고, 애를 태우며 사는 것 또한 인생이다.

- 계획하고, 뜻한 바데로 모든 것이 일사천리로 잘 진행되면?
손쉽게 목적을 달성한다면 사는 것이 그야말로 편할 것이다.

- 그러나 세상사는 그리 원하는 데로 이루어지지가 않으니 문제다.
남들은 참 잘사는데 나는 왜 이 모양 일까? 넋두리 속에 지나가는 것은 시간뿐이다.
삶이 힘들거나 어려운 사람들을 구별하는 방법에 대한 이야기다.

- 나 자신은 어떨까?
하고 생각하는 사람보다는 "나 보다 조금이라도 나은 배우자를 만난다면 더 나을 것인데, 어디 그런 사람 없을까?"
"경제적으로도 여유가 있고, 배경도 든든하고, 직장도 튼튼하고, 능력도 있----."
이러는 것이 인간의 심성이다.

- **사람 복(福)이란 자기 그릇크기에 따라 좌우된다.**

- 재수(財數) 있어 일시적으로 복(福)을 갖는다면?
해도 그것은 결코 오래 가지 못하는 것이다. 다른 쪽에서 문제가 발생, 결국은 그에 따른 보상(報償)을 받으니 말이다.
- 상대방을 속이고, 자신을 기만하면서 까지 복을 누리고 있다 하자,
정작 본인은 양심의 가책을 느끼면서, 얼마나 많은 시간 가슴 조이면서 살겠는 가?

- 잃어버리고 산다 해도 불현듯 떠오른다.
그시간 시간마다 불행(不幸)의 연속이다.
세상사는 것이 다 그런 것이다.
- 욕심(慾心)일 뿐 허상(虛像)에 지나지 않는다.
인생(人生) 그자체가 고단한 여정(旅程)이다. 그러나 생각하기에 따라 즐거울 수도 있고, 괴로울 수도 있다.

▼ 무(戊)토 에게 수(水)란 존재는 매우 필요한 존재이다.

己 戊 壬 壬 자(子)월의 무(戊)토 일간이다.

未 子 子 申 무엇이 문제일까?

🔼 척박한 땅에 습(濕)한 기운을 보태어, 촉촉이 적셔주면 기름진 옥토(沃土)가 되니 가색(稼穡)의 공(功)을 이룰 수도 있다.

- 특히 계(癸)수의 경우는 무(戊)계(癸)➜합(合)한다.
  화(火)로➜화(化)하여 여러모로 필요할 경우는 큰 보탬이 되는 것이다.
- 그런데 이 사주는 지지(地支)와 천간(天干)에 수기(水氣)가 지나치다.
  오히려 몸 주(主)인 무(戊)토가 물에 휩쓸려 사라지는 형국이다.
- 다행이 시주(時柱)에 천간(天干)과 지지(地支)에 둑이 있다.
  물길을 막으니 그나마 다행이다. 그런데 항상 불안하기가 그지없는 형국이다.
- 한 평생 고생하다 그나마 노후에 근근이 안착(安着) 하는 형상이다.
- 수(水)란 토(土)에게는 재(財)가 된다.
  재(財)가 지나치니 무(戊)토인 일간(日干)이 약해진다.
- 넘치는 물을 막기 위해 흙으로 제방을 쌓다, 한 평생을 보낸다.
- 그릇으로 본다면 이미 깨어진 그릇이다.
  차(車)로 본다면 폐차 직전 자동차다. 이름 하여 재다-신약(財多身弱) 사주(四柱).
- 마누라에게 큰 소리 한 번 쳐보는 것이 소원인 사람이다.
- 평생을 쥐어 사니까, 영원한 공처가(恐妻家)다.
- 그러나 그에게도 재주는 항상 하나 정도는 있다. 무엇일까? 찾아 주─라.

▼ 가을의 나무이니 낙엽지고, 부는 바람이 온 몸을 뒤흔든다.

丁 甲 庚 戊 신(申)월의 갑(甲)목 일간이다.

卯 申 申 申 신(申)이 많으니 신난다.

🔼 갑(甲)목 나무에 금(金)인 열매가 지나치게 주렁주렁 달렸다.

그 무게를 이기지 못하고 가지가 쳐지면서 꺾어질 지경이다.

- 차가운 한기(寒氣)가 지나치니 나무가 움츠리기 바쁘다.
- 신주(身主)인 갑(甲)목은 그야말로 기죽어사는 인생(人生)이다.
- 어디를 가도 어깨 한 번 펴고 힘주기가 힘들구나.
- 항상 눈치보고 사는 팔자(八字)이니 언제나 남을 부러보고, 올라가보는가!

➜ 금목상전(金木相戰)의 사주다.

- 나무에 난도질을 하도 해대니 나무가 온통 상처투성이다.
  제대로 써먹지도 못하는 나무가 된다.
- 상처뿐인 영광이다. 관살태왕격(官殺太旺格)의 사주다.

➜ 일(日)과 시(時)에서 묘신(卯申) 귀문(鬼門)이 작용한다. 건강을 조심해야한다.

시간(時干)이 정(丁)화 ➜ 상관(傷官)이다.

- 시(時)니 말년(末年). 나이 들어 기 좀 펴보겠다고 설치지 말아야 한다.

처자식간 불화만 심화된다.

- 가만히 앉아서 순응하며 지내야한다. 열심히 일했으면 그것으로 족해야 한다. 벌리지 마라.

▼ 수목응결(水木應結)이니 기름진 옥토(沃土)라도 자연 음지(陰地)의 전답(田畓)이 되어 쓸모없는 땅이 되고 만다.

己	己	乙	癸	묘(卯)월의 기(己)토 일주이다.
巳	亥	卯	亥	수목응결(水木應結)의 사주.

⬆ 음팔통(陰八通)의 사주이다.

- 기(己)토인 본인의 재질(才質)은 좋다. 출생(出生)부터 험난한 인생살이다.
- ㅇ 양(陽)인 햇볕이 그리운데, 오라하는 양(陽)은 아니 온다.
  온통 음(陰)의 세상이다. 음팔통(陰八通) 사주다.
- ㅇ 가도 가도 왕십리(往十理)라고 끝이 보이지 않는 사주.

- 토(土)에게 수(水)는 재(財)요, 목(木)은 관(官)이다.
  재(財)와 살(殺)이 왕(旺)하니 재살태왕(財殺太旺)의 사주다.
  수(數)적으로 보면 5 : 3인데 시주(時柱)에 천간, 지지에 토(土)가 있으나 힘을 쓰지 못한다. 이미 좋은 시절 다가고 무엇에 쓸꼬?

▼ 흙이란 자양분(滋養分)을 골고루 갖고 있어야 한다.

己	戊	辛	癸	유(酉)월의 무(戊)토 일간이다.
未	申	酉	丑	철분(鐵分)이 과다(過多)함유다.

⬆ 이 사주는 토양에 철분(鐵分)이 지나치게 많다.

- 어느 한 부분이 지나치게 많으면 그 또한 그 역할을 제대로 할 수가 없다.
- 보통 산성, 알칼리성으로 많이 분류한다. 사주에서는 오행으로 분류한다.
  더 세분화(細分化)하여 분류 한다는 설명이다.
- 이 사주는 토양에 철분(鐵分)이 지나치게 많다.
  흙에 자석(磁石)을 갖다 대면 기본적(基本的)으로 쇠의 성분이 많이 달라붙는데 이 사주(四柱)는 그것이 지나치다.

✤ 옥토(沃土)로써 가치가 없다.
무(戊)토 일간(日干)이 여자라면 자식(子息)이 너무 많다.
고루 혜택(惠澤)을 주지 못한다.
자신(自身)의 능력(能力)에는 너무 부족함이 많다.

- 남편(男便)이 남편의 역할도 못하니,
  그 또한 애로사항이 많다. 누가 낳고 싶어서 낳았겠는가만 그래도 책임 추궁은 면할 수가 없다.

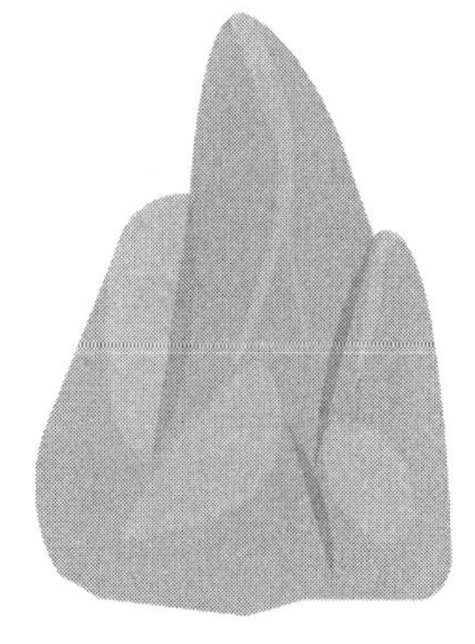

- 파격(破格)의 사주다.
  식신(食神), 상관(傷官)이 많은 사주다.

▼ 남자(男子)를 지나치게 모르는 것도 큰 잘못인가 보다.

辛	乙	戊	壬	신(申)월의 을(乙)목 일간이다.
巳	酉	申	寅	여성(女性)의 사주이다.(이혼을 당했다.)

⬆ 남자에게 강제로 이혼(離婚)을 당한 사람이다.

그렇다고 아주 모자라는 것도 아니다. 사람이 너무 착하다 보니 당하는 것이다. 관(官)의 기운이 지나치다보니 무관심(無關心)한 것이 아니다.

- 주눅이 들어 여보 !오늘밤 유난히 달이 밝지요?
  분위기도 그렇고 기분도 그런데 우리 서로 사랑을 확인해 보면 안 될까? 하고 살며시 쳐다만 보아도 될 터인데 말도 꺼내지도 못하는 여자다.
- 시댁의 식구와 남편이 합작하여 거의 강제다 시피 이혼(離婚)을 하였다.
- 요즈음도 이런 사람이 있을까 할 정도로 순박하다.
  그저 착하기만 한 여성이다. 형제들이 이혼위자료로 받은 돈을 관리하고 있단다.
  지금은 연로하신 노모(老母)를 모시고 허드렛일을 하고 있단다.
- 남자가 자꾸 접근하여 어떤가 보러왔단다.
  상담을 하면서도 답답한 면이 너무 보여 안타깝기만 하였다.
- 결국은 당하고 말 것을 우선은 서두르지 말라.

기다려보면서 형제들과 의논 하면서 천천히 생각해보라고 권유하였다.

- 요사이는 너무들 까져서 걱정인데 이렇게 모르는 사람이 있다니!
  그 답은 사주(四柱)에 나와 있는 그대로다.
  자손(子孫)하나 믿고 사는 우리의 고지식한 예전 어머니와 같은 여성이다.
- 당하고 사는 것도 팔자라 하기엔 ,너무 안타깝기만 한 팔자(八字)다.

▼ 사주(四柱)가 수(水), 목(木)만 보인다.

己	乙	乙	甲	해(亥)월의 을(乙)목 일간.
卯	卯	亥	子	꽁꽁 얼어있는 사주다.

🅾 시간(時干)에 가서야 기(己)토가 겨우 보인다.

● 우선 사주의 강약을 살펴보자.
월(月)에는 해(亥)수라 득령(得令)이요, 일(日)에는 묘(卯)목이라 득지(得地)요, 세력(勢力)을 본다면 득세(得勢)로 그야말로 최강(最强)의 형태를 갖춘 사주다.

● 그런데 문제가 있다. 무엇이 문제일까?

● 무조건 강(强)하다고 좋지만은 아닌 것이라 하였지만, 이유는 무엇일까?
이 사주의 문제점을 찾아보자.

◈ 을(乙)목이라 음(陰)일간.
지지(地支)를 보니 수목(水(木)응결(凝結). 부화(孵化)가 되지 않는다. 무정란(無精卵)이다.
● 음지(陰地)의 나무니 꽃도 피지 않고, 열매도 열리지 않는 나무다.

◈ 꽃이란 화(火)요, 열매란 금(金)이다.
사주(四柱)에 눈을 까뒤집고 찾아도 보이지 않는다. 천간(天干)을 보니 견(肩)·겁(劫)이 너무 많다. 서로가 지가 잘났다고 난리다. 그런데 이 사주의 주인공은 순서가 맨 나중이니 항상 이리 치이고, 저리 치이고 완전 개밥이다.
● 사주에 견·겁이 지나치게 많으면 배다른 형제가 있는 것이다.
요즈음은 씨 다른 형제도 종종 있으니까는----------

✤ 사주에 식상(食傷)인 화(火)가 보이지가 않는다.

● 식상이 있어야 한다.
사람이 아는 척도 하고, 그나마 노래방에 가서 노래라도 할 터인데, 이 사람은 그런 면이 도저히 보이지 않는다.

● 목(木)은 신경(神經)이다.
그것이 응결(凝結)로 얼어붙었으니 저능아가 분명하다. 거기에 식상이 없으니 언변(言辯)도 없다, 자기 감정(感情)표현(表現)이 제대로 되지 않는다.

● 언어(言語) 구사(驅使) 능력(能力)에도 문제가 있다.

◘ 건강 면으로 살펴보자. 목(木)은 간(肝)인데 굳어있으니 간경화다.

▼ 병(丙)화 일간에 지지(地支)가 완전히 화국(火局)이니 온통 불바다다.

庚	丙	丙	丁	오(午)월의 병(丙)화 일간이다.
寅	寅	午	未	지지(地支)가 완전히 화국(火局)이다.

◘ 게다가 천간(天干)에 화(火)가 많다.
사공이 많아 배가 산으로 가는 것이 아니라, 우주여행(宇宙旅行) 하자고 한다.

✤ 비견(比肩), 비겁(比劫)이 많은 사주.
돈이 들어오면 언제 나가는지 모르게 없어진다.

● 병(丙)화 일간이다.
재(財)는 경(庚)금, 화력(火力)이 세니 쇠가 녹아서 튕겨 없어진다.

✤ 나무에 꽃만 그득하니 열매가 열리지 않는다.

● 어쩌다 열매가 열려도 곯아서 먹지 못한다.
결국 거름으로 밖에는 쓰지 못한다. 열매가 재물(財物)인데 제대로 써보지도 못하고 거름으로 사용하니 죽 써서 개주는 형상이다.

● 그야말로 "벌면 뭐하나 내 손에는 쥐어지지도 않는 것을."관(官)이 있어야 그래도

간섭하고 잔소리를 해도 말을 듣는데, 천상천하(天上天下) 유아독존(唯我獨尊)이다.
◈ 부모가 잔소리 하면 듣기 싫다고 뛰쳐나가는 인간이다.
◈ 사업한다고 목돈 들고 나가면 무일푼으로 들어오는 인간이다.
◈ 이런 유형의 사주는 결혼하기도 힘들다.

▼ 나이 오십이 넘도록 결혼을 못한 사람의 사주.

년지(年支)에 신(申)금이 있으나 이미 다 지나간 시간이다.

甲	丙	甲	丙	오(午)월의 병(丙)화 일간이다.
午	午	午	申	화기(火氣)가 왕(旺)하다.

⇧ 금(金)이 재(財)이니 직업(職業)도 중장비계통에 종사하고 있다.

- 나무에 꽃만 무성한 형상이다.
  열매가 때도 없이 미리 열리더니 흔적도 없이 사라진다. 나름대로 열심히 살고는 있는데 금전(金錢)이 모이지 않는다.

- 일이 있을 때는 제법 금전을 만진다.
  한 동안 쉬다보면 또다시 빈손이 되고 만다.
  반복이다.
- 나이 드신 노모를 모시고 산다.
  동맥경화와 당뇨로 투병중이시다.
- 여동생이 있는데,
  그 여인 역시 이혼(離婚)을 하였다.
- 남자의 사주다.
  이 사주로 가족관계를 육친(六親)별로 판단하는 것도 유익할 것이다.
- 사주에 견(肩)·겁(劫)이 많은 사람은 세심히 살펴야 한다.

▼ 연애도 잘하고 이성관계가 원만한데도, 자꾸 이별하고 헤어짐으로 고민이 많은 젊은 사람의 사주다.

庚	壬	丁	甲	축(丑)월의 임(壬)수 일간.
子	子	丑	子	지지(地支)에 수국(水局)이다.

🔼 임(壬)수 일간에게 이성(異性)은 정(丁)화인데 합(合)이드니 인연(因緣)은 참으로 잘 이어진다.

- 년간(年干)에 갑(甲)목이 있다.
  정(丁)화를 생(生)하는 것 같아도 갑(甲)목 역시 부목(浮木)으로 생(生)하는 데는 큰 도움이 못된다. 정(丁)화는 의지할 곳이 없다.
- 아무리 불꽃을 피우려도 연기만 잠깐 나고 결국에는 꺼지고 만다.

◈ 이성(異性)을 만나면 작업부터 들어간다.
  결국은 자기의 욕심을 챙겨야 직성이 풀리는 사람이다.

◈ 임(壬)수-일간에 지지(地支) 수국을 형성.
  윤하격(潤下格)으로도 볼 수 있는데 기운(氣運)이넘치는 변강쇠이다.

◈ 지나치게 자기 자신밖에 모른다.
  남을 배려 할 줄을 모르는 사람이다. 사주가 너무 강(强)하니 그것이 흠이다.

◈ 섣달의 물이라 얼음과도 같다.
  지지(地支) 전체가 수국(水局)이니 온 천지가 하얀 눈으로 쌓인 설국(雪國)과 같다. 여기에 정(丁)화인 따듯한 사랑의 손길이 감싸주니 눈 녹듯이 온 몸이 녹아내리는데 결국, 그것이 정(丁)화인 불을 꺼버리는 일이 될 줄이야!

◈ 결국 정(丁)화는 희생양이 되고 만다.

- 천간(天干)도 합(合)이고, 지지(地支)도 합(合)이다.
- 임(壬)수에게 정(丁)화는 정재(正財)가 된다.

연애결혼인데 지지도 합(合)이고, 후에 결혼(結婚)해서 아내와 헤어진다면 이유는 무엇이 될까?

사별(死別)이다. 안타까움이다.

- 남편 잡아먹는 여자가 아니라, 아내 잡아먹는 남자가 되는 것이다.
- 처녀를 사귀어도 오래 못 간다.

그 여성(女性) 본인에게는 오히려 그것이 본인(本人)을 살리는 결과가 되는 것이다. "나는 내가 살기 위하여 당신과 이별(離別)하는 것입니다." 하면서 여성들이 떠난다.

✜ 재(財)인 여성은 어떠한 가? 남성의 사주를 통해 살펴보자.

▼ 을(乙)목의 재(財)를 살펴보자.

丙	乙	丁	甲	축(丑)월의 을(乙)목 일간이다.
子	酉	丑	辰	두 집 살림하는 남성(男性)이다.

⇧ 년지(年支)와 월지(月支)에 축(丑)과 토(土)가 있다.

- 일지와는 전부 합(合)이 되어있다. 육합(六合)은 부부(夫婦)합(合)이라 일지(日支)로 찾아오니 이혼(離婚)은 안한 상태다.
- 월지(月支)의 축(丑)토를 보자. 일지(日支)와 방합(方合)으로 되어있다.

합(合)하여 관(官)으로 화(化)하였다. 업무를 같이 주관한다. 같이 일을 하다 보니 그런 관계가 이루어진다. 나이를 본다면 년지(年支)보다 월지(月支)가 아래다.

본처(本妻)보다는 나이가 아래다. 각각 일지(日支)로 합(合)이 되어오니 두 집이다.

- 남자가 바쁜 것이다. 큰 집에서 며칠, 작은 집에서 며칠.

큰 부인은 아예 신경을 안 쓴다. 가깝고, 일을 같이 하다 보니 자연 작은 집에 있는 시간이 길어진다. 진(辰)토는 인수(印綬)고(庫)요, 축(丑)토는 관(官)고다. 가정(家庭)과 일이다. 말년(末年)이 되면 처궁(妻宮)이 흔들린다.

▼ 완전한 음팔통(陰八通)의 사주이다.

己	乙	辛	癸	유(酉)월의 을(乙)목 일간이다.
卯	丑	酉	丑	천간(天干) 충(冲), 지지(地支) 합(合).

⬆ 사주가 매우 신약(身弱)하다. 아직 미혼(未婚)인 여성이다.

거기에 음팔통(陰八通)이니 매우 답답하고, 짜증나는 스타일이다.

◈ 재(財)인 토(土)가 관(官)으로 변한다.

◈ 결혼을 해도 재물이 생기면 다 남편 손으로 넘어간다.

◈ 년(年),일(日)에 관고(官庫)가 둘씩이나 있으니 참으로 팔자가 어렵다.

◈ 가는 곳마다 적응하기 힘들어 고생한다.

◈ 기죽어 사는 인생이라 어딜 가던 큰 소리 한 번 못치고 산다.

◈ 재살(財殺)이 태왕(太旺)한 사주라 "뭐주고 뺨맞는 격이다."

➡ 남자가 좋아서, 마음에 들어서!

그리고 남자가 살살 유혹하니 속으로 좋으면서도 "아니 되옵니다, 아니 되옵니다,----이러시면 ----- 아이 이러면 안 되는데" 하면서 모텔로 따라 들어가서 긴 시간이 걸릴 필요도 없이 깊은 신음을 토해내며 "아, 이 맛이야 !"를 속으로 외치게 된다.

● 잠시 후 멋쩍은 시간이 흐르면서 쑥스러운 행복의 미소를 짓지만 잠시 후 문이 열리면서 "어떤 년이 내 서방 꼬드겨 못된 짓거리야 !
" "응 내 년이구나, 너 어디 오늘 죽어봐라."
하면서 빰을 후려치더니 머리채를 움켜쥐고 내팽겨 친다.
"아이고, 이게 무슨 날벼락이야."

옷을 제대로 추켜 입지도 못하고 "다리야, 날 살려라 !" 하면서 줄행랑치는 것이다.

어느덧 길지는 않지만, 약간의 시간이 흐른 후.
"그 놈의 인간은 왜 전화도 없어 !"
걱정도 안 되나?
"아, 그래도 진짜 그 맛이었는데------"하면서 또 이별하는 것이다.
이것이 재살태왕(財殺太旺)이요, 관살태왕(官殺太王)의 여자 팔자이다.

▼ 환갑을 바라보는 여성(女性)의 사주.

甲	甲	丙	庚	술(戌)월의 갑(甲)목 일간이다.
戌	午	戌	寅	양팔통(陽八通)의 사주다.

⬆ 여성이란 여성다워야 여성의 아름다움이 돋보인다.

● 지나치게 남성다운 여성은 여성으로써 갖추어야 할 덕목을 잃어버렸다.
그에 상응(相應)하는 대가(代價)를 지불받게 되는데, 그것이 팔자다.

● 이 사주의 주인공은 식상(食傷)이 지나치게 강하다.
그에 대한 답이 나온다. 식상이 삼합(三合)국을 이루고, 거기에 천간(天干)에 병(丙)화가 투출하였으니 자식은 그야말로 잘되어 고개를 꼿꼿이 세우고 거리를 활보한다.

◈ 본인 자신도 활발히 사회활동을 하며 나름대로 입지를 굳힌다.

◈ 배짱도 대단해 할 말은 꼭 하는 사람이다.

**➡ 그러나 불행한 것은 관(官)인 남편이 년(年)-간(干)에 있고,
그 다음은 보이지 않는다.**

● 지지(地支)에 암장(暗藏).

➜ 편관(偏官)인 신(辛)금이 있으나 암합(暗合)하여 수(水)로 화(化)하니, 결국 여자의 치마폭에서 움직이는 사람이다.

● 아내의 보조자(補助者) 역할에 그친다.(문이나 열고, 닫는다.)
그것도 보통일이 아니다. 못하면 구박이다.

✤ 식상(食傷)은 관(官)을 극(剋)한다.

그것도 국(局)을 형성하여 극(剋)하니 이 여성에게 남자라는 존재(存在)는 아무런 의미가 없다. 자기 머슴 부리듯 하는 사람이다.

- 손에 넣고 흔들고 싶으면 흔들고, 내려놓고 싶으면 내려놓는 여성이다.
- 남자던 여자든 사주에 식상(食傷)이 지나치면 항상 조심하라.
  신중히 판단(判斷) 해야 한다.

▼ 병(丙)화 일간(日干)이 월(月)➜태궁(胎宮), 일(日)➜절궁(絶宮)이다.

庚	丙	丁	丙	유(酉)월의 병(丙)화 일간이다.
寅	申	酉	申	실령(失令)이요, 실지(失地)이다.

🔼 천간에 병(丙), 정(丁), 화(火)가 떠있으나 지지기반(地支基盤)이 약하다.

- 다행히 말년(末年)➜시지(時支) 인(寅)목이 있어 위안(慰安)을 삼고 있다.
- 화(火)와 금(金)의 상전(相戰) 양상을 띠고 있다. 화(火)의 기운(氣運)이 약하다. 떠도는 구름이다. 화기(火氣)의 보충(補充)이 필요한데 인(寅)목을 사용하려 한다. 인(寅)목 자체도 인(寅)↔신(申)➜충(冲)이라 도움이 되지 못한다.

◈ 인(寅)목은 인수(印綬)라 어머니인데 시지(時支)에 있다.
  며느리의 입장에서는 모시기 힘들다.

◈ 사주(四柱)의 성정(性情)을 보면 꽃은 천간(天干)에 많이 피었다.
  지지(地支)가 약하니 꽃으로서 가치(價値)가 없다. 향기(香氣)도 없고, 아늑함도 없고, 아름다움도 없다. 그저 꽃이라는 그 개념(槪念)뿐이다.

- 병(丙)화니 나서기 좋아하고 지지(地支)가 약하니 실속이 없는 사람이다.

◈ 꽃이 피려고 하자마자 열매가 열려 주렁주렁.

●우물가에 가서 냉수 찾는 사람이요, 덤벙대기 일등이요, "못된 송아지 엉덩이에 뿔이 난 격"이다. 실속이 없고, 서두르기는 우라지게 서두른다.
물에 빠져도 주둥이만 둥둥 떠 있을 사람이다.

● 배우자로는 선택에 조심해야 한다.

● 대게 선택의 오류를 범하는 경우가 이런 사람들을 만나면 신중하지 못하고 그냥 넘어가는 것이다.

● 그리고 나서는 아이고 나는 속았네, 아이고 나는 당했네! 하면서 탄식 하지만 그것도 다 안목이 짧은 당신 팔자다.

▼ 꽃이 서리를 맞으니 제대로 필 리가 있는가?
불기운이 약한데도, 이겨 먹으려 발버둥을 친다.

辛 丙 庚 戊　　신(申)월의 병(丙)화 일간이다.
卯 申 申 申　　충(冲)과 합(合)이 동시에 보인다.

🔼 꼴에 성깔은 있어서, 일을 처리하는 데는 서두르기 명수다.

● 말년(末年)에 인수(印綬)인 묘(卯)목이 있다.
습(濕)목이라 일간(日干)인 병(丙)화를 생(生)하지도 못한다. 철이 들 기미가 보이지 않는다. 인생자체가 배우면서 살아야한다. 단명(短命)하는 사주다.

▼ 비견(比肩)과 비겁(比劫)이 지나치게 많아 기운이 너무 강하다.

壬 戊 己 戊　　미(未)월의 무(戊)토 일간이다.
子 戌 未 午　　재(財)가 말년(末年)에 있다.

🔼 여자에게는 도통 관심(觀心)이 없는 사람이다.

▼ 무용을 전공하는 여대생이다.

癸	乙	戊	庚	자(子)월의 을(乙)목 일간이다.
未	卯	子	申	이성(異性)에는 무관심이다.

🡅 미팅이나, 소개팅 한 번 하지 않은 학생이다.

- 도무지 관심도 없단다.

어쩌다 한 번 나갈라치면 이상하게 일이 생겨 참석을 할 수가 없게 된다. 이유는? 천간(天干)으로는 을(乙)-경(庚)합(合)이라 정관(正官)과의 합이다.

- 일지(日支)-월지(月支)가 자(子)-묘(卯)형(刑)이다.

화기가 필요하다. 지나치게 습하다보니 기를 못 편다.
자기의 의지를 펼치지 못함이다. 재능을 발휘하는 것과는 별게이다.
채송화 꽃이 아름다운데 항상 차이고 치인다. 아! 추워--

- 어머니가 하도 극성맞아 학업 외는 눈을 못 돌리게 하신단다.
- “어머니 이제 따님도 성인입니다.

- 자기 시간과 친구들과 대인관계도 중요.

”좀 적극적이고, 포용력 있는 자세가 필요 합니다.“

- 부모의 지나친 기대와 욕심.

자녀의 필요한 부분을 막아버리는 것은 결코 바람직한 것이 아니다.
성격(性格)의 개조(改造)도 필요(必要)하다.
가능성은 항상 누구에게나 있다. 그것이 팔자를 극복하는 길이다.

▼ 서로가 각각 이혼(離婚)을 한 후 살면서 지인의 소개로 재혼을 하려고 만난 사람들이다. 궁합(宮合)을 보러온 것이다.

癸	己	甲	甲	술(戌)월의 기(己)토 일간이다.
酉	酉	戌	辰	합(合)과 충(冲)이지지에 있다.

丁	乙	辛	丙	축(丑)월의 을(乙)목 일간이다.
卯	酉	丑	午	합(合)과 충(冲)이 보인다.

⇧ 기(己)토 일간(日干)의 사주(四柱)가 남성(男性) 사주다.

- 이혼(離婚)을 하였으나 얼핏 보면 여성의 사주가 아닌가?
  여성(女性)이라면 관(官)이 쌍립(雙立)을 섰고, 지지(地支)에서 진(辰)↔술(戌) ➜ 충(冲)이니 쉽게 감(感)이 잡힐 것이다.
- 또 일지(日支)와 월지(月支)가 합(合)을 이루고 있다.
  충(冲)이 해소(解消)되는 면이 있다. 그러나 충(冲) 기운(氣運)은 어쩔 수 없다.

- **목(木), 금(金), 토(土)가 삼각관계를 형성한다.**

ㅇ천간(天干)−목(木)이 뿌리가 흔들리니 근거가 약해진다.
ㅇ시간(時干)에 편재(偏財)가 떠있으니 그 쪽이 포인트가 된다.
ㅇ흐름을 보면 일간(日干)에서 일지(日支)로 그리고 시지(時支)로 이동 한 후 시간(時干)인 계(癸)수로 기운(氣運)이 옮겨진다.

- 지금의 관점은 부부관계다.

▼ 일간(日干)과 월간(月干)이 합(合)을 이루고, 일지(日支)와 월지(月支)가 합(合)과 형(刑)을 이루고 있다.

辛	戊	癸	辛	사(巳)월의 무(戊)토 일간이다.
酉	申	巳	酉	금(金)기운(氣運)이 강하다.

▣ 결국에는 형(刑)으로 끝나는 것이지만 말이다.

- 이성간의 교제가 뜻대로 이루어지지 않는단다.
- 어려서부터 금전적으로 많은 고생을 하였는데 이제 조금 형편이 피는 중 이란다. 아직도 그럭저럭 이고---------------------.
- 이성과의 교제는 많은데 잘 안된단다. 무어라 설명 하는 것이 좋을까? 식상관이 많은 것이 문제로 작용하는 것이다.

▼ 완전한 인(寅), 신(申), 사(巳), 해(亥)를 이루지 못하고 있다.

癸	丙	己	己	사(巳)월의 병(丙)화 일간이다.
巳	申	巳	亥	처궁(妻宮)을 살펴보자.

▣ 설사 갖춘다한들 그 작용(作用)이 어디 가겠는가?

- 힘들고 어려울수록 같이 있어야하는 것이 삶의 지혜이다. 그러나 현실이 그렇지 않은 것을 어이하리. 골치 아픈 일이란 금(金)이니 재(財)가 아닌가?
- 사업부도에 신용불량이다. 나가서 벌 것 같아도 그것이 그리 쉬운 것이 아니다.
- 자꾸 집을 비우다 보면 아내도 정(情)이 멀어져버린다.
- 처궁(妻宮)이 양수(兩手)겹장으로 곤혹스럽다.

✤ 바람직한 배우자란 어떤 형의 배우자를 말할까?

● 가정(家庭)을 이루어 단란하고, **화목함을 우선으로 하는 사람**.
재물(財物)을 우선으로 하는 경우도 있고, 명예(名譽)를 우선으로 하는 사람도 자기의 처한 환경(環境)이나 자라온 과정(過程), 그리고 자기 이상(理想) 등이 각각 그 모든 것을 결정하는데 중요한 역할을 할 것이다.

● 집안에 항상 아픈 사람이 많아 **건강을 원하는 사람**.
일단 건강을 첫째로 볼 것이고, 금전적(金錢的)으로 고생 한 사람은 "쪼들리는 것은 신물이 나니 나는 넉넉한 사람을 찾겠다."고 할 것이고, 배움에 굶주린 사람은 학(學)을 갖춘 사람을 원할 것이고,

● 바다가 싫어 **육지를 원하는 사람**.
뭍을 찾을 것이고, 제각기 자기의 부족하고 아쉬웠던 부분에 대해 충족함을 느끼려 하는 일종의 보상(報償)차원에서 심리(心理)가 작용 할 것이다.

● 그러나 대게 일단 그런 자기의 바람을 충족했다 하더라도 그것이 과연?
자손(子孫)에게도 "그것이 좋으니 그리 하여라." 고 말하는 부모가 과연 얼마나 될 것인가?

● "나는 원하는 바를 한껏 채우고 지내보았다. 그러나 또 다른 문제가 생기더구나." 하면서 "너만은 본인이 원하는 바데로 상대를 찾아 가거라."할 것이다.

● 그러나 그 이야기도 따지고 보면 결국 부모의 전처를 밟는 것이나 똑같다.
그리하여 발생하는 것이 너는 부모가 정해주는 상대를 찾아가라 하면서 선도 보고, 약간의 강제성을 띄기도 하는데 그것 역시 부모의 아쉬움에 대한 바람이다.

● **결국 중요한 것은 공통분모(共通分母)적인 사항**.
원만히 충족시키는 사람이 바람직한 것이다.
그런데 과연 그것을 충족(充足)시켜줄 만한 배우자가 과연 얼마나 될 것인가도 의문이다.
사람은 제각각 장단점(長短點)이 있으니 말이다.

● **그래서 선택하는 것이 절충(折衝)이라는 보완(補完)의 수(數)를 찾는다.**

"웬만하면 하지 뭐."하면서 권유한다. 그러다 진짜 원하는 배우자를 만날 경우.

"야, 진짜 딱 이야, 이제는 놓치지 말아라."
하면서 부추기기도 하는 것이다.
막상 본인은 아직 세상사 경험이 부모 보다는 월등히 부족한 것이 사실이다.
부모와 함께 상담도 하고 많은 자문을 구하는 것이다. 실로 현명한 것이다.

정작 본인들의 생각과 제3자의 생각을 들어보는 것도 좋으니 말이다.

● **결혼(結婚) 그 자체(自體)에 신중(愼重)을 기한다는 것이 참으로 필요하다.**
삶에 있어서 차지하는 비중(比重)이 너무 지대(至大)하기 때문이다.

● 후회하는 사람들을 우리는 주변에서 얼마나 많이 보는가?
밀고 당기는 말다툼은 기본이요, 한 지붕 두 가족도 보통이다.
요 근래 신문지상에 나오는 기사를 보면 30%가 울며 겨자 먹기 식의 삶을 영위하고 있다니 참으로 사회적인 문제가 아닐 수 없다.
그로 인하여 발생되는 사건사고는 얼마나 많은가?

● 요즈음은 시대가 다변화 되다보니 동영상을 공개?
상대방을 매장 시키려 하는 경우도 종종 발생 한다.
그리하여 상대방은 한동안 그로 인한 충격으로 자기의 영역에서 본의 아니게 많은 시간을 뒷전에서 회한(悔恨)과 눈물로 시간을 보내며 재기(再起)에 몸부림치는 것이다.

● 그러나 한 번 그렇게 낙인찍힌 상처(傷處)는 쉽게 아물어지지 않는다.
평생(平生)을 꼬리표가 되어 따라 다니는 것이다.
비단 이성(異性)관계만 그런 것이 아니고, 세상사(世上事) 모두 그러한 것이다.

◘ 고란(孤鸞)살의 사주.

▼ 고란, 고민이다. 여성(女性)의 사주이다.

己	戊	庚	戊	신(申)월의 무(戊)토 일간이다.
未	申	申	申	지지(地支)에 신(申)이 셋이다.

◘ 눈에 두드러지게 나타나는 것이 있다.

- 년(年), 월(月), 일(日) 지지(地支)에 신(申)금이 나란히 셋이 있다.
  거기에 경(庚)금이 월(月)천간(天干)에 투출(透出) 되어있다.

- 식신(食神)이 투출(透出)하고 그 기운(氣運)이 대단하다.
  외관상 나타난 것은 견겁(肩劫)에 식상(食傷)이다. 식신(食神)도 과다하면 상관(傷官)이 되는 것이다. 편의상 식상(食傷)이라고 하자.

- 이것저것 건드리기는 해도 쓸 만한 것이 하나도 없다.
  그저 왔다 갔다 하는 인생(人生)이다. 말년(末年)에 가서야 정신을 차리고 살지만, 이미 세월은 다 흐른 후(後)다. 그래도 그것도 다 내 복(福)이다.

- 신(申)이 역마(驛馬)이고, 미(未)가 천고성(天孤星)이다.
  외로운 나그네다. 무(無)관성(官星) 사주라 남편(男便)이 없는 팔자(八字)다.
  중년(中年)까지 사주가 신약(身弱)하다. 신약(身弱)의 사주(四柱)다.

- 관운(官運)이 오더라도 식상(食傷)의 기운이 지나치게 강하다.
  그것을 거부하고 상대도 하지 않는다. 관성(官星)이 없으니 너무 무관심 하고, 성(性)에 대한 일종의 불감증(不感症)이다. 공양주(供養主) 사주다.

▼ 재성(財星)이 항상 필요한 사주.

甲　丙　甲　丁　　　진(辰)월의 병(丙)화 일간이다.
午　寅　辰　酉　　지지(地支)가 화(火)금(金)으로 양분(兩分).

🔼 월지(月支) 진(辰)중의 계(癸)수가 관(官)이다.

- 인(寅)-진(辰)하여 방합(方合)으로 목국(木局)을 형성.
  결국 그 기운(氣運)은 인(寅)-오(午) 화국(火局)으로 접수되고 만다.
- 인생의 전반부에서 진(辰)-유(酉) ➜ 합(合)금(金)으로 시작.
  신왕재왕(身旺財旺)으로 출발하나 후반부는 재성(財星)이 약(弱)해진다.

➜ 재성(財星)이 항상 필요하여 돈, 돈 하는 사람이다.

- 토(土)가 금(金)을 생하다 아예 재(財)에게 가버린다.
  하나를 갖고 열을 만드는 재주가 있다. 음식솜씨도 좋다.

- 고부(姑婦)간 갈등은 찾아보기 힘든 사주다.

ㅇ나이가 들면서 나도 힘든데 하면서 그 좋던 사이도 멀어진다. 볼 수 없으니 말이다.
ㅇ왜 볼 수가 없을까?
앞장서서 일을 추진하면 금(金)인 결과(結果)가 참으로 멋있게 나온다.
ㅇ똑 소리 난다. 재주는 가히 알아줄 만하다.

- 남편이 앞장 서야하는데 여자가 앞장을 선다.
  남자가 자꾸만 뒷전으로 물러난다. 남편보다 돈이 앞서는 사람이다.
  재(財)가 용신(用神)이기 때문이다.
- 나이가 들수록 부부(夫婦)간 정(情)이 멀어지는 경우다.

아내가 축재(蓄財)에는 재능(才能)이 있지만 그것을 최우선(優先)으로 생각하는 아내니 남편에게는 등한시(等閑視) 한다.

- 나이가 들어 그것을 깨우친다.

남편은 이미 옆에 붙어있기 어려운 것이다. 지나치게 뜨거운 열기(熱氣)로 말년(末年)에 다가올수록 남편은 남과 같은 존재가 된다.

- 금전적(金錢的) 여유가 있을 때는 몰랐는데 하면서 후회하는 인생이다.
- 금전(金錢)만능의 회한(悔恨)에 홀로 눈물을 흘리는 여자다.
- 세상사는 것이 그런 것이다. 너무 돈에 집착(執着) 하지마라,

얻는 것도 있지만 결국 그것은 항상 내 것이 아닌 것이다.

제 2 장

상법(相法)으로 보는 부부(夫婦)관계

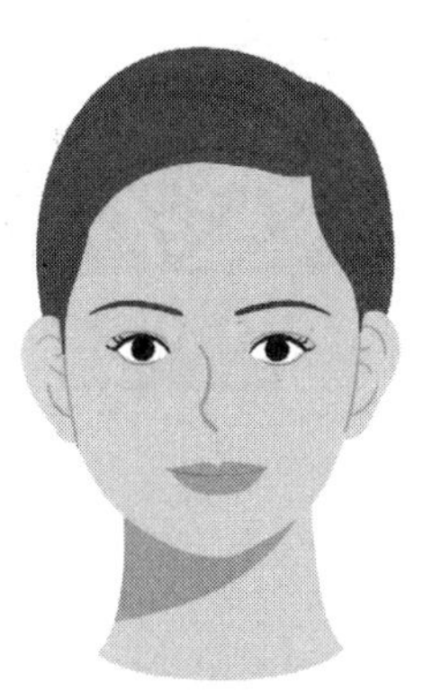

▣ 배우자의 선택,
▣ 부부(夫婦)관계.

심상(心相)으로 판단하는 부부관계.
처첩궁(妻妾宮)으로 판단하는 부부관계
형상(形象)으로 보는 부부관계.

상이란 겉으로 표출되어 드러난 상과, 겉으로 드러나지 않는 상이 있는데, 밖으로 나타나 있는 상은 나타나 있는 그대로를 보면 알 수 있지만 드러나지 않는 상은 하나 하나의 행실(行實)을 봄으로써, 그 마음의 진위(眞僞)와 정도(正道)를 파악하는 것이다. 소위 말하는 심상(心相), 마음의 상이다. 상(相)중 제일 으뜸으로 치는 상(相)이다. 이것은 사주를 감명(感銘)하는 사람이 훨씬 수월하게 판단한다.

✤ 심상(心相)으로 판단하는 부부관계.

✤ 마음의 상이란?

● 모든 것은 그 사람이 "자신을 다스린다."
옳고, 그름을 판단하여 마음먹기에 달렸다."고 한다.

● 결국 모든 것의 결정을 원리, 원칙에 의한다.
좋은 방향으로 침착하게 하여, 결정 한 후에 행하는 근본적이면서도 최종적인 결론을 이끌어내는 것이 바로 심상인 마음의 상이다.
이것이 올바르게 나타나지 않는다면 참으로 걱정스러운 방향으로 모든 일이 처리되는 것이요, 이것이 똑바로 행하여진다면 참으로 긍정적(肯定的)이고, 합리적(合理的)으로 모든 일이 원만하게 처리가 될 것이다.

● 심상(心相)은 겉으로 드러나지 않는 상이다.
겉으로 드러나는 행동(行動)이라든가, 처신(處身), 언행(言行),등등을 보고 유추하여 판단하는 것이다.

● 어찌 보면 이차적인 판단을 하는 것이라고 볼 수도 있다,
외적인 형상이 바로 내적인 형상으로 연결이 된다고 보면 그 역시 일차적(一次的)인 상과 다를 바가 없다고 보는 것이다.

● 특히 부부간이나, 이성간에 나타나는 심성의 관계.
평범한 이야기지만 실제로 우리가 그렇게 보고, 느끼고, 행하는 지극히 일상적인 일이다. 그 가운데서 찾아보는 방법을 알아보자. 요즈음은 너무나 직설적이고, 화끈하여 심상을 보기에 더 편안할지도 모른다. 직접적(直接的)인 화법이니 말이다.

부부, 이성간의 관계에 대하여.

- **부부(夫婦)란 결혼(結婚)하여 합법적으로 가정(家庭)을 이끌어간다.**

  남성과, 여성을 이르고 이성간이라 함은 미혼, 기혼의 구별이 없이 전체를 이름이다.
- 부부간 다툼이 벌어지면 부부 성격에 따라 그 벌어지는 형태가 다양하다.

  몇 가지의 유형으로 살펴보자.

✤ 냉각기(冷却期)가 오래 가는 부부.

- 이런 모양인 부부(夫婦)의 경우.

  차라리 부수던지, 치던지 일찍 끝내는 것이 편하지 어떻게 그리 오래 말도 잘 안하고 그야말로 한 지붕 두 가족의 형태를 유지한단 말인가? 하고 옆에서 사정을 아는 사람들은 말을 할 것이다.
- 그러나 다 삼자(三者)의 생각이다.

  정작 그들 부부는 심각(深刻)하다.

  반복(反復)이 심하다 보면 실제로 갈라지거나, 살아도 한 지붕 두 가족으로 변모(變貌)하기 쉬운 부부다. 이들도 나름대로 다 이유는 있다.
- 자녀들 앞이다.

  차마 언성을 높이고, 다투기 민망함이다.

  주변(周邊)을 의식해서 등등 사연이 나온다.

◘ 대체적으로 사주가 신약(身弱)한 경우가 대부분이다.

- 양쪽이 서로가 신약(身弱)의 형태.

  충돌(衝突)하는 것을 별로 탐탁하게 여기지 않는다. 주로 가까운 친구나, 가족, 형제간이나, 친지들과의 의논과 연결이 많은 편이다.
- 가능한 한 부부간 대화로써 해결하는 것이 좋다.

  주변의 부추김으로 오히려 역효과를 보는 경우가 많다.
- 자기일 같이 발 벗고 나서는 사람이 있다면 오히려 쉽다.

해결 될 수도 있으나 양쪽을 다 잘 알고 제대로 어우르지 못한다면 오히려 원망만 듣고 미움만 받는 역효과가 발생하기도 한다.

◈ 사주가 지나치게 강(强)하여 옹고집(壅固執)적인 면.
부부간의 화(禍)를 자초하는 경우도 이에 해당된다.

◈ 외골수적인 성격으로 대인관계에서 다양하지 못하다.
극히 가까운 일부분의 사람들과 자주 어울리는 편이다.
성격(性格)이 극(剋)과 극(剋)을 이루는 형상(形象)이라 괴팍한 면도 보인다.
느긋한 것 같으면서도 굉장히 급한 일면(一面)을 보인다.

☺ 부부간의 화해(和解)가 빠른 경우.

부부싸움은 칼로 물 베기라고 하였던 가?
이들과 같은 유형(類型)에 어울리는 말이다.

✤ 매우 현실적인 감각의 소유자들이다.
● 득실(得失)을 따지는 면에서는 실리(實利)를 추구하는 스타일이다.
● 빠른 판단과 기획력이 탁월한 사람이다.
귀가 엷어 남의 말에 현혹이 잘되어 가끔씩은 낭패를 보는 경우가 많다.
● 식상(食傷)이 기본적으로 어느 정도 갖추어진 사람이다.
✤ 자연 인성(印星)이 약화되는 기운(氣運)이 단점이다.

● 두뇌는 명석하나 경솔함이 흠이 되고, 지구력이나, 인내심이 약하다.
● 우물가에 가서 냉수를 찾는 격이다.
● 졸속(拙速)행정(行政)이라는 말을 생각하면 될 것이다.

☺ 매우 사이가 좋아 연인(戀人) 같은 부부.

다정도 병이라 하던가? 오히려 그것이 단점(斷點)이다.

✤ 요사이 젊은 연인(戀人)들을 보면?

지나치게 스킨십의 행위를 공공장소 에서도 지저분하게 하는 경우를 많이 보는데, 이들은 주위를 의식하지 않는 것이 특징이다. 인물의 됨됨이를 보면 대체적으로 특색 있는 상(相)들이다.

● 잘생겼다던가, 몸매가 남보다 월등하다던가 하는 경우는 별로 없다.

쉬 더운밥이 쉬 식는다고 하였던가?

◈ 이들의 사랑은 오래가지 못한다.

◈ 또 다른 이성(異性)을 찾아 해매이게 된다.

◈ 일종의 실험이요, 테스트적인 사랑이 많다.

◈ 나도 할 수 있다는 일종의 과시욕이다.

◈ 나름대로 핸디캡이 많은 사람들이다.

◘ 부부의 경우 지나치게 끈끈한 면이 보이면 무엇인가 ?

● 부부(夫婦)가 지나치게 사이가 좋으면 자손(子孫)에 문제가 생긴다.

그것을 본받을 것이라 생각하지만 천만에다, 부모가 사이가 좋은데 자식에 문제가 생긴다고 이상하게 생각 할 것이다.

● 그러나 자식에게 부모는 재(財)와 식상(食傷)이다.

일주(日柱)인 자식의 기운(氣運)이 지나치게 빠져버리니 문제가 된다.

● 자손의 사주가 강(强)하다면 문제가 될 것이 없다.

약(弱)할 경우는 흉(凶)으로 된다. 판단하는 법은 건강(健康)한가?,

학업(學業)에 열심인가? 기타 자손(子孫)의 주변을 보면 알 수 있다.

● 사주가 강한 사람일 경우는 어느 정도 감내가 된다.

인성(印星)이 피곤해지니 자손이 학업에는 열중하지 않고 밖으로 나돌거나 잡기(雜技)에 능(能)해지는 경우를 본다.

● 좋은 면으로는 활동성(活動性)을 생각한다.

부전자전(父傳子傳)이라고 이성(異性)의 사귐에 있어 신중하지 못한 것이 단점(短點)이다. 사랑도 지나치면 병(病)이 된다. 이러한 부부가 한 번 틀어지면 지나친 기대감(期待感)에 부응하여 실망(失望)이 커지므로 탈선(脫線)하는 경우도 종종 생긴다. 극(極)에 달하면 항상 변(变)하는 것이 이치.

✤ 일반적(一般的)인 면(面)으로 보는 심상(心相).

일반적(一般的)인 면이란 사람들이 보통 행(行)하는 여러 가지의 일상생활(日常生活)에서 처신(處身)을 보면서 그 사람의 심상(心相)을 읽는 것이다.

◉ 말 한마디에 천 냥 빚을 갚는다.

같은 말을 해도 상대방이 감격하도록 언어의 장점을 최대한 살려 활용한다.

◈ 그 후면에는 인내심(忍耐心)과 관용(寛容)이 항상 도사리고 있다.

● 항상 상대방을 배려(配慮)하고 결과에 대한 중요성을 인식한다.

매사 꼼꼼히 챙기고, 대단히 근면, 성실하고 뒷마무리에 항상 노력하는 사람이다.

● 단점(短點)으로는 지나친 완벽주의(完壁主義)로.

주변의 사람들이 어려워하는 경향이 생겨 속 이야기를 쉽게 잘 하려 들지 않는다.

● 겉으로는 속내를 보이는 것 같아도, 실제로 보면 알맹이는 없다.

속 빈 강정이다. 사람은 가끔씩은 허점(虛點)을 보이는 것도 괜찮다.

● 부부간에는 특히 "부부(夫婦)니까"가 아니다.

오히려 그것이 더 힘든 일이다. 항상 잊지 말아야하는 것이다.

그것이 상대방을 감동시키고, 눈물이 나오도록 만드는 것이다.

◉ 완장(腕章)?

● 고생 끝에 낙이 오는 것과는 뜻이 약간 차이가 난다.

● 결과적으로 같은 부분도 있으나 결코 같은 부류는 아닌 것이다.

- 낙하산의 위력을 보이는 것이다.
- 재산(財産)이 조금 있다하자.

권력이 조금 있다 자만하고, 안하무인(眼下無人)식의 태도(態度)를 보이는 사람.

- 그것이 자신의 한계임을 드러내는 것이다.

머지않아 흉사(凶事)를 맞이하게 되는 사람이다.

- 부부간에도 요즈음은 서로가 사회활동(社會活動)을 하는 경우.

어느 한 쪽의 수입이, 남성의 경우는 특히 여성이 많으면 콤플렉스에 스트레스로 말다툼이 잦아지고, 거기에 시 건방을 떠는 아내의 모양에 눈꼴이 사나워져 공연히 짜증에 홧김에 술을 택하게 되고, 건강을 잃을 염려가 생기는 것이다.

- 남자가 많으면 당연히 그러려니 하는데, 문제는 여성이 많을 경우가 되는 것이다.

부부싸움을 하다보면 이런 식의 이야기가 나온다.

"당신이 뭘 얼마나 벌어다 준다고 큰 소리야!" 하면서 삿대질 까지 나오는 것이다.

"당신이 잘만 벌어봐, 내가 왜 이러겠어?"

"나도 남처럼 집에서 밥이나 하고 애나 보면 얼마나 좋은데, 다 서방 잘 만나 이 꼴이지 뭐."

하면서 "밖에 일해야지, 집에 들어오면 또 집안일 을 해야지 나는 뭐, 강철로 만든 로봇 인줄 알아요?"

짜증 섞인 목소리로 신세타령 겸 남편을 비하(卑下) 하는듯한 발언을 하는 것이다.

좋은 소리도 한 두 번이요, 반복이 되면 사고가 나는 것이다.

◉ **신세를 지고 그 후(後)의 처신(處身).**

- 흔히들 화장실 가기 전(前)과 후(後)라는 비유를 많이 한다.

그 때는 그렇게 고마웠고, 생명의 은인과도 같은 존재였는데,

"내 꼭 이 신세는 갚고야 말리라!" 하고 다짐을 하지만 그럭저럭 시간이 흐르고 나면 조금씩 잊어버리고 심지어는 "그런 수도 있는 거지 뭐" 하면서 얼굴을 돌리는 인간도 있다.

✤ 우리는 살다보면 작은 신세라든가, 고마움에 대하여는 매우 인색하다.

다. "살다보면 그럴 수도 있는 거야, 그걸 어떻게 일일이 인사를 다하나! 나중에 좀 더 여유가 생기면 하지." 그릇의 차이에 관련된 문제다.

- 사소한 일이라 하여 소홀히 하는 사람.
  결코 커다란 업(業)을 이룰 수 없다.
  작은 일도 챙기는 사람이 결국에는 성공하는 것이다.
- 부부간에 싸움의 발단(發端)이 되는 것.
  나에게는 작은 일이 상대방에게는 큰 일일 수도 있다는 것을 알아야 한다.
  이것이 쌓이고 쌓이면 항상 커다란 문제로 발전(發展)하여 되돌릴 수 없는 상황으로 전개 되는 것이다.
- 실질적(實質的)으로 3자(者)의 입장에서 본다.
  원칙적(原則的)인 면으로 본다면 그것은 분명히 잘못된 일이다.
- 어느 중년을 넘기는 유명 부부들의 예를 보아도 알 것이다.
  눈에 보이지는 않지만 이런 부부의 경우는 항상 피곤하다.
  한 쪽은 지나치게 털털하고, 한 쪽은 지나치게 세심하여 작은 일에도 집착을 하는 스타일이다. 가시(可視)적으로 표현되는 상황은 아니지만, 항상 의부증(疑夫症)의 작은 증세요, 감시하는 듯 행동을 하는 것이다.
  그리고 항상 일에 대하여 그냥 넘어가도 될 것을 긁어 부스럼 하는 식으로 공과(功過)를 논하는 것이다. 마치 나이든 자식을 둔 부모가 항상 "애야, 길 조심하여라." 하는 식이다. 자상하게 잘 보필하는 것은 알아줄만하다.
- 허나 그것이 지나치다 보니 결국 문제가 되는 것이다.
  배우자중 누군가가 이런 성격의 소유자라면 항상 죽어 살거나, 그렇지 않으면 이혼하게 된다.
- 대체적으로 얼굴이 작은 형에서 많이 나온다.
  미인이 많은 편인데, 신장이 작아 팔등신(八等身)에는 못 든다. 영리하고, 야무지고, 생활력(生活力)도 강하다.

◉ 네 탓이요, 네 탓이요.

- 문제가 생기면 항상 남부터 걸고넘어지는 사람이다.

빠져나가기 바쁜 사람이요, 항상 배수의 진을 치고 사는 사람이다.

- 이혼도 위자료가 앞서고, 교통사고 나면 계산기부터 먼저 두드리는 사람.
  물론 상대의 원인(原因)제공(提供)이라던가 무엇인가 문제는 있을 수 있다.
- 남을 탓하기 이 전에 자신을 돌아보는 통찰(通察)력이 아쉬운 사람이다.
  내 탓이요. 라고 한 번 만한다면 상대방을 감동(感動)시킬 수 있을 것이다.
- 배우자가 다치거나, 회복(回復)불능(不能) 또는 재기(再起)불능(不能).
  이런 상태가 된다면 보따리부터 쌀 사람이다.
  배우자(配偶者)가 항상 재력이 있어야 대접(待接)을 받는다.
- 기회주의자(機會主義者).
  아부근성이 강하고, 부화뇌동(附和雷同)의 대명사다.

◉ 상대방에게 아량을 베풀 줄 아는 사람.

- 잘못을 하여도 용서 할 줄 알고, 이해가 앞서는 사람이다.
  배우자로써 갖추어야할 덕목이다. 실로 눈물겹도록 고마운 사람이다.
  어디서나 환대(歡待)받는 사람이다. 서로 간에 위하고 아낄 줄 아는 부부라 평생 해로(偕老)하는 부부다.
- 사주 또한 강(强)하여 항상 여유가 보인다.
  사주가 신약(身弱)할 경우는 양보(讓步)하다가
  내 밥그릇 까지 내주는 팔푼이로 전락한다.

◉ 지나치게 남의 아픈 곳을 건드리는 사람.

남의 아픈 곳을 건드리면 건드릴수록 나에게 닥쳐올 흉사(凶事)가 커진다.
부부싸움을 하여도 잔인하게 한다. 입으로 말이다.

- 평상시에 부부니 생각하여 믿고, 이런 저런 이야기를 한 것.
  서로간의 문제가 생기면 그것이 하나하나 부메랑이 되어 전부다 나에게로 날아온다.
  “아, 믿을 곳이 없는 세상이로다.”

- 매우 타산적(打算的)이고, 내 손에 들어오면 그것으로 끝이다.

부부(夫婦)간이라도 자기의 것은 자기의 것이라고 한 쪽이 주장을 하고, 그리 행동하다 보니 서로 간에 눈에 보이지 않는 장막(帳幕)이 형성되어, 각자의 길을 소리 없이 가고 있는 형국(形局)이다.

- **그동안 축적(蓄積)된 재산(財産)이 제법 된다면?**

- 이런 집은 이혼(離婚) 할 때 조용히 끝이 안 난다. 법정(法廷)으로 가야 결국 해결이 된다.

그래서 부부란 헤어지면 남만 못하다는 이야기가 나오는 것이다.

◉ 자화자찬(自畵自讚)이 심한 사람.

- **자랑이 크면 클수록 작아지는 사람이다.**

집안에 금송아지 이다. 겸양(謙讓)의 미덕(美德)을 모르는 사람이다.

양보심이 없고, 허풍(虛風)이 또한 심하니 남으로부터 신뢰감을 상실하여 정작 어려운 일이 닥치면 난감한 파국(破局)을 헤쳐가기 힘들어진다.

- **실속이 없는 사람.**

경로당에 가면, 애국자(愛國者) 아닌 사람 없고 왕년에 한 가닥 안한 사람 없고, 정치에 대하여 논객(論客)이 아닌 사람이 없는 것이나 똑같다.

- 부부간에 상대방을 아끼고, 위하며, 존경(尊敬)하는 면이 부족한 집이다.

서로가 무시하며 깔보는 형상이다.

- 상대방이 혹시 잘 모르는 부분이 있어 서툴면, 지나치게 물고 늘어져 기(氣)를 꺾어 놓으려는 경향이 있다.

◉ 성격(性格)이 지나치게 급한 사람.

- **화기(火氣)가 강하니 염(炎)으로 변화.**

스스로를 불태우는 사람이다. 불을 찾아 허둥대는 불나비와도 같다.

- 혈압(血壓)이 상승(上昇) 스스로 자기의 수명(壽命)을 단축시키는 일이다.

- 이런 부부는 오래가려면, 한 쪽이 아예 포기하는 것이 오래간다.
  일일이 따지고, 원리, 원칙을 내세우면 집안이 엉망 된다.
  어느 정도 나이가 들어야 그 기세(氣勢)가 가라앉는데, 자손이 결혼을 일찍 하여 후손(後孫)이 생기면 그들이 약(藥)이 되고, 답(答)이 된다.

◉ 묵묵히 일을 진행하는 사람.

- 한 손이 하는 일을, 한 손이 모를 정도로 꾸준하면서도 조용히 진행.
  치밀함과 차분함 그리고 여유와 평온함이 항상 돋보이는 사람이다.
- 토(土)일주의 스타일이다. 신약은 항상 제외가 된다.
  결코 화려(華麗)하지는 않지만 은근(慇懃)과 끈기로 한 몫을 한다.
- 부부(夫婦)의 정(情)이 새록새록 쌓이는 스타일이다.
  가끔씩 문제가 생기는 것이 부부간의 진솔한 대화가 더 필요하다. 많은 이야기를 나누는 조용한 시간이 필요하다.

- **부부간의 성(性)관계.**
  많은 것보다, 진하고 야한 관계 일수록 좋다. 한 번을 해도 진한 것이 좋다.

◉ 욕심이 지나쳐 만족을 못 느끼는 사람.

- 가도 가도 왕십리인 것이다. 58년 왕십리가 아니다.
- 만족을 못 느낀다는 것은 채울 것이 항상 부족(不足)하다.

✤ 항상 부족하니 무엇이던 부족한 것이다. 마음만 앞섰지 되는 일은 신통치가 않다.

- 항상 실패(失敗)의 연속이요, 벌리기는 선수다.
  마무리라고는 보이지 않고 항상 진행(進行)형인데, 실속(實速)이 없으니 항상 쪼들린다. 재주는 많은데 제대로 하는 것은 하나도 없는 사람이다.
  식상(食傷)이 태과(太過)하여 지나친 경우가 많다. 국(局)을 형성할 경우 조심.-상담 시 주의 요망 잘 살펴야 한다. 성공 하려면 한 우물 파는 것이 최상(最上)이다.
- 부부(夫婦)간에 이런 사람이 있으면 항상 한 쪽은 뒤치다꺼리에 바쁘다.
  양쪽이 다 그렇다면 오래갈 것도 없이 쪽박 차는 것이고, 이런 부부 역시 오래가지 못하고 항상 부부싸움에 결국 갈라서고 만다.

✤ 변화가 심한 사람.

● 사람이 변덕스러운 경우도 속한다.

음성(音聲)이라든가, 표정(表情), 그리고 약속을 죽 먹듯 하는 사람, 식언(食言)을 잘하는 사람 모두 이런 부류에 속하는데 진실성(眞實性)이 결여된 사람이다.

● 믿고 의지하고, 신뢰하려 해도 믿음이 가지 않는 사람이다. 고저(高低)가 자주 바뀌는 사람은 실천(實踐)에서도 항상 그런 사람이다.

● 간사하고, 간악하고, 배반의 기질이 다분한 사람이다. 부부간에도 가끔은 이런 그림을 보게 된다. 남들이 보는 앞에서 유달리 챙겨주는 그런 부부들을 보게 되는데 속으로 들어가 보면 결코 그렇지만은 않다. 한 쪽이 지나치게 기울고 있다.

✤ 순리(順理)를 따르지 아니하는 사람.

순리(順理)라 함은 글자 그대로, 흐르는 데로 흐르면 되는 것이다.

● 슬플 때는 울고, 기쁠 때는 웃고, 몸이 근질근질하면 춤이라도 한 번 추던가, 아니면 운동이라도 부지런히 한 번 하던가 말이다.

그런데 이와 같은 자연적(自然的)인 현상(現像)을 억지로 참거나 오히려 역(逆)으로 표출(表出)하는 사람은 언제인가 그와 같이 순리(順理)를 어기고 등을 돌리듯 음흉(陰凶)하고 위험(危險)한 사람이다.

● "슬퍼도 웃자, 우리 에게는 내일이 있다."

하면서 격려(激勵)나 의욕(意慾)을 불태우는 의지(意志)를 전달한다 해도 기본적인 순리(順理)는 일단 거부(拒否)를 한 것이다.

그래서 죽기 살기로 해보자는 것이다. 결코 나쁘기만 하다는 의미는 아니다.

● 부분적으로 좋은 의미.

일단은 슬플 때는 슬퍼하는 일에 충실하여야 한다.

물론 시간이 길면 안 되지만 애초부터 그런 표출(表出)이 안 보일 경우, 항상 조심이라는 단어가 들어가는 것이다.

처첩궁(妻妾宮)으로 보는 방법.

처첩궁(妻妾宮)은 부부궁(婦夫宮).

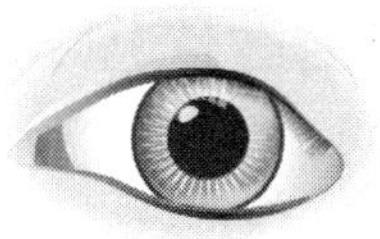

✤ 어미(魚尾).

● 두 눈의 끝부분을 설명한다.

● 눈은 긴 타원형인데 코 쪽이 아니라, 귀를 향하는 바깥쪽 부분.

물고기의 꼬리를 보면 타원형의 X자 모양을 하는데 사람의 눈 끝부분이 이와 같다하여 어미(語尾)라 칭하는 것이다.

● 간문(奸門)이라 하여 약간 들어간 부분.

● 부부간의 금슬(琴瑟) 및 배우자의 덕(德), 기타 관계를 살펴보는 부부궁(婦夫宮)에 해당 되는 곳이다.

● 이 선이 깨끗하지 못 하면.

잔주름이 여럿으로 나타나 있고, 지저분하면 결혼에 실패, 배우자를 한 사람으로 끝내지 못하는 운명으로 본다.

● 잔주름이 많다는 것은 우여곡절이 많다는 뜻이다.

● 배우자와 불협화음, 또는 사별, 긴 병으로 정상적인 생활이 어려운 경우다.

● 반면에 이 어미(魚尾)부분이 깨끗하고 윤택하면?

부부(夫婦) 해로(偕老)하며 배우자 덕(德)이 있다.

✤ 간문(奸門)

● 간문(奸門)이 눈에 두드러질 정도로 움푹 들어간 사람.
배우자와의 불화(不和)로 인하여 여러 번 혼인(婚姻)해야 한다.
자세히 살펴보거나, 옆모습을 보일 때 빨리 보고 판단해야 하는 곳이기도 하다.

◈ 간문(奸門)에 검은 점이나 흉터, 상처로 다친 경우도 포함된다.

● 배우자(配偶者)를 만나도 지겨운 배우자를 만나게 된다.
부부(夫婦)궁의 어두운 곳에 흠이 되니 그리되는 것이다.

● 잔주름이 많다는 것은 상대적으로 배우자가 많다.
결국 음탕(淫蕩)하고, 음란(淫亂)하여 한사람으로 만족(滿足) 못한다.
결혼해도 이미 혼전의 관계로 곤욕을 치르거나, 조용히 살다가도 어느 날 갑자기 끼가 발동하여, 눈을 밖으로 돌려 산토끼를 찾게 된다. 그리하여 불륜이나, 간통의 사건에 주인공으로 등장하게 된다.

● 이제 앞으로는 간통(姦通)이라는 의미가 많이 퇴색.
법(法)으로도 없어졌는데 그에 대한 결론은 각자가 알아서 내리면 된다.

✤ 간문(奸門)의 청결(淸潔)도와 색(色)에 대하여.

✤ 간문(奸門)을 살펴보는 것은 부부궁(婦夫宮)의 핵심이다.

◈ 청결(淸潔)의 정도(程度)에 대하여.

청결 정도는 부부궁(婦夫宮)의 신선(新鮮)함이나, 혼탁(混濁)함을 말하는 것이다. 깨끗하지 못하다는 것은 그대로 지저분하다는 것이다.

● 이성(異性)과의 관계가 복잡(複雜)한 상태.
(常態)를 유지한다. 요즈음 같으면 유전자(遺傳子) 감식(鑑識) 이야기가 나올 법하다.

◈ 색(色)에 관하여.

색(色)이란 자고로 깨끗하고, 밝음을 나타내야 좋다.
주로 감정(鑑定)을 할 때 보는 색(色)은 푸른색과 검색을 많이 본다.

● 검고, 푸른색이 보일 경우.
간문(奸門)의 부분에 푸른색이 돌면 그것은 배우자의 도덕성(道德性)에 문제가 있다.
부부간에 부적(不適)절한 관계가 발생하고 있다.

✤ 눈의 기운(氣運)에 대하여.
흔히 "눈에 살기(殺氣)가 넘친다."는 이야기를 들어본 적이 많을 것이다.

● 그것은 눈에서 나오는 기운(氣運)이 극(剋)에 달한 경우.
이미 정상적(正常的)인 평형(平衡)성을 잃어버린 상태다.

● 그 기운이 강열하다.
굳이 상을 볼 줄 모르는 사람도 알 정도로 그 사람의 행동과 눈을 보고서 판단하는 것이다.

● 그러나 그 기운(氣運)이 미미하여 쉽게 판단 할 수 없을 경우.
눈의 날카로움을 보고 판단하는데 날카로움이 강(强)하면 살기(殺氣)를 띈 눈으로 보이는 것이다.

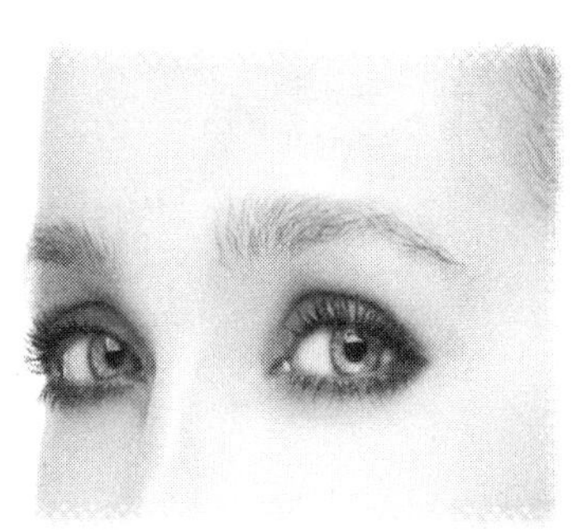

● 이 기운이 강할 경우는?
배우자를 사별(死別)하는 경우가 많고, 조금 약하다 할 경우는 잔인(殘忍)성과, 냉정(冷情)함, 비정(非情)함을 갖고 있다.

● 성격 또한 급하고 과격(過激)하여 친구나 지인(知人)이 별로 없다.
많이 있다한다면 그것은 일시적인 목적(目的)을 위한 만남이거나, 결국은 다 배반할 사람이다. 이용(利用)만 당하는 것이다.

✤ 형상(形象)으로 보는 부부관계.

형상(形象)을 본다함은 생김새를 논하는 것이다.

- 천간(天干)이 대표자가 되어 사주의 얼굴이 된다.

인체의 모든 기관을 대표(代表)하고 그 상황을 나타내는 것이 얼굴이다.

- 인체 내부의 깊숙한 곳의 상황.

얼굴에 그 표시가 나타나듯 얼굴은 신체의 각 모든 기관을 대표한다.

각 부위에 해당하는 부분을 살펴봄으로써 현재의 상태를 짐작하고, 유추(類推)하여 살펴보면서 그 정확성(正確性)을 기한다.

- **건강(健康) 뿐 아니라 육친(六親) 관계,**

다른 면(面)도 알아 볼 수 있다.

- 신체 각 부위의 특징을 살펴봄으로써 여러 정황(情況)을 알 수 있다.

상을 본다는 것은, 일단 빨리 그리고 핵심적(核心的)인 부분을 정확하게 판단해야 한다.

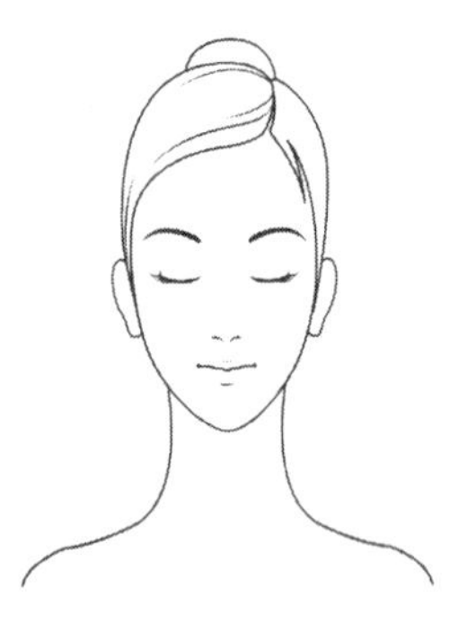

➜ 예를 든다면 어깨가 어느 쪽으로 심하게 기울었는가?

➜ 걸음걸이가 팔자 걸음인가? 안쪽인가? 바깥쪽인가?

➜ 몸이 중심을 잡고 똑바로 가는가? 흔들리는가?

➜ 앉아 있을 때 손발을 지나치게 움직이는가?

- 대화(對話)할 때의 시선은 어떠한가?
- 걸을 때 뒤꿈치가 먼저 닿는가? 앞쪽이 먼저 닿는가?
- 머리를 자주 움직이는가? 상체(上體)와 하체(下體)의 균형(均衡)은 어떠한가?
- 머리카락은 어떤 형태인가? 등, 등 수없이 많다. 이러한 것을 전부 다 본다는 것은 참으로 힘든 일이다. 많은 시간과 관찰이 필요하다.

- 하는 말이 **"자기 집에서 같이 사는 가족이 제일로 파악이 빠르다."** 라는 말이 나오는 것은 수많은 시간을 함께하면서 지내오니 숨소리만 들어도 알 수 있다는 말이 나온다.
- 그러나 실로 상을 보는 사람들은 나름대로의 노하우가 있다. 무엇인가를 찾아내야만 하는 것이다. 학문(學問)을 배우는 사람들의 사명(使命)이다. 각 부분별로 하자면 내용이 너무 많아 관상학의 책이 되므로 우선 부부(夫婦)간의 관계를 나타내는 부분을 한 번 살펴보자.

✤ 걸음걸이로 보는 판단(判斷)법.

이 방법은 가까이서 사람을 보지 않고 저만치서도 사람을 관찰할 수 있는 아주 좋은 방법이다. 걸음걸이 그 자체는 그 사람의 전체를 한 번에 알아볼 수 있는 방법이다. 특히 건강(健康)에 관해서는 금방 알 수 있는 방법(方法)이다.
성격(性格) 및 기타 여러 가지도 알 수 있다. 일시적인 작용을 하는 경우도 있다. 갑자기 불편하여 그런 경우는 제외하고 정상적인 경우, 필히 보아야 하는 부분이다.

◉ 발을 성큼성큼 떼면서 걷는 사람.

사주가 매우 신강한 사람이다. 금(金)기가 강한 사람이 많다. 박력이 넘치고, 매사 능동적이다. 매사에 자신이 넘쳐 일처리에 탁월한 수완을 보인다.

- 여성의 경우.

남성에게 순응(順應)하는 기운이 약하여 부부(夫婦)운이 별로 좋지 않은 경우가 많다. 색(色)에는 능력은 있어도 오히려 표현력(表現力) 부족으로 혼자 고민하는 경우가 생기기도 한다.

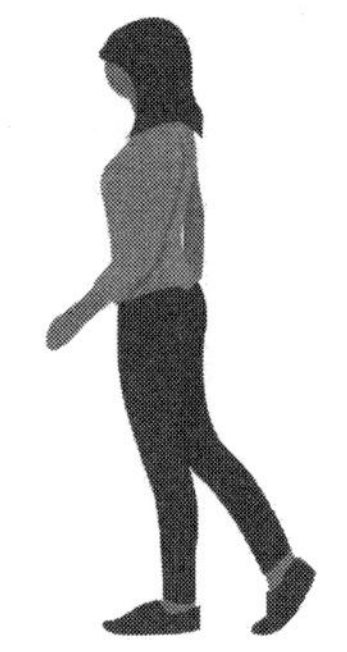

◉ 몸에 힘이 들어가고 또박또박 절도 있게 걷는 사람.

처세(處世) 확실하고, 대인관계 원만하고 건강해 색(色)의 즐거움을 만끽하는 사람이다.

◉ 여유를 갖고 천천히 걷는 사람

● 서두름이 없는 편안한 스타일.

일 처리가 늦어지고 색(色)에 있어서도 박력 없는 관계로 환영(歡迎)받지 못한다.

● 입으로 색(色)의 귀재임을 자랑하는 사람이다.
남 이야기에 열심이다.

◉ 걸으면서 이따금 뒤돌아보는 사람.

● 안정적(安定的)이지 못하다.
항상 불안(不安)한 기색이 보인다.

● 부정적(否定的)인 성향(性向).
비판적(批判的)이고, 비협조적이다.

● 신경(神經)이 예민.
작은 일에도 집착(執着)하는 경향이 많다.

◉ 발을 질질 끄는 듯 걷는 사람.

- 결단력(決斷力)이 부족.
  기다리다가 기회를 놓치는 사람이다.
- 추진력(推進力) 또한 부족.
  타(他)의 신임(信任)을 얻기 힘들다.
- 대인관계도 원만하지 못함.
  많은 손실(損失)을 본다.

◉ 발소리를 크게 내면서 걷는 사람.

- 나름대로는 떳떳하게 산다.
  하지만 항상 한구석에 켕기는 면이 있는 사람. 간혹 큰소리도 자주 하는데 공염불(空念佛)이 되는 경우도 있다.
- 잔잔한 부분에 도외시(度外視)하여 문제가 커지는 경우가 생긴다.
- 큰 빗자루로는 방 쓰는데 어울리지 않는다.
- 작은 빗자루의 용도(用度)가 필요한 사람.

◉ 안정감(安定感) 없는 걸음걸이.
발을 완전히 땅을 디디고 걷지 못하는 형상.

- 일을 시작해도 마무리가 시원치 않은 사람.
  항상 불완전의 연속이다.
- 작은 일도 마무리 못해.
  자신의 입지(立地)를 다지지 못하고, 항상 오가는 처지다.

◉ 걸으면서 이곳저곳 쓸데없이 기웃거리는 사람.

- 집중력(集中力)이 부족, 산만(散漫), 어수선한 사람이다.
- 무슨 일을 해도 연장 찾다가 시간 다 보내는 사람이다.
- 지구력(持久力)과 인내(忍耐)력이 부족(不足)한 사람이다.

◉ 몸에 힘이 없고, 몸을 좌우로 흔들면서 걷는 사람.

- 간에 붙었다, 쓸개에 붙었다하는 사람이다.
- 전형적(典型的)인 간사한 사람이다. 아첨의 천재다.
- 오랜 친구가 없다, 직업(職業)도 자주 변화가 된다.
- 취미(趣味)도 다양하다 그런데! 하나도 제대로 써먹을 만한 것이 없다.
- 주위(周圍)에 사람이 모이지를 않는다. 찾아다니는 스타일이다.

◉ 발걸음이 가볍고 경쾌한 사람.

- 우선은 매사에 긍정적(肯定的)인 사람이다.
  남을 생각할 줄 알고, 아를 생각하는 사람이다. 단점이라면 기운(氣運)이 약간은 항상 상승(上昇)하는 기운(氣運)이라 경솔(輕率)함이 보일 때가 문제다.
- 진취적(進取的)이고 저돌적(猪突的)인 면도 겸비. 일을 처리하는데 신속함과 정확함도 있다.
- 큰일을 이루려면 좀 더 스케일을 키워야한다.
  돌다리 두들기듯 항상 재확인(再確認)이 필요. 원하는 바를 성취하는데 있어서는 큰 문제가 없는 사람이다.
  남성, 여성 모두 색(色)에 관한한 큰 문제가 없다. 이변(異變)이 없는 한 말이다.
  간혹 이성간의 부적절한 관계로 고민하는 경우가 가끔씩은 생긴다.
  사서 고생하는 경우도 있다.

◉ **다리의 구부림이 적고 똑바로 걷는 사람.**

- 다리의 구부림이 적다는 것은, 걸을 때 상하(上下)의 진동이 그리 크지 않다는 설명이다.
  상하의 진동이 있으면 오히려 운동이 되지 않을까? 일단 걸을 때는 몸 전체를 이동하는 것이다. 무릎의 적당한 구부림은 걷기에 있어서 필수 조건이다. 관절을 보호하는 역할을 한다.
- 이동시 진동이 규칙적이어야지, 상하로 진동(振動)이 불규칙하고 심하다면?
  몸 안의 모든 기관(機關)이 작동(作動) 중에 지나치게 흔들리니 지장(支障)이 생긴다.

- **흔들림이 적다는 것은 규칙적이라는 말이다.**
  생활자체가 안정되고 일단 추진(推進)하면 거침없이 나간다. 건강에도 잔병치레는 있어도 큰 병은 없다. 전후좌우 움직임이 있는데 추후 설명.

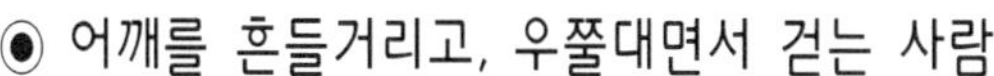

◉ **어깨를 흔들거리고, 우쭐대면서 걷는 사람**

- 작은 일에도 쉬 흥분하고, 자제를 못하는 사람이다.
- 큰일을 맡기지 못할 사람이다. 입이 가볍고, 경망스럽다.
- 아는 것이 빈약하고, 속이 넓지 못해 주변의 신망을 얻기 힘들다.
- 항상 노력하고, 끈질긴 면을 보여야 한다. 소탐대실(小貪大失)형이다.

✤ 얼굴의 형상(形象)을 전체적(全體的)으로 보는 법.

얼굴은 포함하고 있는, 즉 위치하고 있는 중요한 부분이 너무나 많다.
이마, 눈 섭, 눈, 코, 귀 ,치아, 입, 귀, 등 중요한 역할을 하는 기관들이 거의 모여 있는 곳이다.

✤ 전체적인 윤곽(輪廓)을 보는 방법.

- 얼굴 전체를 대지(大地)로 보고 산(山)과 평야(平野)로 하여 비교 해보자.

- 제일 우뚝 선 곳이 코이다.

산중의 산이요, 백두대간의 중추적인 역할을 하는 산맥이다. 코는 일단 우뚝하여야 좋고, 기개(氣槪)가 보여야 길상(吉相)이다.

- 굴곡이 심한 것보다는 선이 곧은 것이 좋다.

또 높지는 않아도 넓으면서 약간은 솟아오른 봉우리가 있으니 관골(觀骨)이다.

- 눈 아래에 위치한다.

양 볼에서 상단부에 위치한 관골은 좌, 우 양쪽에 위치, 작은 백두대간을 형성한다.

- 이마는 고원지대의 넓은 들이다.

볕이 잘 드는 양지바른 곳이라 항상 잘 보이는 것이 좋다.
머리카락으로 가리는 것은 별로 바람직하지 않다.

- 산의 봉우리는 위로 향하는 것이 좋다.

옆으로 지나치면 평야 지역이 적어지므로 인생, 삶의 농사에는 바람직하지 않다. 각각의 지정된 위치에서 크게 벗어나지 않아야한다. 개별적으로 보았을 때와 전체적으로 보았을 때의 균형을 살펴보기도 하고, 전체적으로 산과들의 균형이 그 자체에서 높으면 높은 데로, 낮으면 낮은 데로 균형을, 전체적인 조화로 보는 것이다. 세부적인 상황은 하나씩 풀어가도록 하자.

✤ 목을 보고 판단하는 법.

● 목이란 항(亢),항(項)으로 그 뜻을 나타낸다.

● 그 역할은 참으로 막중하다.

위로는 인체의 모든 기능을 관장하고, 조종하는 역할을 하는 뇌를 보호하고, 인체의 대표자인 얼굴을 지탱하고, 머리를 받들고 있다.

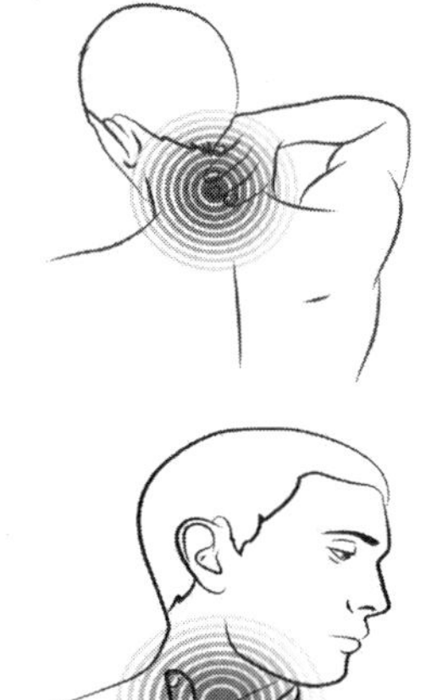

● 아래로는 삼정의 맨 위에 자리한다.

상하의 연결을 도모하고 있다. 목의 굵기와는 힘과도 연결 된다. 남성은 목이 굵은 것이 좋다. 여성은 가는 편이 좋고. 고기 집에서 파는 항정살의 부위를 생각하면 될 것이다.

✤ 삼정(三停)이란?

● 삼정(三停)이라 함은 주로 안면(顔面), 즉 얼굴을 삼등분하여 구분하는 삼정(三停)이 있고, 또 신체를 삼등분하여 보는 방법이 있다.

여기서는 일단 신체(身體) 전체(全體)를 삼등분(三等分)하여 보는 삼정(三停)을 설명한다. 얼굴을 제외한 나머지 부분에 대한 설명이다.

◈ 상정(上停)

목에서 배꼽까지의 전체부분.

(포괄적(包括的)인 의미)

◈ 중정(中停)

배꼽에서 무릎까지를 말한다.

◈ 하정(下停)

무릎에서 발까지.

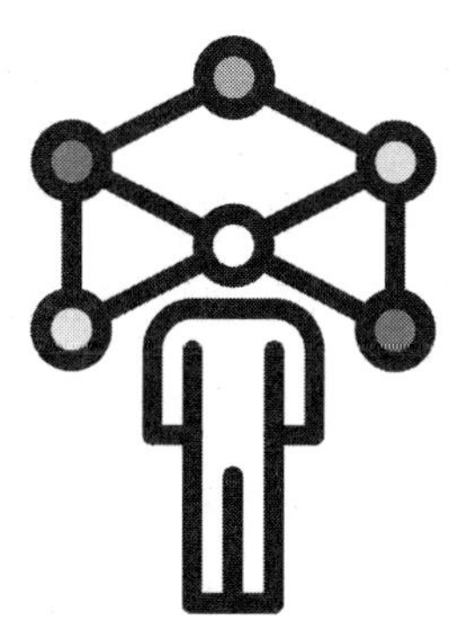

✤ 균형적(均衡的)인 의미(意味)로 보는 목의 형상.

● 우선 신체(身體)상으로 보자,
키 작은데 목이 길 다면 그것은 균형(均衡)이 잡힌 몸매가 될 수 없다.
이럴 경우는 목이 짧은 것이 좋다.

● 반대로 키 크다면 목이 긴 것이 좋다.

● 배우자의 선택에 있어서 일단 균형(均衡)이 눈에 뜨이게 안 맞는 경우.
무조건 피하는 것이 좋다.

✤ 길이와 굵기로 보는 관점.

◉ 목이란 짧으면 굵고 모진 듯 각 져야 좋다.

사람이 중후하여 보이고, 참을성이 있고, 노력형의 배우자감이다.

● 쉽사리 군중심리(群衆心理)에 휩쓸려 동조(同調)하지 아니한다.
자기의 길을 우직하게 나아갈 수 있는 사람이다.

● 순발력이나, 번뜩이는 재치(才致)가 아쉬운 점이 있다.

● 상부상조(相扶相助)의 여건이 이루어진다면 좋은 배우자가 될 것이다.

✤ 목이 가늘고 긴 경우와 그 외의 형태(形態).

● 일단 배우자감으로재고(再考)의 여지가 생긴다. 그러나 좋은 면도 있다.

● 요즈음은 목이 길어야 미인이라고 하지만 그것은 키 클 경우 비례하여 어울릴 경우, 해당되는 것이고, 일반적인 경우는 그렇지 않다.

● 가방끈이 짧은 경우가 많다.-모든 면에 짧은 것은 절대 아니다. 나름대로의 삶에 대한 의욕이 강하여 생활력은 강하다.

- **여성의 경우는 남편(男便)복(福)이 박하다.**

재물(財物) 집착이 강하나, 이 또한 그리 복(福)이 넉넉지가 못하다.

- 대체적으로 목이 긴 편일 경우.

허리 디스크에 유념해야 한다. 살이 잘 찌지 않는 스타일로 성격이 남 앞에서는 유하나 집안에서는 그리 녹녹한 편이 못된다.

- 옳지 않은 것은 끝까지 틀린 것으로 우긴다.

밀고 나가는 옹고집(壅固執)적인 면도 보인다.

- 성실(誠實)함은 돋보이나 복(福)이 약(弱)하다. 흠이라면 고집(固執)이 지나치다.

일부(一夫)종사(從死)형의 여성이 많다.

◈ 목은 사람이 마주 대하여 정면으로 향할 때,
얼굴 다음으로 상대방의 눈에 뜨이는 곳이다.

- **남성이나, 여성이 상대방을 유혹한다면?**

상의를 느슨히 풀어놓았을 때를 보면 시선이 자꾸 그리로 가는 것을 느꼈을 것이다. 이런데 목이 지저분하거나 깨끗지 아니하고 얼룩모양의 반점 같은 형태, 또는 필요 없는 많은 점 같은 것이 보인다면 삶에 있어서도 애로사항이 많다.

- 목은 신체(身體)의 속살 가운데서 제일 먼저 보이는 것이다.
- 물론 팔, 다리의 경우도 있지만 정면(正面)으로 노출(露出)되는 것.

바로 목 부분이다. 일차적(一次的)인 노출이 지저분하다.

그의 삶이 순탄치 않다는 것이다.

◈ 목은 곧은 것이 좋으나 오해받기가 십상이요, 건강에도 해(害)가 된다.

- 약간은 앞으로 굽은 듯 형태를 취하는 것이 좋다.
- 왜냐하면 사람은 항상 앞을 보면서 앞으로 걸으니 무게의 중심이 약간은 앞으로 향하는 것이 좋다.
- 뒤로 굽은 듯의 자세나 모양은 인생을 거꾸로 사는 것이다.

✤ 복부(腹部)로 판단(判斷) 하는 방법.

- 복부(腹部)는 배를 지칭하는데, 배꼽을 기준, 상, 하로 구분을 한다.

- 신체적인 면으로 세부적으로 살핀다면 가슴과 엉덩이 사이 부분을 칭한다.
- 일반적으로 배하면 주로 앞부분만을 이야기 하는데 옆구리 쪽도 살펴야한다. 갈비뼈 아래쪽으로 전체적인 관찰이 필요한 곳이다.
- 사람이 배가 크다 하여 많이 먹는 것도 아니라는 것은 ? 얼마 전에 우리나라의 교표 여성이 햄버거 먹기 대회, 닭 날개 먹기 대회 등에서 일등을 한 것을 보면 알 것이다. 연약한 여성의 몸으로 거구의 남성들을 다 제치고 짧은 시간에 처리하는 것을 말이다. 물론 드문 경우이겠지만, 실질적으로 체격이 우람하고 배가 크다고 하여 무조건 적인 것은 아니라는 설명이다.

✤ 배의 특성(特性)과 보는 방법.

배는 지지(地支)와 같이 음(陰)에 속하는 것으로, 그 속에는 많은 것을 함축하고 감추고 저장(貯藏)을 하고 쉴 사이 없이 계속 운동을 하는 곳이다.

● 배를 본다는 것은 그 사람의 근면성(勤勉性)과, 인내성(忍耐性), 그리고 끈기를 미래를 볼 수가 있다.

● 수 년 전에 보았을 때의 배와, 최근의 만남에서의 배가 변함이 없다면 그 사람은 커다란 변화가 없었다는 것이다.

● 예전에는 많이 불룩하였었는데, 지금은 많이 들어 갔다면 그는 참으로 노력을 많이 한 것이다.

● 운동을 하였던, 다이어트를 하였던 그 노력은 사줄만 하다는 것이다. 그러한 노력이라면 아직도 기(氣)가 살아있는 것이다.

● 그러한 평가를 내리기에 앞서 그 사람의 환경을 펴야 한다. 무슨 사연이 있었는가 하고 말이다.

● 긍정적이면 배우자감으로써 한 번 생각을 해볼 만한 것이고, 사업의 파트너로도 해볼 만하다.

● 부부지간이라도 변화가 없고 오히려 더 불어나, 긴장(緊張)감이 없어 졌다면 권태감(倦怠感)을 느껴지도록 하는 충분한 배우자이다.

● 상대방이 관심 없어졌다고 탓을 할 자격이 없다.

● 현재 잘 살고 있는 부부간이라도 이러한 눈에 안 보이는 노력이라도 계속진행 되어야 그것이 상대방에 대한 예의(禮義)요, 사랑을 지속하는 방법이다. 여기에서 문제가 생긴다면 자신을 관리(管理)하는데 그만큼 허술하고, 게을렀다는 반증(反證)이다.

✤ 복부(腹部)를 관찰하여 판단하는 법.

◉ 배는 음(陰)이므로, 아래로 쳐진 것 보다는 위로 약간 돌출이 된 것이 건강(健康)에 이롭다.

◉ 뱃가죽이 얇으면, 사람이 참을성이 없으며, 생각도 짧아 크게 뜻을 이룰 사람이 아니다. 몸이 허약하다. 부부관계도 원만하지 못하다.

◉ 중년(中年) 이전에 이미 통제 불능의 상태라면, 이미 인생중반을 다 산 것이나 진배없다. 수명(壽命)은 단명(短命)할 팔자다.

◉ 중년 이후 배가 약간 나오는 것은 길상이나 그것이 지나치면 안주(安住)하는 형상이라 더 이상의 발전을 기대하기 어렵다. 흉(凶)으로 보지 않지만 건강에 항상 신경을 써야한다.

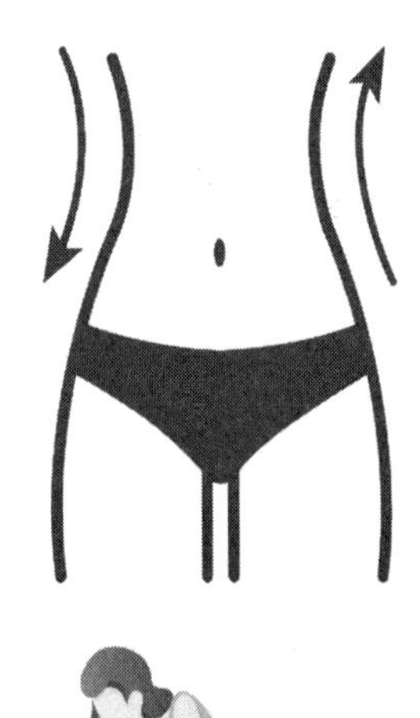

◉ 복근(腹筋)운동을 심하게 하지 않아도 선천적인 왕(王)자를 이룬다면 길(吉)상이다.
그 다음은 본인의 노력이다.

◉ 상대방의 배를 보는 기회는, 여름에 해수욕장이라던가, 피서지, 또는 요즈음 찜질방 같은 곳으로 가보면 쉽게 배의 형상(形象)을 알 수 있다.

◉ 모양에 있어서는 둥근 상태가 정상적이나 그것이 너무 작고, 외소하다면 그 또한 문제다.
배꼽은 들어가고, 커야 좋은 형상이다.
이 또한 처지지 아니하고 상향(上向)이 좋다.

✣ 입과 연관된 부분을 보고 판단하는 방법.

보통 입이라 하지만 이에는 세부적(細部的)으로 연관된 부분이 많다.
안과 겉 연결되는 부분을 다 포함을 하면 너무 포괄적이라 외형상 보이는 부분을 살펴보자. 주로 많이 논하여 지는 것이 입술이 되는데, 이 또한 입으로 분류가 되는 것이다.

☺ 입의 기능과 역할.

- 입이란 무엇이고, 어떠한 역할을 하는 것일까?

입은 우선 크게 두 가지의 기능을 볼 수 있다.

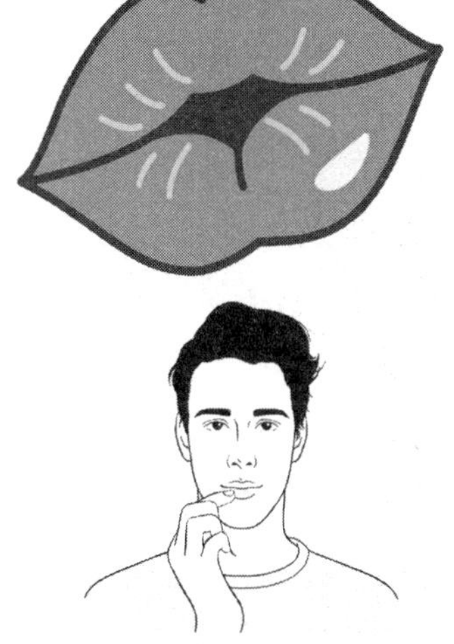

- 첫 째는 자기 생각을 소리로 입을 통해 전달. 언어를 즉 말을 할 수 있도록 한다.
- 몸 안으로 음식물을 섭취할 수 있도록 도와준다. 출입구의 역할을 한다.
- 때로는 역류 현상 시, 급박한 경우는 몸 밖으로 내보내는 역할도 겸한다.
- 그리하여 출납관(出納官)이라 명명(命名)하는 것이다.

✣ 상법으로 보는 배우자와의 길(吉)과 흉(凶).

◉ 입모양은 넓으며, 적당히 두툼한 것이 길(吉)상(相)이다.

◉ 입이란 항상 단정하고 쓸데없는 움직임이 없어야 한다.

- 사람이 "말하기 전에 벌써 입이 움직인다." 함은 항상 먹을 것을 찾는 형상이라 즉, 음식이 보이지 않는데 입맛 다시는 형국, 항상 굶주리고, 허기져 넉넉지 못하다.

- 음식이란 재물(財物)과도 같은 것이라 남(男), 녀(女) 간에 항상 궁핍(窮乏)하고 가난에 시달린다.
- 남자의 경우는 재(財)가 처(妻)도 되므로 결혼(結婚)하기 힘든 사람이다.
- 간혹 입술이 말라서 혀를 입술로 적시듯 혀를 자주 놀리는 사람도 마찬가지다. 매사 일이 꼬이고 잘 풀리지 않는다.

◉ 구각(口角) : 입의 가장자리 즉 끝을 말한다.

구각이 항상 아래로 고개 숙인 듯 모양이면, 재물에 항상 고개를 숙임이라 곤궁함을 면치 못하고, 구각이 높으나 소리가 지나치게 속삭이듯 나직한 사람이면 음험하여 조심해야 할 사람이다.

- 배우자감으로 피할 사람이다. 평생 고생이다.

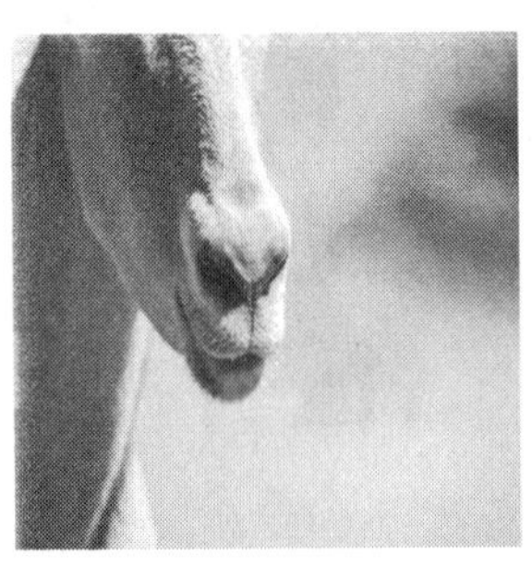

- 균형(均衡)이 잘 잡혀 있는 사람은 심신이 안정되고, 감각이라던가, 재능(才能)이 뛰어난 사람이다.
- 항상 편협(偏狹)되지 아니하고 중용을 지키는 사람이다.

◉ 흔히들 입이 앞으로 튀어나왔을 경우.

- 삐친 것으로 비유 한다.

평상시 모습이 이와 같으면 항상 불만에 가득 찬 사람이라 부부생활을 하면서도 웃는 모습을 보기 힘들고, 자녀에게도 악영향으로, 자녀들이 잘못된 길을 가기가 쉽다.

◉ 좋은 입이란 항상 윤기가 흐르고, 붉은 색을 띄어야 좋다.

입술의 색은 립스틱을 전부 다 하므로 여성의 경우는 지워진 후 특히 씻고 난 후가 제일보기 좋다. 남성의 경우는 상관이 없지만 기후나 심적인 변화가 없는 조용한 때에 보는 것이 제일 정확하다.

◉ 사람이 웃을 때 잇몸이 유난히 보이는 사람

- 일부종사하기 힘들고 간교하여 그의 속마음을 알기가 힘들다.
- 사람이 푼수기가 있어 보인다. 고집이 세고, 잘난 척 잘한다. 웃음이 헤프다. 아는 것이 부족해도 자신만이 모른다. 동네 이장이다. 애송이인데 고수인 척 한다. 의외로 고지식하고 고집이 세다. 감언이설에 잘 넘어간다. 실속보다는 겉모습을 중시한다.

◉ 동물 중에 돼지 입의 형상을 하는 사람은 무조건 피하여야한다.

- 이런 사람은 조용하다가도 갑자기 흉폭(胸幅)하여져 주변을 놀라게 하고 사고를 저지를 사람이다. 살다가도 흉사가 많다.

- 수명(壽命)도 제 수명을 찾고 세상 살기가 힘들어진다.

◉ 입의 주변이라든가, 입술 자체에 주름이 많은 사람.

세상사는 것이 고생이라, 평생 한 번 제대로 넉넉한 생활하기 힘든 사람이다.

- 천박한 상이요, 팔자가 그렇다.
- 그대로 살려면 한 가지 일에 집중하여 천(賤)하고, 귀(貴)함을 떠나서 열심히 정진(精進)하는 길이 최상(最上)이다.

◉ **입술이 활과 같은 사람.**

부귀(富貴), 공명(功名)에 삶이 즐겁고, 행복한 사람이다. 그러나 입의 선은 활선인데 입술이 지나치게 얇으면, 복록(福祿)이 오래 가지 못한다.

- 활이란 당겨져서 튕겨 나갈듯한 활력이 있고, 생기(生氣)가 있는 것이다.
- 화살이 시위를 떠나지 못하면?

오히려 그것이 화근(禍根)이 되어 고생스러운 삶을 영위하게 된다. 그러므로 입술은 당긴 것처럼 항상 두툼하고 반달의 형태를 이룸이 좋다.

◉ **앵두와 같은 입.**

유행가 가사에도 나오지만 앵두 같은 그 입술.

- 그러나 탄력(彈力)이 없고, 색(色)이 분명치 않으면 여자의 경우. 남편 복이 없고, 남성을 상대하는 업종에 종사하게 된다. 이상한 쪽으로만 생각하면 안 된다.
- 재물(財物)-복(福)은 있으나 오래가지 못하고 간직하기 힘들어 지면?

죽 쒀서 개주는 형국(形局)이다. 재산(財産)-관리(管理)가 요점(要點)이다.

- 입이 지나치게 작을 경우는?

붕어입이라고도 하는데 이 경우는 박복한 팔자다. 재물복도 없는 팔자다.

◉ **메기 형태의 입.**

간혹 보이는 형상인데, 입이 무조건 옆으로 길다하여 메기입은 아니다.

선과 끝 모양, 색, 윤택함, 두터운 정도와 그 형태를 잘 관찰해야 한다.

◉ **입술이 뒤집어진 여성, 남성**

입술이 뒤집어졌다함은 입술의 안쪽이 지나치게 밖으로 나온 형상.

- **입의 크기와는 상관이 없는 사항이다.**

- **일부종사하기 힘든 여성이다.**

지나친 욕심으로 항상 자기 꾀에 자기가 당한다. 성욕(性慾)이 강하여 문란한 성생활을 즐기는 스타일이다.

- 언어 사용에 있어 절재가 필요하고, 완급조절이 필요한 사람이다.

● 배워도 헛배운 사람이다.

점잖은 자리에 이런 사람과 동행한다면 망신당하기 십상이다. 그저 수다로 일관이다.

◉ **입술이 지나치게 두터운 사람.**

● 입술은 약간 두터운 것이 좋으나,

그것이 도(度)를 지나치면 항상 야심(野心)과 욕심(慾心)에 그득한 상이다.

● 어찌어찌하여 재물(財物)을 조금 모으거나,

한 자리 차지하게 되면 그것이 앞으로도 계속인 줄로 착각하고 호기를 부린다.

● 야무지고, 똑똑함에 있어서는?

약간 부족이라 모르면서도 척은 유난히 한다.

● **남자의 경우는?**

가권(家權)을 여자에게 맡기는 경우가 많은데 대체적으로 관리(管理)가 어려워진다. 한 두 번의 큰 낭패를 본다.

실패할 경우 "마누라가 주식으로 돈 다 날렸어!" 못난 놈! 자기가 모자란 거지.

◉ **입술의 색은 붉은 것이 좋다.**

부부가 화목(和睦)하고, 가정(家庭)이 원만하다.

◉ **입술이 푸른색을 띄면 안 좋다.**

남(男), 녀(女) 간에 이와 같은 색을 띈다면 단명(短命)할 상이다. 부부간에도 사이가 안 좋아 항상 다툼이요, 자손의 교육에도 등한시, 자기 성깔과 고집만 앞세운다.

◉ **입술이 엷다.**

● 위, 아래 양쪽일 경우와 위쪽, 아래쪽.

3가지의 경우를 보는데 안 좋은 형상이다.

● 삶의 애로사항이 많다.

일에도 자주 펑크가나고, 차질(蹉跌)을 빚는다.

◉ 입이 튀어나온 경우.

- 마치 선사시대의 원인을 연상시키는 형상이다.
  남성의 경우 결혼이 어려워 독신으로 지내기 쉽다. 갑작스런 신체적 이상으로 곤혹을 치르기도 한다.
- 아직도 진화(進化)되지 못한 듯 인상을 주지만 결코 그렇지만은 않은 것이다.
  나름 독특한 특성과 재질은 있다.
- 강인한 정신력과 야성적인 매력이 넘치는 사람이다.

- 이런 사람의 경우는?
  대체적으로 손과 발도 굵은 편이다.
- 부드러움이 상실된 사람이다.
- 어려운 환경에서도 큰소리 없이 적응.
  잘하고 묵묵히 견디는 사람이다.
- 기획(企劃)력 이라던가, 창조성(創造性)이 요구되는 직종(職種)에는 어울리지 않는 사람으로 자녀들의 가정교육 같은데도 섬세한 면이 부족.
- 남을 너무 손쉽게 잘 믿는 단점이 항상 화근(禍根)을 만든다.
- 가끔은 지나친 고집(固執)으로 대화(對話)가 안 통한다.

◉ 입이 항상 "헤" 하고 벌려진 상태가 자주 반복되는 사람

출납관(出納官)이 제대로 업무처리를 못한다. 쉬는 시간도 있어야 하는데 피곤하여 일을 못한다. 24시 마트를 운영하는데 혼자서 한다고 생각 하여보라.

- 독자적으로 일을 처리하지를 못한다. 관리자의 기능이 상실된 사람이다.
- 결실을 거두지 못한다. 항상 누군가가 옆에서 해주어야 한다.
- 부모의 덕이 박약하고, 정에 항상 굶주린 사람이다.
- 다정한 말 한마디에 눈물이 나오는 사람이다.
- 이래도 흥, 저래도 흥, 줏대가 약한 사람이다.

◉ 입에 힘이 들어가, 항상 오므라진 듯 형성을 하고 있는 경우.

- 굉장히 소심하고, 의지력이 약한 사람이다.
- 대담성이 부족하여 손에 쥐어주어도 처리를 못한다.
- 장사를 하면 항상 손해 보는 사람이다.
- 바가지도 씌우지를 못한다. 고지식하다. 융통성이 없다.
- 빌려준 돈도 받지를 못한다. (집안 말아 먹는다.)

✣ 이마를 보고 판단하는 법.

✤ 이마란?

사람의 안면, 얼굴에서 제일 위쪽인 상부에 위치.

- 눈썹 위로부터 상 단부 머리카락이 난 곳까지의 사방 넓은 면적을 차지하고 있는 부분을 말한다.
- 각자 개인에 대한 모든 것을 가름할 수 있는 부분으로 자신에 대한 견적서이다.

✣ 이마가 함축(含蓄)하고 있는 의미.

- 이마는 그 사람의 귀(貴)하고 천(賤)함을 나타내는데, 얼굴 중에서 상(上), 중(中), 하(下) 하여 삼등분(三等分) ➜ 상부(上部)에 속한 하늘이다.

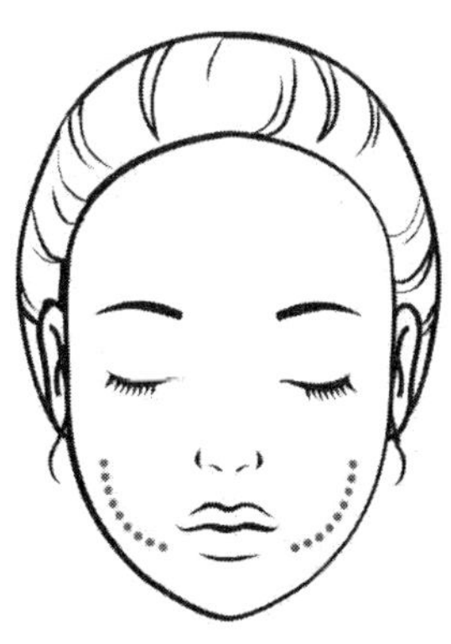

- 특히 그 사람의 초년(初年)운(運)이므로 어렸을 때 상황을 나타내기도 한다. 부모(父母)의 덕(德)을 나타낸다.
- 이마가 넓고, 둥근 사람은 부모의 덕이 있고, 초년의 운(運)이 좋으며, 항상 어려울 때나, 평상시 윗사람이나, 상사, 스승 등의 도움을 받아 큰 어려움도 무난히 헤쳐 나간다.

◉ 이마를 보고 판단하는 방법.

- 이마를 보는 관점(觀點)은 어느 쪽 부분이 함몰(陷沒) 된 부분이 있는가? 균형(均衡)은 어떤가? 주름 상태는? 잔주름이 많은가? 굵은 주름이 있는가?
- 이마의 뼈의 돌출(突出)은 어떠한가? 면적은 어떠한가? 두터운가? 얇은가? 흠이 어디에 있는가, 없는가? 등등을 살펴야 한다.

◉ 여자의 경우는 이마가 까진 형태.

➜ 속된 말로 이마가 벗겨진 형태를 말한다.

- 이마가 훤하여 번쩍거리는 형이다. 대머리는 아니지만 이마가 대머리 형태다. 물론 약간이지만 정면에서 보아서 느낌이 올 정도이면 정실부인(본부인) 이 되기는 힘들다. 재혼(再婚)을 한다던가. 세 번 까지도 볼 수가 있다. 심하면 막판에는 홀로 여생을 보낸다. 물론 애인이야 있겠지!

- 알기 쉽게 생각을 한다면
  소위 공인(公人)이라고 하는 사람들 중 이혼 경력(經歷)이 있는 몇 사람을 보라. 이혼으로 시끄러운 사람도 있으니까, 그들의 이마를 곰곰 그려보며 생각하면 될 것이다.

- 이런 사람들은 재혼하는 팔자이다.
- 그것을 면하려면?

상대방 배우자가 나이 많은 사람을 택하면 된다.

대체적으로 이혼해도 불미스럽게 한다. 실리만 밝힌다. 서로가 말이다.

◉ 이마에 흠이 있는 경우.

이마는 초년(初年)뿐 아니라 관운(官運)도 나타낸다. 운(運)이 좋지 않은 것이다. 잘 나가다가도 막히는 형상이다. 살면서 흠이 생길 경우도 마찬가지다. 이것은 후천(後天)운(運)에 이상이 오는 것으로, 중간에 막히는 운(運)을 예고하는 것이다.

◉ 길(吉)과 흉(凶)의 이마.

넓고, 둥글고, 두툼한 것이 길(吉)상이다. 부모덕이 많아 별 어려움 없이 삶을 영위한다. 조상과 부모의 후광(後光) 덕(德)이다.

동년배중 에서도 사회에서 일찍이 두각을 나타내고, 앞서간다.

◈ 이마가 평평하고 모가지면, 둥글지 아니하여도 좋은 상으로 귀하게 된다.

◈ 이마가 좁고, 뾰족하면 천(賤)상으로 본다.

◈ 얼굴 전체에 비하여 이마가 너무 크면?

고집(固執)과, 아집(我執)으로 고분고분하지 못하며, 항상 남편을 이겨 먹으려한다.

◈ 이마가 환한 색조(色調)를 띄지 못하면? 부모(父母)나 출세에 한(恨)이 많은 사람.

- 건강으로 본다면?

이마에 흑색의 기운이 나타난다면 갑자기 죽을 기운이 온몸을 감돈다. 지금 현재는 건강해도 급작스런 죽음을 조심해야 한다.

- 처한 상황에 대한 조율이 필요하다.
- 모든 것을 일시 중단, 평정함을 유지하라, 그리고 이마의 검은 기운을 관찰한다.

색조(色調)가 풀리면 움직여라.

◈ 일반적으로 이마는 정면의 앞부분은 약간씩 튀어나와 있는 부분이 있다.

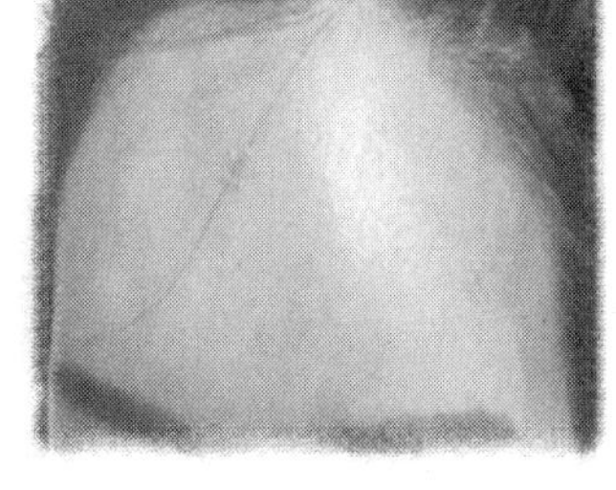

- 지나치게 나오면 흔히 앞짱구라는 말을 많이 하는데 이 튀어나온 부분의 아래 부분은 자연 약간 오목하듯, 패인 듯, 들어가 있다.
- 지금 한 번 만져보면 알 것이다.

이 부분이 지나치게 들어가 있거나 약간 튀어나온 부분과 대조하여 지나치게 들어가 있으면 두통, 신경성, 간 기능이 약하다.

- 대체적으로 마라톤을 하는 사람들 육상종목 즉 달리기를 하는 선수들.

이마가 훤하고 색조가 좋다. 심폐기능이 강하다.

- 흔한 말로 대머리가 정력이 좋다는 말이 나온 것이다.

무조건 다 그런 것은 아니다. 심장(心臟)이 강하고, 폐기능이 강하다는 뜻이다.

- 성관계를 가져도 2,3회는 가능하다는 설명이다.

지치지 않으니까는 토끼인지, 뱀인지는 그것은 모르고, 테크닉 또한 각각 다르니까 알아서 판단하시고.

✣ 코를 보고 아는 법

◉ 코는 얼굴의 정 중앙(中央)에 위치하여 얼굴의 전체적인 형태(形態)와, 윤곽(輪廓), 그리고 균형(均衡)에 있어서 차지하는 비중이 매우 크다.

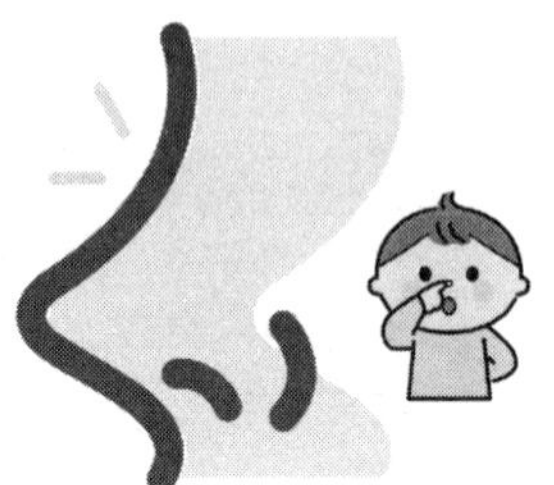

- 인체의 폐(肺)와 연결이 되어있다.
  상호 연관 작용이 나온다.
- 가족관계, 부부관계, 사회적인 관계. 대인관계, 친화, 적응력 등 많은 부분을 설명하는 부위다.

✣ 각각의 기능과, 여러 가지를 다 설명하려면 많은 시간과 지면이 필요하므로 실질적인 부분인 이성간의 선택, 부부관계를 골라 설명을 하도록 하자.

◉ **대체적으로 많이 보아야 할 부분.**

양 눈썹의 사이인 미간, 즉 인당(印堂)으로부터 이어지는 코의 부위에서 부터 코끝인 준두(準頭)까지를 살펴본다.

◈ **산근(山根)**

인당(印堂)과 바로 연결되는 코의 시작부분이다.

◈ **연상(年上)**

산근(山根)과 연결이 되는 부분인데, 코의 중앙(中央)부분으로 보면 된다.

◈ **연수(年壽)**

年上의 바로 밑 부분인 콧등을 말한다.

◈ **준두(準頭)**

연수의 바로 밑인 코끝을 설명한다.

◉ 콧대가 둥근 원통을 반으로 갈라놓은 듯 형태를 취하고, 인당까지 선이 확실하게 연결이 되면 현모양처(賢母良妻)를 얻는 형이다.

◉ 배우자의 수명관계.

✣ 연상(年上)과 연수(年壽).

- 수상의 두 곳을 보면 알 수 있다.

빛이 광택이 있고 풍만하고, 탄력이 있으며, 힘이 있어 보이면 부귀와, 장수를 누리는 팔자다. 콧대가 뾰족하고 적으면 가난, 궁핍하다.

◉ 코끝이 위로 올라가 콧구멍이 정면에서 훤히 보이는 사람.

- 돈이 주머니에 남아나는 날이 없다.

콧구멍은 재물창고의 출입문인데 문이 항상 훤하니 재물이 남지가 않는다.

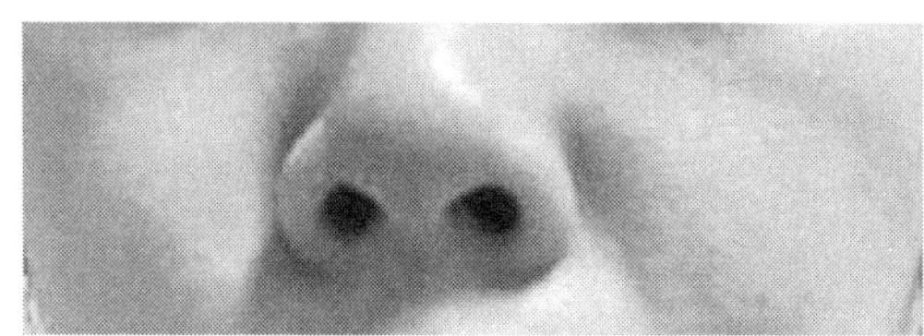

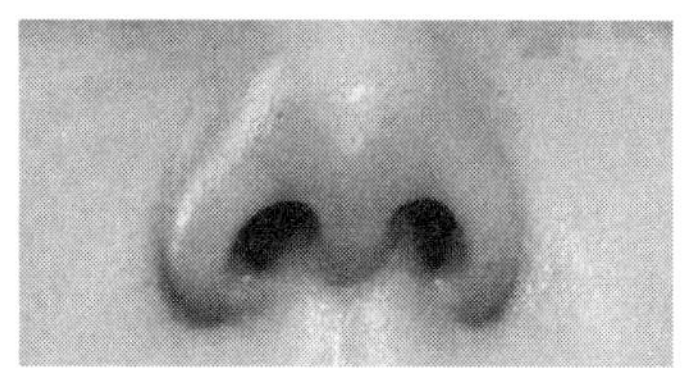

- 재물은 항상 보이지 않아야 많이 쌓이는 법이다.

이것이 지나치어 들창코인 경우는 단명(短命)하는 상이다.

◉ 코끝인 준두(準頭)가 살이 많아서 늘어진 사람.

- 여색(色)을 탐하는 사람.

재물(財物)을 탕진하여 항상 금전(金錢)에 쪼들리고, 남의 신세를 지는 사람이다.

◉ 코에 사마귀가 있으면

하는 일이 막히고 운이 박한 사람이다.(성형수술로 제거하는 것이 좋다.)

제 3 장

다양(多樣)한 팔자(八字)의 부부관계(夫婦關係)의 실예(實例)

바람피우는 사주(四柱)와 운(運).
젖소부인 바람났네.
도화(桃花)와 바람의 관계.
사연이 많은 부부간의 사주

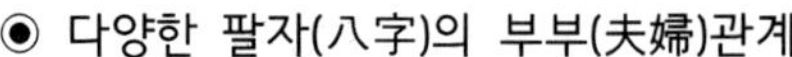

◉ 다양한 팔자(八字)의 부부(夫婦)관계

✣ 바람피우는 사주(四柱)와 운(運).

바람피운다는 것은 한 아내로, 한 남편으로 만족하지 못하고 다른 여성들과, 남성들과 부적절한 관계를 계속 이어가는 경우인데, 요즈음에는 성 개방으로 이제는 남성뿐만이 아니라, 여성도 남성 못지않은 적절치 못한 관계를 유지하는 것이 다반사(茶飯事)다.

- 오죽하면 애인 없는 사람이 희귀동물이요, 국보급이라고 말하는 경우도 있지만 이것은 어디까지나 일부 사람들의 과장된 표현도 있지만, 실로 문제가 될 정도로 암암리에 이루어지는 현상이니 참으로 거한 현상중의 하나다.
- 오죽하면 "홧김에 서방질"이라는 말이 행동으로 이어지니 말이다.

그러나 실로 자신을 알고 스스로를 아는 사람은 결코 그리 헛되이 행동하지 않는다는 사실을 알아야 할 것이다.

- 대다수의 올바른 사람들은 결코 그런 행동을 하지 않는다는 것이다.

정 싫으면 이혼(離婚)하고 새로운 삶을 찾으면 되는 것이 아닌가?

물론 사정이야 다 있을 것이다. 어찌 그 속내를 모르겠는가?

처녀가 임신(姙娠)을 하여도 할 말이 있는 것이니까.

그러니 정조개념이라는 자체가 우스운 이야기인 것이다.

- 결혼 전에 처녀성(處女性)을 간직한 여성도 드물고, 또 상대 남성도 그런 것에 개의치 않는다는 것이 요즈음 사고방식이니까.

그러나 정작 중요한 것은 이미 소중한 것을 잃은 사람은 그 몇 배의 노력을 해야 한다는 것이다. 그만큼 세상이 변하고 또 변하고 있다는 말이다.

- 간직하고 보호하고 가꾼 사람은 그만큼 대접을 받는 것이 순리다.
부부간에도 마찬가지이다. 남성(男性)이니 당연하다는 논리는 아닌 것이다.
그렇다면 여성(女性)도 당연한 것 아닌가?
- 예로부터 씨도둑은 못한다 하였는데, 요즈음은 친자확인 소송도 있으니까!----
죄의식을 느끼지 못하는 그런 사고방식이 문제다.

내 것 가지고 내가 마음대로 하는데 어떤가?
과연 소유라는 개념이 맞는 말일까?
이제는 간통도 법으로 없어진 세상 아닌가?
사회적으로 문제가 되면 이혼? 내로남불!
돈이면 끝? 강아지로다! 늙어지면 안다.
다 사연이야 있겠지? 니들이 알아? 게 맛을!

✣ 왜 바람을 피우는가?

남성(男性)의 경우는 재(財)가 여자(女子)다.
정재, 편재 모두 재(財)이니 사주(四柱) 에 많아도 탈이요, 없어도 탈이다.
우선 근본적인 재의 과다(過多)를 살핀 후, 원인을 분석해보자.

✣ 남성(男性)의 경우와 여성의 경우.

◈ 남성의 경우는 재성(財星)이 여자이다.

- 재(財)는 정재와 편재로 구분 되는데 정재는?
본처요, 편재는 김밥이다.
- 그러니 정재의 기운이 강하면 편재는 맥을 못추는 것이다.
- 편재(偏 財)가 강(强)하면 정재(正財)가 고개숙인다.

✣ 사주에 편재(偏財)만 있을 경우의 해석(解析)은 어찌 되는가?

- 편재(偏財)를 정재(正財)로 보는데 일지(日支)의 편재(偏財)를 정재(正財)로 본다.

일지(日支)에 없다면, 다른 곳의 편재를→ 정재로 하는데, 이 경우는 남의 여자 데리고 살 듯 아내와는 정(情)이 없다.

- 그저 김밥과 같이 사는 것이나 다를 바가 없다. 있어도 그만, 없어도 그만이다.

✣ 재성(財星)이 많다보면 강해지니 자연 일간(日干)인 본인(本人)은 사주(四柱)가 신약(身弱)으로 흐를 수밖에 없다.

✣ 사주가 강(强)하고 재성(財星)도 강하다.

그것은 상관이 없지만 그런 경우는 그리 흔치가 않다.

- 신왕재왕(身旺財旺)이면 부(富)도 누리고, 여복(女福)도 많은 사람이다.

→ 실지 그런 사람은 사주가 신강(身强)한 경우다.

- 일반 대다수의 사람들은 신약(身弱)으로 흐르게 된다.

재(財)가 많을 경우는 꼴에 그래도 사내라고, "열 계집 싫다하는 사내놈 있나?" 하고 껄떡거린다.

- 그러나 결실(結實)은 이루지 못하고, 그저 만지다가 종치는 사람들이다.

개 눈에는 뭐만 보인다고 그저 치마만 보면 눈이 돌아간다.

상대방에 대한 안목(眼目)이 흐려지는 것이다.

- 결혼도 실패하여 재혼(再婚)하는 경우가 많다.
- 중매가 들어와도 그저 상대만 좋다면 한다는 경향이다.
- 재물(財物) 역시 여러 번 만져는 본다.

결코 오래가지 못하고, 나의 것으로 영구히 만들지 못한다.

- 재(財)가 강하면 인성(印星)이 자연히 약화(弱化)가 된다.
  결실이 약화되어 마무리가 약하다.
- 짚신장사 아버지가 죽으면서 "털, 털, 털----"그것이 유언이다.
  끝내기가 약하니 포석은 좋은데, 중반전에 허물어지고 항상 집 부족이요, 대마(大馬)를 죽이거나 불계(不計)패를 당하는 것이다.
- 처(妻)의 기운(氣運)이 강(强)하므로 "마님 그저 분부만 내려주십시오."

✣ 재성(財星)이 약하여 힘을 못 쓸 경우.

✣ 재성(財星)이 약(弱)하다는 것은,
다스리는 기운(氣運)인 비견(比肩)과 비겁(比劫)이 많다는 설명.

- 밥그릇은 하나인데 수저는 많다.
- 견겁(肩劫)이 많으니 남을 의심하기는 선수요, 혼자 잘난 사람이다.
- 고집은 똥고집이고, 자연 의처증(疑妻症) 증세가 있는 경우다.
- 아내인 재(財)가 약하니 처(妻)가 제구실을 못하는 것이다.
- 힘이 약하니 학대(虐待)받고, 무시(無視)당한다.
- 특히 재(財)가 도화(桃花)에 걸렸을 경우, 큰 문제가 생긴다.
  아내의 입장에서는 비견과, 비겁이➜ 관(官)이 되는데 관(官)이 많으니 "당신 없어도 나는 잘산다." 하면서 밖으로 나돈다.
- 그러니 아내로서 자기의 역할(役割)을 충실히 못한다. 아내로서는 낙제점이다.
  재(財)가 약(弱)한 것이다. 약(弱) 하여 무조건 모자라는 것이 아니다.
  그릇이란 밖으로 나돌면 깨지고, 흠이 생기기 마련이다.
  천간(天干)으로 월(月)에 계(癸)수가 있으나 큰 힘을 발휘하지 못한다.

✣ 바람도 상대가 있어야 한다.

제일의 요건은 여성(女性)이 많아야 남성이 바람을 피우는 것이다.
"사람은 서울로, 말은 제주도"라 하였다.

- 많은 곳에서 활동해야 하나라도 배운다.
  느끼고, 두각을 나타낸다. 구슬도 꿰어야 보배다.
  이런 사람은 활동무대가 자연 여성과의 접촉이 많은 곳으로 정해진다.
- 직업(職業)을 택해도 희한하다.
  여성을 많이 상대하는 곳이다.
  흔히 하는 말로 꽃밭에서 일을 하는 것이다.
- 할미꽃이던, 장미이던, 개나리이던, 국화이던, 백합이던 여하튼 꽃이다.
- 세상 살다보면 남성과 여성이 같이 있지 아니한 곳이 어디 있겠는가?
  하고 반문할 것이다. 그러나 스쳐지나가는 곳과, 자주 밀접한 상황이 이루어지는 곳과는 차이가 많다.
- 결혼이 늦어지는 경우, 원인을 보면 크게 몇 가지로 나누어진다.

➜ 상대를 못 찾는 경우가 그것이다.
그 다음은 ➜ 능력, 재력, 건강 기타 환경이 여의치가 못한 것이요, ➜ 갖추어져도 고르다 늦는 경우도 있는 것이요, ➜ 어찌어찌 하다 보니 늦어지니 그런 경우다.

✿ 그러나 제일의 원인(原因)은?
배우자인 이성(異性)과의 만남이다.
접촉(接觸)이 부족(不足)한 것이 첫째 이유다.
하늘을 보아야 별을 딸 것이 아닌가?
그리고 눈높이에 맞는 곳에서 놀아야 한다.

✣ 남성과 여성이 무인도에 단 둘이 있다고 가정을 하여보자.
그 곳에서 둘이서만 평생 삶을 누려야 한다면? 그 다음은 답이 필요 없다.

- 나이고, 미모고, 학식이고, 교양이고 몸매고 뭐고 다 필요 없다.
- 그저 이성(異性)으로써 능력(能力)만 있으면 되는 것이다.

그러다보니 본인 보다는 상대가 월등히 우월한 배우자를 만나는 경우가 환경적인 설정에서 잘 선택되었기 때문이다.

- 중매(仲媒)해도 다리 놓는 사람을 잘 만나는 것도 이에 기인(基因)한다.

정경(政經)유착(癒着)식으로 끼리끼리 어울리는 것도 이런 이유다.

- 외국의 신부(新婦)를 데려오는 것도 바로 이런 원인이다.
- 능력이나, 재력 기타. 모든 것이 월등한데도 불구하고 굳이 이런 선택(選擇)을 할 수 밖에 없는 이유는 무엇일까?
- 기둥서방 노릇하면서, 백수로 지낸다.

여자등치고 사는 인생은 무엇을 의미하는가? 환경적인 요인(要因)이다.

▼ 섣달의 태양이다. 거기에 진(辰)시이니 아직 춥다.
낮이 되려면 더 있어야 한다. 합(合)과 충(沖)이 많으니 고달픈 인생이다.

壬	丙	辛	辛	축(丑)월의 병(丙)화 일간이다.
辰	午	丑	丑	천간(天干)으로 합(合)이 쌍합이다.

⬆ 재(財)가 년(年)과 월(月)에 쌍립하고 있다. 그것도 천간(天干)에 말이다.

◈ 년상(年上)의 여인과의 교류(交流)다. 도덕(道德)불감증(不感症)에 걸린 사람이다.

◈ 지지(地支)에는 재고(財庫)를 놓고 있으니, 그 사연인들 오죽하겠는가?
신(辛)금이 지지에 양궁(養宮)을 놓고 있다. 이루지 못하는 사랑이다.

◈ 아버님도 일찍 세상을 뜨셨다. 한(恨)도 많을 것이다.

◈ 섣달 생이 축(丑)진(辰)을 놓고 있으니 급각살(急脚殺)이다.

◈ 오(午),축(丑) 탕화(湯火)요, 귀문(鬼門)이다.

◈ 병(丙)일에 오(午)를 놓고 있다.
양인살(羊刃殺)이다. 거친 사람이다. 그것도 연약한 여성에게 말이다. 언행(言行)모두.

◈ 인수(印綬)가 약하다. 가방끈도 긴 편은 못된다.
형제(兄弟)간의의(義)도 원만하지가 못하다.
어머니도 모시지 않는다.

▼ 기해(己亥) 일주(日柱)이니 일지(日支)에 재(財)를 놓고 있는 사주.

壬	己	戊	乙	인(寅)월의 기(己)토 일간이다.
戌	亥	寅	未	지지(地支)에 재(財)를 놓고 있다.

여자관계가 그리 복잡한 사람은 아니다. 꼭 바람둥이로만 보지마라.
원고를 쓰고 있는데 상담을 온 분의 사주이다.
열심히 직장을 잘 다니고 있는 사람이다. 고민이 있는 사람이다.
과연 무슨 고민일까? 퇴직? 정년이 보장된 곳이다.

◈ 부인(婦人)과는 같은 직종에 근무하는 사람이다.

◈ 아내를 보자. 인(寅-)해(亥)합 목(木)하여 그 기운(氣運)이 전체로 형성(形成) 되고 있다. 집에서 왕따 당하고 있는 사람이다.

◈ 기(己)토 일간(日干). 본인을 압박을 하고 있다.

◈ 아내의 능력(能力)이 남편을 능가한다.
물론 수입도 그렇다.

◈ 시간(時干)에 임(壬) 수(水)가 있다.
찝찝하다. 숨겨놓은 여자가 있다.

◈ 과도한 스트레스다. 이혼(離婚)까지도 생각하고 있단다.

▼ 현재 이혼을 하고 외국으로 어학연수를 가려는 사람이다.-여성

壬　丁　丙　庚　　술(戌)월의 정(丁)화 일간이다.
寅　亥　戌　戌　　지지(地支)에 관(官)을 놓고 있다.

⬆ 여성(女性)이 일지(日支)에 관(官)을 놓고 있다.
남성(男性)이 일지(日支)에 재(財)를 놓고 있는 것은 일맥상통(一脈相通)한다.

- 떠나기 전에 들려 상담을 한 사람의 사주이다. 여성(女性)이다.
- 일지(日支)의 해(亥)중 임(壬)수와, 시간(時干)의 임(壬)수가 있어 양다리의 형상.

- 연하(年下)의 총각이 죽자 살자 따라다닌단다. 본인도 그리 싫지는 않단다.
- 일(日)과, 시(時)가 천간(天干), 지지(地支)로 합이다.
- 일(日)에 지살(地殺)이요, 시(時)에 망신(亡身)살이다.
- 일(日)에 태궁(胎宮)이요, 시(時)에 사궁(死宮)이다. 천문(天文) 성(星)이 돋보이는 사주다.

▼ 정(丁)-임(壬)합(合)➔남친으로 인한 고심(苦心)이 많은 사주다.

丁　丁　壬　辛　　진(辰)월의 정(丁)화 일간이다.
未　丑　辰　酉　　합(合)과 충(冲)이 많은 사주다.

⬆ 나이가 있으므로 자신의 길을 정확히 찾아 열심히 사는 것이 좋다.

▼ 나이 차이가 나는 신랑과 결혼한 후, 현재는 이혼하여 재혼(再婚)을 하려고 하는 여성(女性)의 사주다.

己	辛	己	丙	해(亥)월의 신(辛)금 일간이다.
丑	未	亥	辰	천간(天干)으로 병(丙)신(辛) 합이다.

🔼 일(日)과 시(時)가 충(沖)이다.

- 년(年)과 월(月)의 지지(地支)가 진(辰)--해(亥)로 원진이다.
- 친정(親庭)과 남편(男便)과의 불화(不和)도 심하였다.

▼ 천간(天干)합(合), 지지(地支)형(刑)의 사주다.

辛	丙	己	庚	축(丑)월의 병(丙)화 일간.
卯	子	丑	午	합(合)과 형(刑)이 많은 사주.

🔼 일(日)과 시(時)가 천간(天干)으로 합(合)이요, 지지(地支)로 형(刑)이다.
천간(天干)합이요, 지지(地支)형이니 무조건 화류병(花柳病)이라고 하는 것은 구시대적(舊時代的)인 사고방식(思考方式)이다.

◈ 현재 중풍(中風)으로 대, 소변을 받아내고 있다.
북망산(北邙山)으로 가는 날이 언제인가? 생각하면서 생(生)을 마감하려고 하는 분의 사주다. 여기에서 우리는 무엇을 생각해야 할 것인가?

◈ 형합격(刑合格)이 말년(末年)에 있는 경우.
특히 중년(中年) 이후에 나타나는 경우, 실제 상담해 보면 많은 분들이 거동이 불편해 다른 식구의 도움에 의지하는 경우가 대다수다.

◈ 전립선관련 병으로 고생을 하시는 분들도 많다.(남성의 경우)

◈ 여성의 경우도 이와 유사한 부분의 병으로 고생하신다.

- 뇌졸중, 고혈압 및 심근경색으로 고생하시는 분들이 많다.
- 물론 나이가 들면 노년에 생기는 병이다.

이제 이에 대한 해석(解析)도 근본적(根本的)으로 차원(次元)을 달리해야 할 것 같다.(본인의 생각.)

▼ 유흥업소에 알바로 일하고 있는 젊은이의 사주.

戊 癸 癸 戊　　　해(亥)월의 계(癸)수 일간이다.

午 巳 亥 午　　　합(合)이 많이 보인다.

⇧ 합(合)이 되어 화(火)로 ➜ 화(化)하니 재(財)가 되고, 그러다 보니 화(火)는 계(癸)수 일간에게 ➜ 재(財)가 된다. 처음에는 관(官)이라 직업(職業)이 되더니 그것이 돈으로, 여자로 바뀌는 것이다.

▼ 이른 봄의 물이라 아직은 차다.

庚 壬 丙 甲　　　인(寅)월의 임(壬)수 일간이다.

戌 辰 寅 辰　　　식상관의 기운이 강하다.

⇧ 술(戌)-시(時)라 차가운 기운이 강하다. 성격의 변화를 살펴야 한다.

- 사주➜목(木),화(火)가 왕(旺)하다. 오히려 중화(中和)가 필요하다.
  지지(地支)의 충(冲)이 문제가 된다.

- 임(壬)수 일간에게는 관(官)이 된다.
  결국 이혼하고 연하(年下)의 남성과 결혼하였다.
  식상관이 강(强)하다.

- 시지(時支)의 술(戌)중 정(丁)화와는 정 (丁)-임(壬) 합(合)을 이루고 있다.
  일지(日支) ➜ 묘궁(墓宮)이요, 시지(時支)➜ 관대(冠帶)가 된다.

⬇ 정(丁)화 일간(日干)의 여성(女性)을 살펴보자.

- 천간(天干)과 지지(地支)가 각각 충(冲)과 합(合)이 이어져있다.
- 일지(日支)에 관(官)을 놓고 있다.
- 월지(月支)에는 편관(偏官)이 떠 있다.
  흩어져 있는 것이 아니고 덩어리를 형성하고 있다.
- 을(乙)목도 양다리요, 일지(日支)의 남편자리에 있다.
  경(庚)금도 시지(時支)와 암합(暗合)을 하고 있다. 결국 서로가 바람피우는 것이다.

▼ 물지게를 지고 가는 형상이다.

壬	丁	壬	庚	오(午)월의 정(丁)화 일간이다.
寅	卯	午	戌	지지가 목(木)에서 화(火)로 흐른다.

⬆ 한 쪽이 기울면 쏠리고, 중심을 잘 잡아야 편안히 가는 인생이다.

- 지지(地支)는 목(木),화(火)로 양분(兩分) 되어있다.
  삶이 둘로 갈라지는 듯 그런 기분이다. 결국(結局) ➜ 기운(氣運)이 화(火)로 간다.
- 앞만 보고 살지 말고 항상 뒤돌아보며 살아야 하는 인생이다.
- 구관(舊官)이 명관(名官)이다. 세수하나마나한 얼굴.

▼ 2번이나 이혼(離婚)후, 2번째 이혼 한 사람과 다시 결합(結合).

癸　辛　癸　乙　　　　미(未)월의 신(辛)금 일간이다.
巳　酉　未　卯　　　　2번 이혼 후 3번째 결혼.

⇧ 호적을 두 번 정리하고 세 번째이니 결국 3번이다.(호적정리 완료.)

● 금목상전(金木相戰) 사주, 여성(女性)의 사주.

● 관(官)을 찾아보니 미(未)중 정(丁)화요, 사(巳)중의 병(丙)화이다.

●미(未)중의 정(丁)화는 미(未)토가 묘(卯)와 합(合)→ 목(木)으로 화(化)하여 따라간다.

● 결국 일지(日支)에 안착하지 못한다.

● 시지(時支)의 사(巳)화는 일지(日支)→ 유(酉)금과 합(合)하여 결국 자기자리를 도로 찾는다. 월(月), 시(時)의 계(癸)수가 중간에서 다리 역할을 무난히 해주고 있다.

▼ 대기업→ 중급(中級)이상의 대우를 받고 있는 미혼 여성의 사주.

壬　丁　壬　辰　　　　인(寅)월의 정(丁)화 일간이다.
寅　酉　寅　辰　　　　합(合)이 많은 사주이다.

⇧ 호사다마(好事多魔)라고 항상 남자를 경계해야 한다.

● 명예(名譽)와 재물(財物)은 얻었다.
가정적(家庭的)으로 문제가 있는 여성이다. 지나친 어머니의 입김과, 명예욕에 사로잡혀 잠시잠깐 지나가는 인생(人生)에 있어 중차대한 사항을 놓치고 사는 사람이다.

● 조금만 각도(角度)를 달리 본다면?
아쉬운 면이 많은 사람이다. 머지않아 좋은 일이 있으리라 생각된다.

▼ 관(官)➜토(土)➜ 년(年), 월(月), 일(日)➜치고 박고하는 것이다.

庚	癸	乙	辛	미(未)월의 계(癸)수 일간이다.
申	丑	未	丑	년(年),월(月)이 천(天)충(沖), 지(地)충(沖).

⬆ 이혼(離婚) 하려고 준비하는 사람이다.

- 일렬횡대로 서로가 의기투합(意氣投合)하면 좋으련만! 어디 그것이 그리 쉬운가?

➜ 이미 상담(相談) 하려고 왔을 때 결정(決定)을 내리고 온 사람이다.

상담 시 이 점에 유의해야 한다. 상대의 의중을 간파하고 있어야 함이다.

이야기가 잘 안 먹힐 수가 있다.

왜?

이미 결정이 되었기 때문이다.

웃기고 있네! 강약(强弱)을 살피면 답이 나온다. 상담은 전쟁이다.

✣ 젖소부인 바람났네!

요사이는 사람들이 대범(大汎)해진 탓에 내놓고 공개적(公開的)으로 바람을 피우는 경우도 있다하니 참으로 안타까운 일이다. 부부(夫婦)가 협의(協議)하에 하는 경우도 있다니 이건 무슨 경우? 말이야 그리하지만 어디 그것이 실로 그렇겠는가?

- 배우자 중 한 쪽이 상당한 장애(障碍)라던가, 문제점이 있는 경우도 그렇겠지만, 그것이 어디 사람이 취할 행동(行動)인가?
- 음식(飮食)도 매너가 좋고 모든 것이 안정된 사람은 식후(食後)에도 항상 그 자리가 깨끗하지만, 무엇인가가 문제가 있는 사람은 정돈(整頓)이 안 된 상태가 나타나기 마련이다.
- 그야말로 사람이 음식을 먹은 것인지. 개가 음식을 먹은 것인지 구별(區別)이 안 될 정도라면 그것은 참으로 문제가 있다. 아무리 감추려고 해도 티가 난다.
- 그것을 사주(四柱)로 판단(判斷) 하려면 어떻게 해야 판단 할 것인가?
  우선 그 특성(特性)을 살펴보자.

✣ 명암부집(明暗夫集)에 대하여.

● 글자 그대로 해석 하여보자.

밝은 곳, 어두운 곳에 지아비가 모여 있다는 설명인데 밝은 곳은 떳떳한 곳이요, 어두운 곳은 떳떳하지 못함이라, 그런데 남정네들이 모여 있으니 많다는 말이다.

● 본 남편(男便)이 있음에도 불구하고 몰래 사랑을 나누는 것이다.

미혼(未婚)일 경우 역시 복잡한 이성(異性)관계를 설명한다.

● 일지(日支)는?

배우자(配偶者)의 궁(宮)이요, 안방이다.

●지지(地支)는 암장을 다 갖고 있다.

일지(日支)에 관(官)이 있어 일간(日干)이 그 일지(日支)에 있는 천간(天干)과 합(合)하는 것이다.

●지지(地支)에 포함이 되어 있다.

암장(暗藏)이라 비밀이요, 몰래 갖고 있는 것이다. 감추어둔 사랑이다.

● 그런데 문제는 여기서 생긴다.

천간(天干)에 또 다른 남편(男便)이 나타나 있는 것이다. 안과 밖에 남편이 다 있는 것이다. 다 관리(管理) 하려면 그것도 보통 힘든 일이 아니다.

꼬리가 열 개는 되어야 될 것이다.

● 또한 합(合)으로 이루어지니 어찌하나?

편관(偏官)이 되어 합(合)이 안 되더라도 그것도 골치가 아프다.

일단 관(官)은 관(官)이니, 그 구실을 하려고 하는 것이다.

나중에 못 볼꼴을 볼망정 말이다.

▼ 병(丙)화 일간(日干)이 일지의 신(辛)금과 합(合)을 이룬다.

庚　丙　辛　辛　　묘(卯)월에 병(丙)화 일간이다.
寅　申　卯　亥　　합(合)이 많이 이루어진다.

⇧ 월간(月干)과 년간(年干)에 또 신(辛)금이 죽치고 있다.
일지가 인(寅)－신(申) 충(冲)에, 묘(卯)－신(申)귀문관이요,
참으로 피곤한 사주다. 아직 나이가 창창한데 사는 것이 걱정이다.

✣ 일지(日支)에 도화(桃花)의 관성(官星)이 있을 경우는 어떨까?

- 일간(日干)이 지지(地支)에 관성(官星)도화(桃花)를 놓고 있는 경우.
  안방에 있는 남편이 바람피우는 것이 직업인 남편이라고나 할까? 그리고 본인 자신도 정작 도화(桃花)라는 소파에 앉아 있으니 똑같은 성향(性向)의 부부다. 늑대와 여우의 환상적인 커플이다.
- 누구 잘못이랄 것도 없다.
  차라리 둘이 그 자체로 끝나면 다행인데 주군을 한 번 배신한 사람은 언제 또다시 배신을 때릴지 모르는 것이다.

▼ 병(丙)화 일간(日干)이 일지에 관(官)도화(桃花)를 놓고 있다.

丁　丙　癸　丁　　축(丑)월의 병(丙)화 일간이다.
酉　子　丑　未　　합(合), 충(冲), 파(破)등 복잡하다.

⇧ 일지(日支)에 태궁(胎宮)이요, 월지(月支)에 양궁(養宮)이다.
사주에 형, 충, 파, 해 등이 얼룩지면 삶이 복잡하고 변화가 많아 피곤한 삶이 된다. 얼굴에 주름살이 그득한 형상이다. 영이 맑지가 못함은 당연라고 개념이라든가, 사고하는 방식 자체가 남과는 달리 독특한 특성을 나타낸다.

▼ 일지(日支)에 편관(偏官)을 놓고 있으면?

일지(日支)에 관(官)이 오는 경우를 살펴보자.

천간	甲	乙	丙	丁	戊	己	庚	辛	壬	癸
지지	申	酉	子	亥	寅	卯	午	巳	戌, 辰	丑, 未

⬆ 천간(天干)에 대하여 지지(地支)에 관(官)이 오는 경우를 나열한 것이다.

지지(地支)에 암장이 되어 있는 천간(天干)을 살펴보고 그것을 가려내어 합당한 판단을 내리는 것이다.

⬇ 각각의 지장간(支藏干)을 살펴보자.(정기를 찾는다)

천간(天干)	지장간(地藏干)	관(官)
갑(甲)목의 경우	무(戊), 임(壬), 경(庚)	편관(偏官)
을(乙)목의 경우	경(庚), 신(辛)	편관(偏官)
병(丙)화의 경우	임(壬), 계(癸)	정관(正官)
정(丁)화의 경우	무(戊), 갑(甲), 임(壬)	정관(正官)
무(戊)토의 경우	무(戊), 병(丙), 갑(甲)	편관(偏官)
기(己)토의 경우	갑(甲), 을(乙)	편관(偏官)
경(庚)금의 경우	병(丙), 기(己), 정(丁)	정관(正官)
신(辛)금의 경우	무(戊), 경(庚), 병(丙)	정관(正官)
임(壬)수의 경우	술(戌)--신(辛), 정(丁), 무(戊)	편관(偏官)
	진(辰)을(乙), 계(癸), 무(戊)	편관(偏官)
계(癸)수의 경우	축(丑)---계(癸), 신(辛), 기(己)	편관(偏官)
	미(未)---정(丁), 을(乙) 기(己)	편관(偏官)

✤ 정관(正官)은 화(火)와 금(金)의 경우 뿐 인데, 합(合)이 이루어지는 것은?

신(辛)금과, 정(丁)화뿐이다. 관(官)도 합(合)이 이루어져야 바람이 나는 것이다.

● 그러므로 실질적으로 쓰이는 것은 ?

신사(辛巳) 일주(日柱)와, 정해(丁亥)일주(日柱)다. 12중의 2이니 1/6이다. 지지(地支)에 관(官)이라고 해도 제대로 정관(正官)을 놓고 있는 경우는 적다.

● 편관(偏官)은 나를 겁박(劫迫)하고 강압적인 사랑을 요구한다.

정관(正官)은 사랑과 신의(信義)로 이루어지는 것이다. 그래서 지지(地支)에 암장으로 정관(正官)을 놓고 있으면 불장난이 오래간다.

● 옆에서 말을 해도 듣지 않는다.

대게 바람을 피우면 몰래 혼자 하는 경우도 있지만 알리바이를 조작하기 위해 친구나 주변의 한 사람을 끌어들이는 경우가 많다.

● 자기의 동조(同調) 세력을 만드는 것이다.

급할 때 써먹으려고 말이다.

그러다 들통 나면 애꿎은 사람만 원망 듣고, 피해를 보는 것이다.

물론 당사자도 피해를 보지만 말이다.

▼ 신(辛)금 일간의 정관(正官)을 찾아보니?

사(巳)중 병(丙)화와 인(寅)중의 병(丙)화가 나타난다.

庚	辛	戊	辛	신(申)월의 을(乙)목 일간이다.
寅	巳	戌	丑	일지(日支)에 정관(正官)을 놓고 있다.

⬆ 인(寅)중의 병(丙)화는 본 남편보다 나이가 어리다.

● 그리고 나중에 만난 사람이다. 결국 사(巳)중 병(丙)화가 물러나고 만다.

● 월지(月支)의 술(戌)과 합(合)하여 화국(火局)을 형성, 힘이 더 세 진다.

● 인(寅)중의 병(丙)화는?

천간(天干)의 경(庚)금과 이혼(離婚)하고 신(辛)금 일간(日干)과 합쳐진다.

- 신(辛)금의 어머니인 술(戌)토는?
  오히려 시지(時支)의 인(寅)목과 합(合)을 이룬다. 일지(日支)의 사(巳)와는 파(破)를 형성한다.
- 이것이 이 사주의 주인공(主人公)의 내력이다. 여성(女性) 사주다.

✤ 관성(官星)의 과다(過多)에 대하여

- **관성이란 여성에게는 남성의 편력(偏歷)을 의미한다.**
  무엇이던 지나치게 많아도 눈에 너무 많이 보이니 지겹고 어지러워 걱정이요, 모자라거나 없어도 아쉽고 부족해 마저 보충하려 안달이니 걱정이다.

◈ 관(官)이 많으므로 남편(男便) 입장에서는 아내가 문밖으로 나가 있는 시간이 길어지면 공연한 의심을 자주 하게 된다.
톡 하면 잔소리에 핀잔도 자주 하는 편이요 이래저래 기 펴고 살기는 힘든 것이다.

◈ 귀가 시간이 길어지면 미리미리? 연락해주는 것도 가정의 행복. 삶의 지혜이다.

- **사람이란 너무 많아 흔해도 귀한 줄 몰라!**
  모자라고 없어야만 그 귀함을 안다. 요즈음 여자들이 모자라서 처녀귀신 이야기는 별로 나오지 않는다. 총각(總角)귀신(鬼神) 이야기 나오는 것이 현실(現實)이다.

▼ 을(乙)목 일간의 사주인데 정(正),편관(偏官)이 혼잡한 사주.

丙	乙	丁	丙	유(酉)월의 을(乙)목 일간이다.
戊	巳	酉	申	지지(地支)에 관(官)이 넘친다.

⇧ 관(官)이 많은 사주는 일단 관(官)이 접근하면?

별로 경계심을 갖지 않는다. 일을 해도 남자가 많은 곳이므로 친근감이 든다.

◈ 환경이 그러다보니 남자의 심리적(心理的)인 상황 파악을 잘한다.

◈ 남자의 경우 재다신약(財多身弱)과 비슷한 면이 나온다.

● **결국은 자기 꾀에 자기가 빠진다.**

남자와 일단 헤어져도 슬퍼하거나 걱정을 않는다.

"흔한 게 남자인데 뭘--" "팔자가 그러려니 해야지 뭐" 하며 지나친다.

남자의 입장에서 보면 유혹하기 쉽고 여자 또한 잘 넘어간다.

합(合)이 많으므로 "좋아요, 좋아요" 한다.

▼ 우산지목(牛山之木)의 사주.-닭 쫓던 개 팔자인가?

庚	庚	己	庚	묘(卯)월의 경(庚)금 일간이다.
辰	申	卯	辰	금수냉한(金水冷寒)의 사주다.

⬆ 경(庚)금 일간의 사주(四柱)다. 아내는 묘(卯)목.

● 천간(天干)에 금(金)이 많다.

그야말로 돌산에 나무이다. 그것도 자그마한, 여자의 입장에서 한 번 보자. 사방을 둘러보아도 남정네 뿐 이다.

그것도 천간(天干)에 다 나타나 있으니 자그마치 셋이나 된다.

● 세 번 결혼을 해야 할 팔자이다.-나타난 기운이 그렇다는 말이다.

● 아내 될 사람이 세 번이나 결혼을 해?

해로(偕老)하기는 틀린 인생이다.

● 묘(卯)-신(申)귀문(鬼門)이다.

묘(卯)-진(辰)이 해살(害殺).처(妻)와는 동고동락(同苦同樂)이 될 수 없는 상황이다.

● 묘(卯)목, 진(辰)토는 습(濕)한 기운이다.

조후(調候)에 문제가 또 생긴다.

- 경(庚)금은 쇠인데 습(濕)토인 진(辰)토가 생 (生)을 한다.
뻘 속에 있는 쇠라 녹이 슨다. 그리고 차가우니 굳어가면서 녹이 스니 건강으로 친다면 암(癌)으로 발전하는 것이다. 화기(火氣)가 있어야 말려 치료가 되는데 그것이 뜻대로 되지 않는다.
- 경(庚)금에게 진(辰)토는 인수(印綬)라 어머니다. 그런데 일지(日支)로 합(合)하여 들어오니 어머니가 안방으로 들어오시니 모시는 것 아닌가?
- 며느리 입장에서는 가뜩이나 견겁(肩劫)이 왕(旺)하여 힘들어한다.
거기에 어머니까지 합세(合勢)하니 여간 힘든 일이 아닐 것이다.
- 천간(天干)으로 견겁(肩劫)이 다 나타나 있으니 전부가 장정(壯丁)이다.
그들 역시 처복(妻福)은 없다. 식구들이 다 그런 것이다.
- 사주가 너무 냉하니 변강쇠와는 거리가 먼 사람이다.
아내는 성적인 불만도 쌓인다. 아내는 뜨거워야 사는데 춥고, 배고프기만 하니 못살겠다고 줄행랑친다. 가뜩이나 끼가 많은 사람인데 불어라 봄바람하면서 따뜻한 남쪽을 찾아 제비 날아가듯 떠나버린다.

▼ 재(財)와 관(官)이 왕(旺)하다.➜ 일단은 신약(身弱)으로 보는 것이다.

甲	辛	己	丙	묘(卯)월의 신(辛)금 일간.
午	未	卯	辰	재(財)와 관(官)이 왕(旺)한 사주다.

⇧ 사주가 일단 신약(身弱)하면 중심(中心)이 자주 흔들린다.

- 남자를 선택해도 주변 환경이나 여건을 보는 것이 우선이다.
- 눈치를 보는 것이다.
자기 자신의 진실(眞實)이 결여(缺如)된 것이다.
- 우유부단한 면이 있다.
"그까짓 사랑이 밥 먹여 주나 "하는 식이다.

▼ 지지(地支)에 관(官)이 많은 사주인데,
시간(時干)에 또 다시 갑(甲)목이 보인다.

甲 己 己 癸　　미(未)월의 기(己)토 일간이다.
戌 卯 未 卯　　관(官)이 많은 사주.

⇧ 기(己)토 일간의 남편은 목(木)이 되는데 묘(卯), 묘(卯),갑(甲)이 된다.

◈ 비겁(比劫)이 많은 사주(四柱)이고, 관(官)도 많은 사주다.

◈ 일(日)과 시(時)가 천간(天干), 지지(地支)가 다 합(合)을 이룬다.

◈ 이 사주의 특징은 관(官)이 보이지 않는다.

◈ 술(戌) 중의 신(辛)금이 있는데 묘(卯)↔술(戌)합(合)이 되면서, 을(乙)↔신(辛)
➜ 충(沖)으로 파괴(破壞)되어버리고 만다.

▼ 관(官)인 목(木)을 찾아보니 미(未)중➜을(乙)목이 있다.
미(未)↔술(戌)형(刑)으로 깨지고 만다.

壬 戊 己 戊　　미(未)월의 무(戊)토 일간.
子 戌 未 午　　화(火), 토(土), 수(水)만 보인다.

⇧ 시주(時柱)의 재(財)가 천간(天干),지지(地支)로 있다.

◈ 화(火),토(土)로 변한 후 남는 것은 재(財)인 수(水)이다.
다 지난 후(後)다. 남성(男性)이 전혀 관심 없는 여성(女性)이다. 너무 없다보면 감각이 무뎌지는 것이다.

✣ 재살(財殺)이 태왕(太旺) 할 경우는 어떤가?

● 재살이 태왕(太旺)한 것은 여성에게 해당되고, 남성에게도 해당된다. 여성은 관(官)이 위주요, 남성은 재(財)가 위주가 된다는 것뿐이다.

◉ 여성의 경우 관살(官殺)이 태왕(太旺)할 경우.

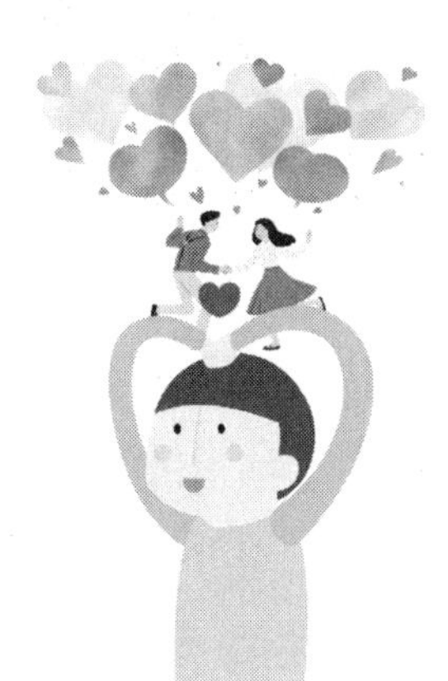

- 사방에 널린 것이 남자. 시집도 2-3번은 간다.
- 관살(官殺)은 관(官)이 살(殺)로 화(化)하여 나를 극(剋)하는 것이다.
- 관(官)은 정관(正官), 편관(偏官).
  이것이 여럿일 경우는 정관(正官)도 편관(偏官)으로 변해 버린다. 양다리 걸치다가 가랑이가 찢어지는 형국 (形局)이다.

◉ 재살(財殺)이 태왕(太旺)할 경우는 어떤가?

- 재살(財殺)이 태왕(太旺) 한 것은 시댁(媤宅)의 기운이 강한 것이다. 시어머니가 많은 것도 되고, 재(財)는 관(官)을 생(生)한다.
- 결국 나의 기운을 쪽쪽 다 빼내고 결국은 관(官)만 도와주는 형상.
  나에게는 아무런 실속 없다. 이야기를 한다면 죽어라하고 돈 벌어서 남편 좋은 일시키고 나는 아무것도 손에 쥐는 것이 없다.
  열심히 돈 벌어서 집장만하고 다 하였더니 남편이란 작자가 바람나서 자기 명의로 되어있다고 몰래 팔아서 분탕질하는 것이다.
- 돈에 속고 사랑에 속고 세상 살맛 없다. 속고 사는 인생이다.

◉ 식상(食傷)이 태왕(太旺)한 경우.

- 식상(食傷)은 관(官)을 극(剋)한다.
  아무리 남편을 공경, 사랑하려 해도 안 된다.
- 눈에 보이는 것 자체가 싫다.
  죽이고 싶도록 미운 것이다.
  남편농사를 지을 수가 없다.
  입도 거칠다보니 나오니 욕뿐이다.
  잠자리도 불만이 가득하다.

◉ 견겁(肩劫)이 태왕(太旺)한 경우.

지나친 고집(固執)과 편견(偏見)으로 대화가 통하지 않는다. 무조건 복종해야 직성이 풀리는 사람이다. 이성(異性)관계가 힘들어진다.

- 결혼(結婚)을 해도 의부증(疑夫症)에 시달린다.
- 남편(男便)이 다른 여자와 눈이 맞아 바람나는 경우가 많다.

남성이던, 여성이던 사랑을 베풀고 역지사지(易地思之)가 무슨 뜻인지 평생좌우명(座右銘)으로 살아야 한다.

◉ 인수(印綬)가 태왕(太旺) 할 경우.

- 남편(男便) 입장에서는 처가(妻家)다. 아무리 잘해도 처가의 눈에 안찬다.
- 자기 딸이 아깝다고 한다.

"이놈아, 왜 남의 자식 고생시켜 능력(能力)도 없는 놈이 말이야." 강제로 이혼(離婚)을 종용(慫慂)하는 형상이 된다.

- 인수(印綬)의 기운이 워낙 강(强)하니 저절로 기운(氣運)이 빨려간다.
- 관(官)은 가도 가도 끝이 안 보이는 가시밭길이다.

◉ 재(財)가 태왕(太旺)한 경우, 시어머니, 시댁 식구 등살에 견디지 못한다.

✤ 고란(孤鸞)살, 괴강(魁罡)살, 상부(喪夫)살, 관고(官庫)를 놓고 있다.

관성(官星)이 균형(均衡)을 잃고 흔들리는 사주의 경우.

◉ **고란살이란 ?** 고란살(孤鸞煞) : 신음(呻吟)살, 공방(空房)살 이라고도 함

- 갑인(甲寅), 을사(乙巳), 정사(丁巳),
  무신(戊申), 신해(辛亥).

✤ **다섯 가지 간지(干支)에 해당되는 날.**

태어난 여자는 남편이 작첩(作妾)을 하거나, 멀리 떨어져 따로 살아야 하거나 이 살(殺)의 작용을 면할 가 있다.

✤ 무조건 읊어대다가는 개망신 당한다.

✤ 감명하는 사주는?

강약 기타 전체를 다 확인하고 짚어보라.

▼ 간호사 자리를 알아보는 중이란다.

庚	辛	己	庚	축(丑)월의 신(辛)금 일간이다.
寅	亥	丑	戌	고란(孤鸞)살을 갖고 있다.

사주(四柱)가 신강(身强)하고 관은 년지(年支)의 정(丁)화가 있다.

시지(時支)의 병(丙)화가 보인다. 어차피 편관은 일찍 깨어지고 늦게 이혼남과의 결합이 이루어질 것 같다. 신해(辛亥)가 고란(孤鸞) 살(殺)이다.

✤ **괴강살(魁罡殺)이란?**

우선 그 장점(長點)과 단점(短點)을 살피면서 비교 하여 특징을 살펴보자.

괴강살(魁罡殺)이라는 것은 기운이 강해서 여자가 있으면 남편을 꺾는다.

◈ **그 크기와 규모가 범상치 않다.**

기세가 매우 강열, 위풍당당하고, 폭발적(爆發的)인 의미다.

☞ 권위가 앞서는 것이다. 망설임 없는 과단성이 돋보인다.

☞ 여성에게는 흉(凶)으로 작용.

(남편과의 불화(不和). 작첩(作妾). 도박 (賭博). 폭음(暴淫). 폭력(暴力). 횡사(橫死), 흉사(凶事), 납치(拉致), 구금(拘禁)

☞ 일주(日柱)의 괴강살(魁罡殺)이 충(冲). 형(刑) 되면 변화(變化).

고통(苦痛)이 많으며 인생 여로가 험난하여 항상 기복이 심하고 경제적으로 여유가 부족한 상황의 연속으로 가난하게 산다.

☞ 스스로 자초하여 화(禍)를 부르는 경우가 많다.

자제(自制)가 어려워 항상 일이 끝난 후(後), 후회(後悔)를 반복한다.

☞ 용기와 기상이 출중(出衆)하여 의외로 큰일을 성취하는 경우도 있다.

✣ 괴강살(魁罡殺)의 구성(構成).

일반적으로 경진(庚辰), 경술(庚戌), 임진(壬辰), 임술(壬戌)의 경우를 주로 하고 그보다 약한 기운인 무진(戊辰), 무술(戊戌)도 같이 보는 경우가 있다.

◉ 상부(喪夫)살 이란 남편이 사별(死別)을 하는 살(殺)이다.

✤ 남편과 사별하는 사연이란?

- 자의, 또는 타의에 의한 평가(評價)인데 대체적으로 남들의 입 살에 오르는 경우가 많다. 아무런 이유 없이 험한 평가를 받는 경우다.

- 사고사, 병사, 자연사 등등 이유는 많다. 남편의 명(命)이 짧은 것이다.

역(逆)으로 판단하면, 아내의 입장에서는 팔자(八字)가 기구하지만 만나는 남편(男便)의 사주가 주로 단명(短命)하는 경우가 많다.

- 그런 인연(因緣)이라는 설명.

아내의 입장을 옹호하면, 만나기를 잘해도 결과는 본인의 의지와 상관없이 그렇다는 말이다.

방합(方合)년(年)		지장간(地藏干)	관고(官庫)
인(寅),묘(卯),진(辰)년생(生)	축(丑)	계(癸),신(辛),기(己)	신(辛)
사(巳),오(午),미(未)년생(生)	진(辰)	을(乙),계(癸),무(戊	계(癸)

✤ 여성은 언제 바람기가 발동을 할까?

- 가만히 있으려고 하여도 엉덩이가 들썩거리는 것은 왜일까?
- 공연히 짜증만 나고, 심술 나고, 어디엔가 화풀이를 하고 싶다.

답답한 심정에 시원한 동해안 바닷가라도 가고 싶고, 불쑥 무작정 기차라도 타고 먼 곳으로 여행이나 떠났으면 하고 무의식적(無意識的)인 충동을 느끼는 것은 왜일까?

- 아무나 붙들고 실없는 농담도 좋다.

그저 넋두리 같은 사연이라도 나누고 싶은 생각이 드는 것은 왜일까? 막말로 "똥구멍에 바람이 들어가는 것"이다. 몸 안에 화기(火氣)가 충천(衝天)하여 발산(發散)해야 하는 기운(氣運)이다.

- 그것이 바람기다. 가라앉지 않고 붕 떠 있는 기운이다. 휙 지나간다.

가고나면 또 그만이다. 잠잠하다 불현 듯 또 나나난다. 스스로를 다스리지 못함이다. 꼭 여성만의 일이 아니다. 남성도 마찬가지다. 다른 부분도 살펴야 한다. 사고력의 부족, 인내력 부족, 조급함 매사 일을 그르친다. 이성(異性)간만 생각하지 마라 김밥 사고방식이다.

여성의 운(運)의 변화(變化)와 작용(作用)

운(運)	작용(作用)
관살(官殺)운	무엇인가 새로운 변화를 시도하고 싶어진다.
도화(桃花)운	옛날 애인이 생각나고, 멋진 이성과의 즐거운 시간을 상상하고, 포옹과 은밀한 관계도 꿈을 꾸어본다.
상관(傷官)운	틀에 박힌 고정관념을 깨트리고, 규칙적이고, 지루한 일상생활에서 아무런 동기도 없이 탈출하고 싶은 충동(衝動)이다. 남편이 미워지는 기운이 강하다.
일지(日支)와 합(合)이 되는 해	무엇인가가 이루어질 것만 같고, 꿈의 나래가 펼쳐지는 기분이다. 마냥 즐겁다.

➡ 이별(離別)과 사별(死別)을 구별하는 방법(方法).

사람이 살다보면 어쩔 수 없이 헤어져야 하는 경우도 있다. 헤어진다는 것은 결코 유쾌한 일은 아닌 것이다. 살아서 서로 마주보며 등 돌려 헤어지기도 하고, 북망산으로 보낸 후 어쩔 수 없이 헤어지기도 한다.

이때 생별(生別)과 사별(死別)의 차이는 무엇일까?

◈ 사별(死別) : 남성에게는 재(財)가 된다.

- 재(財)가 완전히 파괴(破壞)되어 버리거나 존립(存立) 자체가 어려울 때 사별(死別)로 이어진다. 여성(女性)에게는 남편(男便)이 관(官)이다. 관(官)이 몰(沒)하거나 생존(生存)이 불가능(不可能)할 경우가 된다.
- 결국 그 자체가 사라져버린다는 것은 세상을 하직한다는 것이다.

✣ 도화(桃花)와 바람의 관계.

사주에 총칭도화(總稱桃花)라 하여 자(子), 오(午), 묘(卯), 유(酉)가 많으면 무조건 바람기와 풍류(風流)요, 주색(酒色)이요, 패가망신(敗家亡身)으로 보는데, 도화(桃花)살이라 하여 무조건 안 좋게 보지는 않는다.

- **도화(桃花)가 길(吉)로 작용을 하는가?**
  흉(凶)으로 작용을 하는 가? 에 따라 그 판단이 내려지는 것이다.
  일단 이것을 먼저 판단해야 한다.
- 일반적인 상황에서 도화(桃花)가 있으면, 무조건 "주색(酒色)을 조심하여야 합니다."식으로 이야기 하다가는 돌이킬 수 없는 실수를 하는 것이다.
- 눈에 보인다고 급한 마음에 "바람둥이구먼 , 속 좀 썩이시는군요?"
  하다가는 망신살이 뻗치는 것이다.
- 도화(桃花)라 하여도 길신(吉辰)의 작용한다면?
  연애(戀愛)를 해도 좋은 배우자를 만나는 것이요, 행복하게 사는 것이요, 카지노에 가서도 돈을 따는 것이다.
- 도화(桃花)의 의미가 강한 흉(凶)으로 작용한다면?
  치정(癡情)문제로 골치가 아픈 것이요, 도박(賭博)으로 돈을 탕진하는 것이요, 품위유지 하다가 깡통을 차는 것이다. 주식을 하여도 막차만 탄다.
- 간단히 쉽게 본다면 육친(六親)으로 보아 그 작용을 보는 것이다.
  그것이 나에게 보탬이 되는 것인지 아니면, 역효과가 나는 것인지 판단하는 것이다.

➜ 그러면 도화(桃花)라도 마음 놓고 처신 하는 것이다.

- 년(年), 월(月)과 일(日)과 시(時)에 있는 것에서 차이가 생긴다.

● 도화가 년,월(年月)에 있으면 ?

장내도화(牆內桃花)일시(日時)에 있으면 장외도화(牆外桃花)라고 한다.
이것은 사주의 년, 월, 일, 시를 2등분하여 년과 월을 전(前)으로 하고 일과 시를 후(後)로 한다.

음(陰)과 양(陽)의 구분을 말하는 것이다.
전(前)을 안으로, 후(後)를 밖으로 보는 것이다.

● 색정(色情)이란 것은 성인(成人)이 되어야 정식으로 논하는 사항.
년(年)은 본인(本人)과는 해당 사항에서 제외가 되는 것이다.

✣ 어린 시절이니 크게 유념치 않아도 되는 것이다.
그것은 조상(祖上)의 풍류요, 선대(先代)의 풍류가 되는 것이다.

➜ 월(月)도 역시 마찬가지이다.
이 관점(觀點)은 시대적인 상황의 변화로 어느 정도는 참작해야 한다.

● 지금은 사춘기의 시절을 매우 중요시한다.
인간적인 성숙(成熟)도(度)는 완전하지 못하다 볼 수 있지만, 청소년 문제가 사회적인 문제로 대두되는 시대다.
예민한 시기이기 때문에 어느 정도는 염두(念頭)에 두어야 하는 것이다.

● 특히 자녀문제로 상담을 할 경우는 일단 짚고 넘어가야 한다.

● 일(日)과 시(時)의 경우, 이는 작용력이 매우 크다.
실질적(實質的)인 시기이고 활동하면서 이성(異性)을 접하는 시기이고, 결혼하여 성(性)에 대한 중요성과, 필요성, 색정(色情)에 대한 눈을 떠서 그 모든 것을 알고 행(行)하는 시기이기 때문이다.

- 본인의 도화(桃花)는 삼합(三合)을 기준하여 첫 자의 다음 자(字)가 된다.
- 자신(自身)으로 인한 것인가? 아니면 타(他)의 영향 인가?
  생년(生年)과 생일(生日)을 기준 한다.
- 도화를 다른 말로 함지(咸池)또는 패신(敗神)이라고 한다.

✤ 도화(桃花)란?

오행(五行)의 지지 삼합국(三合局)에서 목욕(沐浴)궁에 해당이 된다.

- **도화(桃花)의 다른 의미(意味).**

주색(酒色), 성욕(性慾), 이성(異性)에 대한 지나친 관심과 애정(愛情)행각(行脚)으로 가산(家産)을 탕진하고, 자기의 분수를 지키지 못해 망신, 구설에 시달리는 것이다.

◉ 사주에 정관(正官)과 정인(正印)이 도화와 같이 있으면?

즉 동주(同住)하게 되면 자기 억제력이 있어 정절(貞節)을 지키고 매사에 침착(沈着)성과 지구력(持久力)이 돋보인다.

◉ 사주에 식신(食神)과 같이 있으면?

문학(文學)과 연예인(演藝人) 예술방면에 재주가 있고 항상 앞장을 서서 인기를 한몸에 받는다.

◉ 사주에 칠살(七殺)과 같이 있으면?

이성간에 색난(色難)을 일으켜 궁지(窮地)에 몰리는데 특히 여성은 남성에게 강제로 성폭행(暴行)을 당하거나, 화류계나 유흥업소나 환락가, 매춘(賣春)행위 등을 할 확률이 높아진다.

◉ 사주에 상관(傷官)과 같이 있으면?

용모가 아름답고 재주가 좋다. 요즈음으로 치면 S라인의 몸매를 자랑한다.

● 자신의 용모를 믿고 지나치면?

노출(露出)이나 무절제한 행동으로 본의 아닌 색정(色情)으로 범죄에 연관되어 곤욕(困辱)을 치른다. 사소한 일에도 구설에 오르고, 지나친 친절은 금물이라 대인관계에 상대방 파악을 잘하고 부메랑효과에 유의해야 한다.

◉ 사주에 겁재(劫財)와 같이 있으면?

유부남(有婦男), 유부녀(有夫女) 염문(艶文)으로 색난(色難)이 염려된다.

◉ 사주에 편인(偏印)과 같이 있으면?

스스로 음란하여 야동을 즐기거나, 동성애를 하거나, 자위행위 많이 한다.

◉ 사주에 비견(比肩)과 같이 있으면?

홀로 있기를 좋아하고, 자아(自我)도취 하여 독신주의(獨身主義)를 고집하게 된다.

◘ 홍염(紅艶)살(殺)이란?

● 도화(桃花)살(殺)하면 항상 따라 다니는 것이 있는데, 그것은?

여성(女性)에게 관련되는 부분이다. 이름 하여 홍염(紅艶)살(殺)이다.

◈ 갑(甲),계(癸)일-------- -----신(申),
◈ 을(乙)일-------------------오(午),
◈ 병(丙),인(寅),정(丁)일-----------미(未),
◈ 무(戊),기(己)일---------------진(辰),
◈ 경(庚),술(戌),신(辛)일-----------유(酉),
◈ 임(壬)일-------------------자(子)

✤ 홍염(紅艶)살(殺)은 일간(日干)을 기준으로 하여 본다.

◉ 다정다욕소인지(多情多慾少人知)

다정(多情)하고 욕심(慾心)도 많은데, 알아주는 사람이 적으니

◉ 육병봉인신견계(六丙逢寅辛見癸)

병인(丙寅)일, 병신(丙申)일이 계(癸)수 만나고,

◉ 계림신상정견미(癸臨申上丁見未)

계(癸)일주가 신(申)을 만나거나 정미(丁未)를 만나면.

◉ 미개안소낙희희(眉開眼笑樂嬉戱)

고개를 숙이고 눈웃음치며 희희(嬉戱) 낙낙(諾諾) 거린다.

◉ 갑을오신경견술(甲乙午申庚見戌).

갑을(甲乙)이 오(午)를 만나고 경(庚)이 술(戌)을 만나면

◉ 세간지시중인처(世間只是衆人妻)

세간에서 흔히 얘기하는 길거리의 모든 사람의 아내가 된다.

◘ 홍염살(紅艶煞)이 사주에 있으면 어떤가?

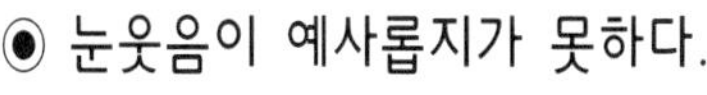

◉ 눈웃음이 예사롭지가 못하다.

눈가에 야릇함이 감도는 형상이다. 꾸뻑하면 남자들이 맛이 가는 스타일 이다. 교활함이 나타나기도 한다. 멍청이는 지남철에 끌려가듯 스르륵.

◉ 웃음이 헤프다.

어찌 보면 경망스러워 보이기도 한다. 쓸데없는 웃음으로 오해를 사기도 한다. 잇몸이 드러나 보이면 조심하라.

◉ 환경의 영향이 큰 작용을 한다.

나이보다 정신연령이 지나치게 빠를 수도 있고, 매사 앞서가는 편이 오히려 오버하는 경우가 종종 생긴다. 애늙은이 흉내를 낸다.

◉ 이성(異性)에 일찍 눈을 떠 사고를 치는 경우가 있다.

◉ 애교가 만점이다. 마치 서비스분야에 종사하는 사람 인줄로 착각을 할 정도이다. 많은 사람을 상대하는 직업이 좋다. 대중을 상대하는 직업.

◉ 이성이 한번 얼굴을 보면 생각나서 밤에 잠이 안 온다. 상사병(相思病)의 원인제공을 한다. 손목이라도 한 번 잡았다하면 난리가 난다.

◈ 도화(桃花)살과 홍염(紅艶)살이 있다.

나쁜 것은 아니고, 사주에 도화나 홍염(紅艶)살이 갖추어져 오히려 대중들에게 큰 인기를 모으고, 사람이 잘 따르기도 하며 큰 명성을 얻는 경우도 있다. 대중의 인기를 먹고사는 경우는 이것이 필수이다.

무엇이든 항상 활용하기 나름이요, 용도를 찾아 적재적소(適材適所)이다.

▼ 총칭도화인 자(子),오(午),묘(卯),유(酉)중 본인의 도화(桃花)인 자(子), 오(午)가 보이지 않는다.

○	○	○	○	년(年)은 해(亥)이고,
○	酉	○	亥	일(日)은 유(酉)이다.

🔲 년(年)의 경우는 삼합이 해(亥)-묘(卯)-미(未)이다.

☞ 해(亥)다음은 자(子)이다. 자(子)가 도화(桃花)가 된다.

☞ **일(日)**의 경우를 보자.

유(酉)이므로 사(巳)-유(酉)-축(丑)이 삼합(三合)이 된다.
첫 자인 사(巳) 다음 자가 오(午)가 된다.
본인이 자발적(自發的)으로 구덩이를 파지는 않는다.

◈ **자(子), 오(午), 묘(卯), 유(酉)는 12신살(神殺)로 본다면?**

육친에 따라 재살(財殺)이요, 년살(年殺)이요, 장성(將星)이요, 육해(六害)다.

☞ 자(子)

신기(腎氣)가 강(强)하니 음란(淫亂)하여 정력(精力)이 왕성(旺盛)하다.

☞ 오(午)

홍염(紅艶)이라 빛깔이 붉고 탐스러우니, 그 자태에 눈이 부시고 그 뜨거운 불길을 잠재우기가 힘들어 발산을 하여야 한다.

☞ 묘(卯)

바람 풍(風)이라 움직이면 흔들리니 분별력을 잃는 것이고,

☞ 유(酉)

보석(寶石)이요, 금(金),은(銀)이라 빼어난 미모를 갖추었으니 이름값은 해야 하고, 자태를 돋보이려고 한다.
이러한 기운(氣運)이 길(吉)과 흉(凶)으로 분석이 따라야 하는 것이고, 운(運)에 따라 작용(作用)하는 것을 관찰해야 한다.

✣ 합(合)이 지나치면 음란(淫亂)하다.

- **합(合)이란? 서로가 좋아서 만나는 것이다.**
- 지나치면 귀천(貴賤)이고, 고하(高下)도 없다.
- 무작정 좋은 것이다. 다정(多情)도 병(病)이런가?
- 지나치게 헤프다. 자비심을 베풀어야지 하면서 말이다.
- 구실 좋지? 정(丁)↔임(壬)합(合)이 복수(複數)이면 음란(淫亂)하다.
  (지장간의 합(合)도 포함)

▼ 수(水)의 기(氣)가 지나치게 강(强)하면 음란(淫亂)하다.

壬	丙	辛	丁	해(亥)월의 신(辛)금 일간이다.
辰	午	亥	酉	사생활이 문란한 사람이다.

己	壬	丁	乙	해(亥)월의 임(壬)수 일간이다
酉	寅	亥	酉	삶이 굴곡(屈曲)이 많은 분이다.

🔼 수(水)란 음(陰)이다.

- 음(陰) 기운(氣運)이 지나치게 강(强)하면 자연 음(陰)할 수밖에 없다.
  물이니 흘러서 움직여야 하므로 관(官)인 토(土)에 부딪혀야 하고, 기운(氣運)을 없애려면 재(財)인 화(火) 태양, 열에 증발(蒸發)되어야 한다. 일단 발동이 시작되면 스스로 통제가 안 된다.

- 물은 깊을수록 색(色)이 검어진다.
  속을 알 수 없다. 캄캄하니 아무리 들여다봐도 보이지 않고 짐작도 안 된다.

- **음란(淫亂)하다.**
  자기의 삶은 자기가 책임져야 한다.
  그것이 잘못되면 나락으로 떨어진다.

▼ 그러나 잘못 연결 된다면 풍파(風波)가 심하다.

癸	甲	癸	癸	해(亥)월의 갑(甲)목 일간이다.
丑	子	亥	丑	우울증이 심한 사람이다.

辛	癸	癸	癸	해(亥)월의 계(癸)수 일간이다.
酉	酉	亥	卯	삶의 풍파가 심하여 공양주로 있다.

◘ 식상(食傷)이 태왕(太旺)한 경우.

● 식상(食傷)이란 상식(常識)이라 아는 것이 많으니 자랑도 해야 한다.
돌아다녀야 하고, 이성(異性) 앞에서는 그것이 더 심하고, 식상(食傷)은 재(財)를 생(生)하는 것이라 재주와 포용력(包容力)으로 이성(異性)을 유혹한다.
그러다보니 아랫사람이요, (영계←연계(軟鷄)를 밝히는 것이다.

✣ 관살(官殺)이 많을 경우.

● **관살(官殺)이라 함은 자손(子孫)이다.**
그것이 많다함은 도처(到處)에 씨를 뿌리는 일이라 아, 참 대단한 사람이다. 동서남북(東西南北)으로 움직이며 농사를 짓는 사람이니 오죽이나 바쁘겠는가?

● 이런 사람은 관(官)의 기운이 강(强)하니, 자식 앞에서는 얼굴도 못 든다.
죄를 많이 지었으니 안 그런가? 게다가 관(官)과 재(財)가 합(合)이 되어 일간(日干)인 본인에게 더 압박을 가한다면 처(妻)와 자식(子息)에게 따돌림을 당하는 불쌍한 신세로 전락하고 만다.

● 사주(四柱)가 신왕관왕(身旺官旺)이라면 바람피우는 일에는 나서지 않는다.
더 큰 일을 하는 사람이니까. 높은 사람이 되어 국가를 위하여 보람된 일을 하는 사람이다. 어쩌다 피우기도 하겠지만 말이다. 차원이 다른 사람이다.
요사이 한동안 세상을 떠들썩하게 했던 공직자의 여성스캔들처럼 불행한 일의 주인공이 된다면 안 되는 것이다.

◘ 재(財), 관(官), 식상(食傷)이 많은 사주.

결국 당하고 마는 것이다. 바람을 피운다! 표현(表現) 하였지만, 결국 내 인생 내가 망치는 팔자(八字)다.

✣ 일지(日支)에 도화(桃花)를 놓고 있는 경우.

- **일지(日支)는 처궁(妻宮)이다.**

  그곳에 도화(桃花)가 있다면 바람피우고, 부적절한관계가 항상 이어진다.

  다른 지지(地支)에서 일지(日支)로 합(合)을 하여 온다면 어떨까? 그것 역시 마찬가지다.

- 일지(日支)에 있는 것이나 다를 바 없다.

✣ 시지(時支)에 도화(桃花)가 있다면?

- 시지는 말년(末年)인데, 노년(老年)이다.
- 요즈음은 평균 연령이 늘어나다 보니 겉으로 드러 나지는 않는다.
- 심각(深刻)한 사회문제(社會問題)로 대두되는 경우도 종종 있다.
- 노년(老年)에는 쳐다보기만 해도 회춘(懷春),(回春)이 된다 하지 않던가?
- 좋게 이야기하면 늦바람이다.

◈ 원내도화(園內挑花)란?

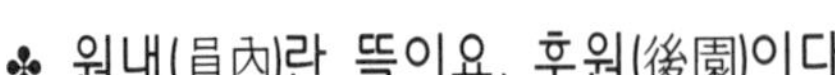

✤ 원내(員內)란 뜰이요, 후원(後園)이다.

- 년(年)과 월(月)은 전(前), 후(後)로 구분 한다면 뒤에 속한다.
  과거(過去)요, 뒤요, 숨기는 것이요, 속이 된다.
- 나보다 위쪽이요, 여성(女性)으로 친다면 기혼(旣婚) 여성이다.
  유부녀(有夫女)다. 유부녀와의 불륜의 사랑이다.

◈ 인수도화(印綬桃花)란?

- 인수(印綬)는 어머니이다.

어머니와 같이 자상하고, 연상(年上)이요, 멋이요, 맵시이니 유행(流行)에도 민감하고 멋쟁이요, 육친(六親)으로 본다면 애인의 어머니도 되고, 내가 모시는 경우도 이에 해당 된다.

- 연상의 여인과의 관계가 되는 것이다.
- 월(月)에 있을 경우는? 약간의 나이차 즉 가깝다.
- 년(年)에 있을 경우는? 나이 차이가 제법 나는 경우다.

◈ 도삽도화(倒揷桃花)란?

일지(日支)를 기준하여 년지(年支)에 도화(桃花)가 놓여있으면, 거꾸로 놓았으니 무조건 연상이다.

그것도 나이차가 많은----

✣ 육친(六親)별로 보는 도화(桃花).

- 도화(桃花)를 놓고 있는데 그것이 어느 육친(六親)에 해당하는가?

육친에 따라서 그 역할이 많이 달라진다. 특히 희신(喜神) 역할을 하는가?

- 기신(忌神) 역할을 하는 가? 에 따라 희비(喜悲)가 갈린다.
- "엎친 데 덮친다!"는 말이 나오는 것이다,

▣ 비겁도화(比劫桃花) 일 경우.

친구관계나, 가까운 사람과의 사이가 별로 좋지가 않다.

술과 노름, 도박에 여자로 연관된 일로 하여 손해를 본다.

▣ 상관도화(傷官桃花)일 경우.

상관(傷官)은 관(官)을 극(剋)하므로 법(法)이나, 규칙(規則)을 잘 지키지 않는다.

명예(名譽)나, 체통(體統)을 상실한다.

▣ **재성도화((財星桃花)**일 경우.

첩(妾)으로 인하여 자신의 재물이나 부귀(富貴)를 취하게 된다.

완전히 여자 신세를 지고 도움으로 성공하는 것이다.

재(財)가 용신(用神)이고, 희신(喜神)작용을 해야 성립(成立)된다.

기신(忌神)작용을 한다면 문제는 달라진다.

▣ **관성도화(官星桃花)**일 경우.

소위 말하는 바람피우는 것이 직업(職業)이다. 완전한 사기꾼이나 똑같다. 김밥의 신세를 지는 것은 재성도화((財星桃花)나 마찬가지다.

총각의 경우는 관(官)이 자손(子孫)인데 도화(桃花)라 바람으로 얻은 자손이니 총각 득 자(總角得子)가 된다.

▣ **살성도화(殺星挑花)**일 경우.

뿌린 만큼 아니 그 이상의 대가를 치르는 경우가 발생한다.

살성(殺星)이라 함은 편관(偏官)인데, 득병(得病)이요, 망신(亡身)이요,

관재(官災)에 구설(口舌)까지 온갖 잡동사니는 다 모여든다.

▼ 년(年)을 보자. 신(申)이니 신(申)-자(子)-진(辰)이 삼합(三合)이다. 첫 자가 신(申)이니 다음 자(字)인 유(酉)가 도화(桃花)가 된다.

戊	乙	辛	戊	유(酉)월의 을(乙)목 일간이다.
寅	丑	酉	申	도화(桃花)를 살펴보라.

⇧ (년(年), 일(日))일(日)을 보자. 사(巳)유(酉)축(丑)이 삼합(三合)이 된다.

오(午)가 도화(桃花)가 된다.

◈ 사주 전체를 보자. 팔월의 음지나무다.

- 가을이니 서리가 내린다.

  년(年), 월(月), 일(日)의 지지(地支)가 금국(金局)을 형성한다.

  월간(月干)에 신(辛)금이 대표자로 우뚝 선다.

- 일간(日干)인 을(乙)목이 시지(時支) 인(寅)목의 도움을 받으려 한다.

이미 많이 상(傷)해진 상태(狀態)다. 세상사가 힘들기만 한 사주다.

- 가뜩이나 관(官)이 많아 근심인데, 도화(桃花)까지 겹치니 힘든 것이다.
- 신변에 이상이 오니 다치고, 관재구설에 시달린다.

✣ 곤랑도화(滾浪挑花)란?

- **화류병(花柳病)이라 하여 불결한 성관계, 난잡한 성적접촉이다.**

원인으로 발생(發生)하는 성병(性病)이다.

이제는 시대가 변화하였다. 이에 대한 해석도 변해야 한다. 이와 유사(類似)한 종류도 다 같이 취급한다.

- 요즈음은 방광, 전립선 관련 병(病)도 본다. 여성(女性)병도 같이 본다.

✣ 예전에는 매독(梅毒)이 제일 무서운 종류였다.

이제 세상이 바뀌어 그런지 에이즈라는 망국(亡國)병도 창궐(猖獗)하여 인간의 부패(腐敗)와 타락(墮落)에 대한 경종(警鐘)을 울리고 있다.

- 천간(天干)합(合), 지지(地支)형(刑)을 이룬다.
- 이 곤랑도화(滾浪挑花)의 특징은?

천간(天干)으로는 합(合)이니 일단 겉으로는 좋다.

그러니 안보면 보고 싶어지는 것이다. 그런데 지지(地支)로는 형(刑)이다.

- 시간이 조금만 지나면 "언제 그랬느냐?"는 식이다.

원수와 같이 지지고 볶는다. 합(合)과 형(刑)은 공존(共存) 할 수 없다.

- 결국 결말(結末)이 지저분하게 끝난다.

▼ 원래 곤랑도화(滾浪挑花)는 자(子)-묘(卯)형(刑)만을 보는 경우가 있으나, 다른 형태(形態)도 같이 참고한다.

壬	癸	戊	庚	자(子)월의 계(癸)수 일간이다.
戊	卯	子	寅	천간(天干)합 지지(地支)형이다.

丁	戊	癸	庚	미(未)월의 무(戊)토 일간이다.
巳	戊	未	午	천간(天干)합 지지(地支)형이다.

✣ 도화(桃花)의 운(運)과 바람의 관계.

● 도화(桃花)운 이라도 사주(四柱)에 미치는 영향(影響)이 어떠한가? 살피는 것이 급선무다. 좋은 쪽으로 작용 하는가? ☞ 나쁜 쪽으로 작용 하는가?

☞ 육친(六親)면으로 어디에 해당하고, 영향은 어떤가?

◈ 도화(桃花)에 형(刑), 충(冲)등 흉신(凶神)작용을 하면?

✣ 어떤 변화가 오는가?

● 도화(桃花)의 운(運)이 오면 괜스레 마음이 설래진다.
사춘기 시절 환상(幻想)이 살아나는 것과 같은 상황(狀況)이 이루어진다.

● 쓸데없이 기웃 기웃거린다.
마냥 돌아다니고 싶어진다.

● 몰래 따먹는 사과가 더 맛이 있다.
하지만, 벌레 있는 것도 있다.

● 다 된 밥에 코 빠트린다.
바람도 제대로 피우지 못하고 오해만 받는다. 날벼락을 맞는 꼴이 되고 만다.

● 임도 보고 뽕도 따는 것이 아니라,
꿀도 못 먹고 벌에 쏘이기만 한다.

✤ 일지(日支)와 합(合)이 이루어지는 경우.

일지(日支)는 처궁(妻宮)이다.

그런데 처궁(妻宮)에 합(合)이 든다면 그것은 무엇을 의미할까?

- **일지(日支)와 합(合)이 든다는?**

부부(夫婦)간의 더 긴밀한 관계가 유지(維持) 되니 좋다.

긍정적(肯定的)인 흐름이 아니라 부정적(否定的) 흐름을 살피는 것이다.

- **사람이란 간사(奸邪)한 것이다.**

잘되고, 잘 나간다면 상담 할 이유가 없다. 무엇인가가 궤도(軌道)에서 이탈하여 심신이 혼란스럽고, 모든 것이 어수선하니 상담을 하는 것이다.

- **힘들고 어려울 때 방법을 가르쳐준다.**

조언을 열심히 하여 싫은 눈치가 보여도 소신껏 설명을 한 후 결과가 좋게 나오면 찾아오는 사람은 없다.

- 있다면 그는 실로 성공하고, 힘들고 어려워도 슬기롭게 헤쳐 나가는 사람이다.
- 항상 잘되었으니 그것으로 만족한다.

소나기를 피해 안전한 곳으로 대피하였으면 그것으로 만족하는 것이 상담하는 사람들의 보람이다.

- 처궁(妻宮)이니 재(財)와 연관(聯關)된다.

재운(財運)이 오면 바람피우는 경우가 생기는데, 여기서는 식신(食神),상관(傷官)을 살펴보자.

- **식신(食神)은 정도(正道)를 추구하는 성향(性向)이다.**

편관(偏官)을 극(剋)하고, 정재를 생하고, 상관(傷官)은 편도(偏道)를 추구하는 기질(氣質)이라 정관(正官)을 극(剋)하고, 편재를 생한다.

지금 알고자하는 것은 잘못된 길을 가는 것을 가려내는 것이라 상관(傷官)을 보도록 하자.

✣ 상관(傷官)이 일지(日支)와 합(合)을 이룬다면 ?

●식신(食神)과 상관(傷官)은 재(財)를 생(生)한다.

상관(傷官)역시 재(財)를 생하는데, 그것도 일지(日支)에 합(合)하여 들어오니, 그릇된 생각으로 꽁수를 부리며 들어오는 것이다.

● 정재(正財)를 생(生)한다면?

부인의 곁으로 "여보"하면서 들어오지만, 편재(偏財)를 생(生)할 경우는 다른 여자를 넘보게 된다.

여기서도 합(合)의 차이가 생긴다. 방합(方合)은 제외가 된다.

● 합(合)의 기운도 약하다.

비견(比肩)과 비겁(比劫)의 합(合)이므로 어울리지 않는다.

이질(異質)과 이질(異質)의 합이 어울린다.

바로 삼합(三合)과 육합(六合)이다.

합의 기운(氣運)도 강력하고, 작용도 크다.

그러므로 이 경우에는 적합하다.

● 일지(日支)와 합(合)이 되는 상관(傷官)운(運)에도 바람을 피운다.

✣ 일지(日支)에 재성(財星)을 놓고 있는 경우.

✤ 재성(財星)이면 처(妻)이니 당연한 것이 아닌가? 그런데 웬 바람?

일지(日支)의 특성이다. 항상 달고 다니는 자리요, 안방이요, 나의 분신이다.

그 곳에 여자가 항상 있으니 여자 걱정은 안한다는 말이다. "에이 버스 지나가면 또 올 텐데 뭐, 택시도 오고, 전철도 오고 내하기 나름인걸 뭐 "하면서 여유가 많은 사주다. 떨어지면 또 생기고, 없으면 만들고, 항상 바늘 가는데 실가는 격이다.

🔽. 그에 대한 일주(日柱)를 분석하여보자.

甲	乙	丙	丁	戊	己	庚	辛	壬	癸
辰	未	申	酉	子	亥	寅	卯	午	巳

◈ 바람을 피워야하는 경우.

✤ 본인이 아니면 배우자가 바람을 피우는 경우.

팔자지만 지겨운 팔자다. 내가 싫어서 안 피우면 그만 인줄 알았더니 배우자가 대신 바람피우는 경우.

▼ 무(戊)토 일간(日干)이 지지(地支)에 재(財)인 자(子)-수(水) 있다.

○	戊	癸	癸	해(亥)월의 무(戊)토 일간이다.
○	子	亥	未	재(財)인 수(水)가 왕(旺)하다.

🔼 일지(日支)에 재(財)를 놓고 있으니 바람둥이가 아닌가?

- 그런데 재(財)인 수(水)가 기운(氣運)이 워낙 강(强)하다.
- 남편인 무(戊)토 일간(日干)이 바람을 안 피우니 아내가 바람을 피우는 것이다.
- 본인이 안 피운다는 것은 결국 돌고 돌아 자신의 원위치에 온다.
  남성은 바람을 안 피우는 것이다.
- 수(水)-목(木)-화(火)-토(土)로 하여 결국은 본인(本人)이다.

▼ 재력(財力)도 든든하여 지역에서는 유지(有志)급에 들어가는 사람이다.

丁	戊	甲	戊	인(寅)월의 무(戊)토 일간이다.
巳	子	寅	子	남성(男性)의 사주(四柱)이다.

🔼 일지(日支)에 재성(財星)을 놓고 있다.

● 자손(子孫)도 국가고시에 합격을 하여 부러울 것이 없는 사람이다.
● 바람을 피우는 것도 좋지만 처궁(妻宮)이 안 좋은 것은 어쩔 수가 없다.

● 처(妻)가 건강이 안 좋다. 그래서 바람을 피우는 것일까?
이 사람은 바람을 피워도 소리 소문 없이 기가 막히게 바람을 피운다.
● 재성(財星)이 각각 분리되어 연결이 안 된다.
도처에서 압박을 받는다. 그리고 자주 바뀌는 것이다. 처(妻)의 건강이 안 좋을 수밖에.

✤ 사연이 많은 부부의 사주

✤ 사연이 많다는 것은 삶이 괴롭거나, 힘들고, 순탄하지가 않다는 말이다.
살아온 그 과정을 글로 쓴다면 누구나 책으로 한두 권은 될 것이다.
그만큼 산다는 것이 곡절이 많다는 이야기다.
그것을 미리미리 알아서 대처를 한다면 참으로 좋으련만 그것이 어디 그리 쉽게 되는 일인가? 때로는 알면서, 때로는 모르고, 그럭저럭 지나면서 사는 것이 인생이다.
누군들 좋아서 행하고, 누구인들 싫어서 피하겠는가? 모자라는 것이 바로 인간인 것이다.
● 주어진 자기의 운명을 안다는 것은 참으로 행복한 것이다.
그런데 그것을 얼마나 근접하여 아느냐가 문제다.
● 시간이 흐르고 나면 아는 것이 대부분이다.
그 이전에 감지해도 설마? 하면서 지나는 것이 보통이요, 그런 것을 "나는 안 믿어, 노력하면 되는 것이야" 하면서 외면하는 경우도 있고, 이에 대한 모든 이들의 판단은 다 제각각이다. 그러나 중요한 것은 있다.
● 결코 그냥 간과하여 지나칠 수가 없다는 것은 틀림없다는 사실이다.

이제 많은 사람들의 사주를 직접 접하면서 그 원인(原因)은 무엇이며, 결과(結果)는 어찌되는가를 하나하나 살펴보자.

◈ 실전(實戰)사주의 예.

- 실전(實戰)의 사주(四柱)에 있어서다.

잘살고 행복(幸福)한 사람들 보다는 불행하고, 어려운 상황의 사람들의 예다.

- 모든 것은 생각하기 나름이다.

남이 보기에는 안쓰러워 보여도 본인은 정작 편안하고 행복할 수도 있으니 말이다.

- 그저 운명(運命)이니 하고 받아들이기도 한다.

더욱 분발하여 열심히 살아가는 경우도 있는 것이고, 고집으로 밀어 붙이며 사는 사람도 있고, 사는 것은 다 각자가 알아서 사는 것이니 무어라 단언(斷言)하기도 힘든 부분이다.

다만 "참고하여 살아가십시오." 하고 조언(助言)하는 그것이 전부(全部)다.

▼ 유산(流産)을 한 후 아이가 없는 부부의 사주다.

辛	庚	庚	丙	자(子)월의 경(庚)금 일간이다.
巳	子	子	辰	여성(女性)의 사주이다.

辛	丁	辛	辛	묘(卯)월의 정(丁)화 일간이다.
丑	酉	卯	亥	남성(男性)의 사주.

⇧ 각각의 사주에서 보면 자손(子孫)이 있다가 다 합(合)으로 화(化)하였다.

✤ 우선 두 사람의 일주(日柱)를 분석해보자.

- 천간(天干)으로는 극(剋)하고, 지지(地支)로는 파(破)가 형성 되어있다.

년(年), 월(月), 일(日)을 대조(對照)하면 안 좋은 것은 다 갖추고 있다.

- 여성의 경우는 금수냉한(金水冷寒)의 사주다.

거기에 자형(自形)살까지 갖추고 있다. 두 부부(夫婦)의 사주를 전체적으로 합해 보더라도 금수냉한(金水冷寒) 사주다.

- 일주(日柱) 자체가 천간(天干), 지지(地支)가 융합(融合)이 안 된다.

이런 결과가 나오는 것이다. 물론 안 그럴 수도 있다.

- 사주(四柱)가 금수냉한으로 불감증(不感症)이다.

남성의 경우라도 묘(卯)-유(酉)상충(相沖)이 있으면 여성의 자궁(子宮)개폐(開閉)증(症)과 같은 역할을 하고, 남성(男性)의 경우 자손(子孫)인 해(亥)수가 목(木)으로 화(化)하여 보이지 않고, 시지(時支)의 축(丑)중 계(癸)수 역시 금(金)으로 화(化)하여 사연이 많은 결과가 된 것이다.

- 자주 접하기가 힘든 사주들이다.

잠자리를 해도 강박관념에 자손을 낳아야한다는 생각이 앞서는 사람들이다. 정(情)이 없는 의무적인 잠자리다. 뭐해! 빨리 올라와!!!!!!

▼ 결혼(結婚) 5년차인데, 아직 아이가 없는 부부(夫婦)이다.

丁	辛	己	庚	묘(卯)월의 신(辛)금 일간이다.
酉	丑	卯	戌	여성(女性)의 사주(四柱)이다.

庚	丁	辛	癸	유(酉)월의 정(丁)화 일간이다.
子	巳	酉	丑	남성(男性)의 사주이다.

🡅 무엇이 문제일까?

● 여성은 묘(卯)-유(酉)상충(相沖)이라 자궁(子宮)에 문제가 있다. 남성의 경우는 사주가 지나치게 금(金)수(水)가 냉(冷)하다. 많은 사주를 접해보지만 특히 여성의 경우 사주 특성이 부합할 경우 자궁이나, 부인병계통에 문제가 많이 나오는 것을 확인하면서 가끔씩은 스스로 감복한다.

● 일간(日干)인 정(丁)화 불꽃이 가물가물 거리는 형상이다.

▼ 동갑내기 부부의 사주다.

己	丁	壬	甲	신(申)월의 정(丁)화 일간이다.
酉	亥	申	午	남성(男性)의 사주이다.
戊	庚	辛	甲	미(未)월의 경(庚)금 일간이다.
寅	申	未	午	여성(女性)의 사주이다.

⬆ 고등학교를 졸업하기도 전에 아이를 낳아 이미 같이 살던 부부이다.
과연 그 어렸을 때의 불장난인가? 아니면 숭고한 사랑이 백발까지 갈 것인가?
사뭇 많은 사람들의 관심을 모았던 사람의 사주다.

● 일주(日柱)를 본다면 서로가 맞는 편은 아니다.
● 겉으로는 남녀의 위상이 확립되는 것 같으나 여성의 도움이 필요하다.
● 남성의 사주로만 볼 때는 처(妻)가 남편을 극(剋)하는 형상이다.
● 처(妻)의 사주를 본다면 시지와 일지가 인(寅)-신(申)충(沖)이다.
● 남성의 사주와 어느 정도 일맥상통(一脈相通)하는 기운(氣運)이 나온다.
● 각각의 배우자-궁(宮)을 보자.

남성은 신(申)-해(亥)로 해(害)살(殺)이요, 여성은 인(寅)-신(申)으로 충(沖). 해석 한다면 서로가 부딪혀봐야 상처(傷處)만 남는다.

● 남성의 경우는 음란(淫亂)한 기운이 강(强)하여 바람을 피우는 형상이다. 여성의 경우는 여자가 지나치게 강(强)하여 나긋나긋함이 부족함이다. 잠자리를 해도 달콤함이 아니라 짜증과 고통만 느껴지는 형상이다. 철없던 어린 시절의 불장난이 되어버리는 것이다. ● 자손(子孫)과의 관계를 보면 아버지와 자손은 합(合). 엄마보다는 아빠를 찾는 형국이다. 여성의 경우는 집안과 형제간의 힘이 큰 역할을 한다. 비견, 비겁이 왕(旺)하므로, 또 일지에 견겁(肩劫)이 있으므로 형제의 한(恨)을 한 자락 깔고 지낸다. ● 관(官)의 기운(氣運)이 중년(中年) 들어 후반 부 부터 꺼지기 시작한다. 나이가 들면서 서로가 서로를 가족이라는 분위기가 강하게 작용. 자녀들의 노력으로 합해질 운명.

▼ 이혼(離婚)을 한 부부의 사주.

乙	甲	壬	壬	자(子)월의 갑(甲)목 일간이다.
亥	午	子	子	일지(日支)와는 충(冲)이다.

辛	丁	癸	甲	유(酉)월의 정(丁)화 일간이다.
亥	丑	酉	寅	일간이 금수(金水)로 협공(挾攻)이다.

⬆ 갑(甲)목 일간(日干)이 남성이다.

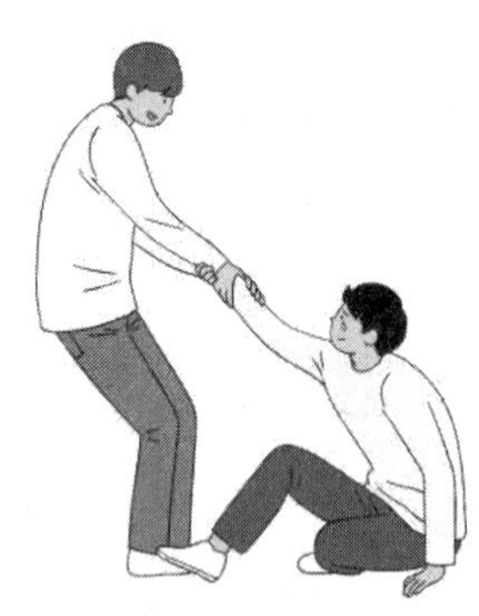

● 처궁(妻宮)이 자(子)↔오(午) ➜ 충(冲)으로 흔들리고 있다.

➜ 부목(浮木)이 되어 괴롭다.

정사(丁巳)대운(大運) 부터는 좋은데, 아직 몇 년이 남아 있다. 인생의 고비는 누구나 다 있다. 그 다음부터가 문제다.

● 건강에도 신경 써서 힘을 좀 길러야 되겠다.

● 활발(活潑)한 대외(對外)활동(活動)이 필요하다.

✤ 이제 여성의 사주를 보자.

- 천간(天干)으로는 충(沖)이요, 지지(地支)로는 합(合)이다.
- 년(年)과 월(月)의 지지(地支)가 귀문(鬼門)관으로 흔들린다.

  시지(時支)의 해(亥)수가 일지(日支)로 합(合)을 하여온다. 관(官)국을 형성한다.

  해(亥)중의 임(壬)수가 있어 눈이 맞아 들어온다.
- 년주(年柱)에 갑인(甲寅)이 든든, 조상(祖上)의 음덕(蔭德)이다.

  항상 재(財), 관(官)에 흔들리는 요소(要素)를 안고 있다.

  정축(丁丑)➜백호(白虎)다.

▼ 남성 사주는 견(肩)·겁(劫)이 왕(旺)하여 속된 말로 깡통 차는 사주다.

戊	甲	乙	甲	해(亥)월의 갑(甲)목 일간이다.
庚	寅	亥	寅	처가(妻家)살이 하는 남성이다.

己	癸	丙	丙	신(申)월의 계(癸)수일간.
未	丑	申	辰	아내인 여성(女性)의 사주.

⇧ 월지(月支)에 해(亥)수가 있으나 인(寅)↔해(亥)합목(合木).

- 목(木)으로 화(化)하고 만다. 잠자리에서 만족도는 별로다.

  금전적(金錢的)으로 충분(充分)하지 못하면 밤에라도 가끔씩은 은혜(恩惠)를 갚아야 하는 것인데 이도 저도 아닌 것이다.
- 반면에 아내는 어떠한가?
- 아내는 능력(能力)이 충분하다. 결국 남정네들의 각축전(角逐戰)이다.
- 아내는 부궁(宮)이 부실(不實)하다. 충(沖)이 되는데 관(官)끼리 다툼이다.
- 안방은 내 것이다 하고 서로가 다투는 형상. 이기는 자(者)가 차지하는 것이다.

❀ 삼각관계의 여성과 남성들.

- 남편 복(福)이 많은 것인지, 눈이 높아 그런 것인지?

바람기가 강해서 그런 것인지? 팔자(八字)가 기구한 것인지?
요즈음은 이해하기 힘든 사연도 많다. 남편이 다른 여인과 살림을 차려도 이해하고, 여자가 다른 남자를 만나는 것도 이해하고, 예전에는 칠거지악(七去之惡)이라 하여 무조건적으로 여성에게 강요 하였었는데, 이제는 거꾸로 남성이 칠거지악(七去之惡)을 되새겨야 하는 면도 있다.

- 과연 이런 상황이 옳은 것인지? 아니면 남성이 모자라서 그런 것인지?

그렇다고 본 배우자보다 월등히 좋은 사람을 만난 것인가?
따져 보면 대다수가 결코 그렇지 않다. 이혼(離婚) 이라는 강(强)수를 동원해 해결하는 경우는 대체적으로 상황이 좋은 경우다.

- 악수(惡手)되는 경우도 허다하나 이런 문제나 나름대로 문제는 많다.

그렇지 아니한 경우는 별로, 그야말로 별 볼일 없는 경우가 허다하다.
그 경우 예를 들어보고 왜 그랬을까? 분석 해보자.

삼각관계도 여러 형태로 나타난다. 흐름의 진행을 살펴야 한다.
통변이란? 이러한 것을 파악하는 것이다. 얼마나 정확한가?
무엇으로 기준을 할 것인가? 근거는?

▼ 삼각관계(三角關係)에 있는 사람들의 사주다.

辛	辛	丙	甲	인(寅)월의 신(辛)금 일간의 **여성**이다.
卯	酉	寅	午	일지(日支)가 흔들리고 있다.
辛	戊	己	戊	축(丑)월의 무(戊)토 일간이다.
酉	戊	丑	子	**본 남편**(男便)의 사주이다.
壬	癸	戊	甲	진(辰)월의 계(癸)수 일간이다.
子	丑	辰	午	**김밥의 남성**이다.

🅞 대체적으로 신(辛)금 일간의 사람들은 얼굴값을 한다고 한다.

● 그것도 하기 나름이다. 천간(天干) 합(合)이요, 지지(地支)충(冲)이다. 남편(男便)과 별거(別居) 중, 이혼(離婚)하려 한다며 어떤가? 하고 좀 보아달라며 찾아온 손님이다. 사주 보다는 인생이야기를 한참 듣고, 나누다 가신 분이다. 자신을 다스림이 중요하다. 색즉시공(色卽是空)이다.

◉ 문제점은 무엇인가?

✤ 우선 여성의 사주를 살펴보자.

● 년(年)과 월(月)의 지지(地支)가 합(合)을 이루어 관(官)국을 형성. 병(丙)화가 천간(天干)에 투출(透出) 하였다.

● 일(日),시(時)는 묘(卯)↔유(酉)상충(相沖)이다. 쌍합(合)이 보인다. 관(官)과의 쌍 합(合) 이므로 결국 이룰 수 없는 사랑으로 변화된다.

● 남편이 부적(不適)절한 관계를 알고 있다는 사실이다.

● 다시 돌아오라 하지만 여성은 별로 생각이 없다. 가끔씩 금전적(金錢的)인 도움을 받고 있단다.

- 김밥인 남성은 현재 백수요, 경마장이나 다니는 한심한 인생이다.
- 나름대로 일을 하려고 한다지만 사주로 볼 때는 아닌 것이다.

● 여자란 심성(心性)이 참으로 미묘(微妙)한 부분이 많다.
몸이 가면 마음도 따라 간다는 참으로 희한한 논리(論理)에 대하여 어느 정도는 수긍하는 면도 있지만 다 그렇다고 보기에는 약간 문제점이 있다.

● 여기에 관련된 문제점으로 색(色)에 관련된 사항이 나올 수도 있다.
실제로 가정(家庭)을 버리고 나오는 사람들의 수도 어느 정도 있다는 것은 사실이다. 허나 일부의 사람들은 김밥이라는 관계를 유지하는 경우가 실로 많다. 이에 대한 것은 묘(妙)한 부분이라 결론은 일단 뒤로 하자.

● 더 늙기 전에 즐기고 보자는 것일까?
살만큼 살았는데 이제는 나의 나름대로 사는 방식을 바꿔보자는 것일까? 아들이 보고 싶어 가끔은 들린다는데 자식도 이제는 어머니를 안녕하고 싶어 한단다. 핵심(核心)은 그것이다. 자식에게 버림을 받아가면서 까지 그러고 싶을까?

➜ 여성의 사주를 보면 병(丙)-신(辛)합이 보인다.
합(合)도 병(丙)화 일간일 경우 신(辛)금과의 합(合)이 있고, 신(辛)금 일간일 경우, 병(丙)화➜합(合)이 있고, 다른 천간에서의 병(丙)↔신(辛)합이 있는데,

➜ 여기서는 신(辛)금 일간이 정관(正官)인 병(丙)화➜합(合)이다.

● 합(合)을 하여 화(化)하든, 안하든 그 성향(性向)은 나타난다.

● 화(化)할 경우는 자신(自身)을 망각하고, 기능을 못한다.
그것이 운(運)에서 올 경우, 일시적으로 그 작용이 나오지만, 사주 자체에서 화(化)하여 완전한 기능(機能)의 보류일 때는 항상 그 잠재적 성향이 계속 나타난다. 일종의 시한폭탄이다. 매사에 말이다.

- 그런데 문제는 쌍 합이다. 항상 불안하고, 상대방도 아내가 있다.
  본남편의 사주를 보면 일지(日支)와 시지(時支)가 합(合)이 되니 좋을 것은 같으나, 식상(食傷)이라 큰 기대는 할 것은 못된다.
- **자손(子孫)궁** 자체로 볼 때는 좋다.
  결과적으로 식상관이 되므로 관(官)을 극(剋)한다.
- 꽁꽁 얼어붙은 땅에 나무가 뿌리를 내려 자라지 못한다.
  꽃도 피지 않는 사주다. 색(色)으로 볼 때 문제가 있는 사람이다.
  정력(精力)이 약한 것이다. 요즈음은 60-70사이도 성관계를 한다.
- 얼마 전 어느 지방에서의 바닷가에서 70대 노인의 배 전복 살인사건.
  상기하여보라. 다 색(色)에 관련된 사항이 아닌가?
  이미 50중반을 넘어선 여인의 바람기는 벌써 오래전부터 시작 되었다.
- 대체적으로 김밥의 경우를 보면 착각(錯覺) 하는 면이 있다.
  일반적으로 부부(夫婦)간에 있어서는 그리 난잡한? 행위를 하지는 않는다.
  보통 정상적인 체위(體位)를 하거나 반의무적인 면이 많다. 남자들의 경우 얌전하던 사람도 예비군복을 입으면 사람이 달라진다는 식이다.

➜ 집에서 조용히 즐기던 사람이었다.
모텔이나, 은밀한 장소에서 성관계를 하다보면 호기심 반, 즐기는 맛, 변태적(變態的)인 방법의 유혹을 받게 되는 것이다.
꼭 변태(變態)라고 말하기는 그렇지만 색다른 분위기의, 색다른 섹스의 유혹에 넘어간다. 대게 김밥은 어차피 내가 아니더라도 다른 이성(異性)을 찾기는 마찬가지인데 뭐 하는 식으로 하여 온갖 실험과 노력을 다한다.
어떻게 해서든 놓치지 않으려고, 떡고물이라도 하는 식으로 말이다.

- 만약에 집에서 그렇게 봉사를 한다면?
  남편이던, 아내든 아마 엎고 다닐 것이다. 그리고 다음날 식탁의 분위기가 확 바뀔 것이다. 실지 알고 보면 그 나물에 그 밥이다. 그런데 착각 하는 것이다.
  마치 변강쇠나, 옹녀인 것으로 그리고 항상 마님처럼 대하는 줄 그리고 상감마마 모시듯 하는 식으로 말이다.

● 어느 정도 시간이 지나고 나면 결국 그것이 아니라는 것을 깨닫는다.
그 사이 더러운 정(情)이라는 것이 가운데 놓여 발목을 잡는다.

● 여기서 벗어나면 되는데 대다수가 거기에서 밀리고 마는 것이다.
또 어떤 이는 "에이 나도 이제 본격적으로 놀아보지 뭐!~ "하면서 완전 흙탕물에서 노는 사람도 있고, 가지가지다.

✤ 사랑인가? 불륜인가?

지금 현재 생존하여 계시는 분들의 사주다.
과연 사주를 올려야 할 것인가? 말 것인가? 고민이 되는 부분도 있지만 공부하는 입장이므로 같이 배우자는 의미에서 올리는 것이다.

● **30년 이상을 부적절한 관계를 유지하고 현재도 진행 중인 분들의 사주다.**
두 분 사이에는 씨도둑을 한 자손(子孫)도 있다. 자손도 성장하여 현재 외국에 거주하고 있는데 두 분의 관계를 알고 있는 것 같다고 한다. 본 남편도 생존(生存)하여 있고 별 문제없이 삶하고 있단다.

● **도덕적인 면에서는 지탄을 받을 소지가 많은 사람들이다.**
그러나 나름대로의 사연은 다 있다. 세상사 사는 것이 이리 가슴 저린 사연도 많은 것이다. 주자니 아깝고, 갖자나 여건이 안 되고 앞을 보니 물이요, 뒤를 보니 산이라 욕심을 버리고 삶 하는 것이 진정한 정도인 것을 그것을 못하는 것이 인간이 아닌가? 다 업(業)이요, 부질없는 인간의 헛된 욕심(慾心)인 것이다.
굴레에서 벗어나기는 이미 때가 늦은 것이다. 아 인생이여! 인생이여!

▼ 두 분의 일주(日柱)를 비교하여 보자.

丙	己	癸	丁	묘(卯)월의 기(己)토 일간이다.
寅	丑	卯	亥	남성(男性)의 사주(四柱).

己	丁	甲	庚	신(申)월의 정(丁)화 일간이다.
酉	亥	申	辰	여성(女性)의 사주(四柱).

⬆ 지지(地支)로 합(合)이 형성이 되고, 천간(天干)으로는 여성(女性)이 남성(男性)을 생(生)하여 주는 형상이다.

- 생활을 함에 있어서 여성의 헌신적인 뒷바라지가 많이 작용하였다.
- 남성의 사주를 보면 천간(天干)으로 재(財)가 충(沖)이다.

지지(地支)로는 해(亥)수가 목(木)으로 화(化)하였다.

- 재(財)가 관(官)으로 바뀐 것이다.

년지(年支)에 재(財)가 있으므로 선조(先祖)대에 재산(財産)이 있었는데 월간(月干)의 계(癸)수가 충(沖)되어 부모(父母)대(代)에 그것이 없어진 것이다.

✣ 여성의 사주를 살펴보자.

- 지지(地支)에 관(官)인 수(水)가 많으나 일지(日支)에서 문제가 생긴다.
- 관(官)의 시달림을 받는다.
- ㅇ 월지(月支)의 신(申)금인 재(財)가 관(官)으로 화(化)하였다.
- ㅇ 지지(地支)에 재관(財官)이 왕(旺)하다.
- ㅇ 신(申)중 임(壬)수와, 해(亥)중 임(壬)수가 자리하여 연결 되어 있다.
- 따로 관(官)이 떨어져 있을 경우는 문제가 생긴다. 같이 연결이 될 경우는 동시 진행형이 된다. 방합(方合)이던, 삼합(三合)이던, 덩어리가 될 경우는 항상 동시 진행형이 된다.

- 일지(日支)를 차지하는 관(官)이 안방을 차지 한다. 재(財)인 여성을 보더라도 마찬가지다.
- 월지(月支)의 신(申)금이 관(官)으로 바뀌어도 일지(日支)에 있지는 않다. 해(亥)수는 오리지널 관(官)으로 자기 자리를 차지하고 있다,

▼ 팔자(八字)대로 가는 것이 인생(人生)이다.

己	辛	乙	癸	묘(卯)월의 신(辛)금 일간이다.
亥	酉	卯	丑	관(官)이 보이지가 않는다.

🔼 관(官)이 보이지가 않는다는 것은 무엇을 뜻할까?

- 관(官)이 보이지가 않으니 시집도 못가거나 삶이 아주 피곤할 것 같다.
  그러나 이런 사람도 의외로 좋은 남편(男便) 잘 만나, 잘사는 경우도 많다.
  그러나, 그러나가 중요한 것이다.
- 사주에 관(官)이 없어도 잘 사는 사람들이 많다.
- ○ 문제는 그것이 얼마나 오래살고, 영구히 이어지는가 중요한 것이다.
- ○ 메뚜기도 한 철?
  관(官)이 안 보인다고 팔자 참 뭐 같다고 한탄하던 사람도 살기만 기가 막히게 잘 산다면 무어라 설명을 할 것인가? 여기서 우리는 이것을 짚고 넘어가야 한다.
- 관(官)이 좋아 복(福)을 누리면서 살 것 같다?
  그것을 제대로 소화(消化)시키지 못하고 나락으로 떨어지는 사람도 있다.
  운(運)에서의 작용(作用) 이다. 한두 번 시련을 겪고 나면 그들은 주어진 운명(運命)을 실감 하게 되는데 그것은 팔자(八字)대로 간다는 것이다.
- 월주(月柱)를 살펴보자. 재(財)가 튼튼하다.
  부모(父母)대에 재물(財物)은 어려움이 없었다는 설명이니, 어려서부터 부유한 가정에서 자란 것이다.

- 환경(環境)의 영향으로 다복한 가운데 성장(成長) 한 것이다.
  그런데 일주(日柱)와는 천간(天干), 지지(地支)가 위아래로 충(沖)이다.

- **사주의 전체적인 기운(氣運)을 살펴보자.**

✤ 음팔통(陰八通) 사주다.

양지(陽地) 지향적(指向的)인 기운(氣運)이 필요한 것이다. 그것이 싫다면 아예 음지(陰地)로 계속 가는 것이고, 그러나 지나친 한 쪽으로의 편향성은 항상 문제가 있다.

- 신(辛)금 일간이라 병화(火)가 정관(正官)인데 양(陽)이요, 관(官)이다.
- 사주가 어떻든 간 여성에게 관(官)은 무조건 있어야 하는 사항이다.

- **식상(食傷) 자체도 마찬가지고 재(財), 인(印) 역시 필요한 것이다.**
  그렇다면 필요하지 않은 것이 어디에 있는가?
  여기에서 문제가 되는 것은 시기(時期)에 따른 필요성(必要性)이다.
- 유년(幼年)시절에는 재(財)와 인수(印綬)가 필요한 것이다.
  사춘기(思春期)를 거쳐 성인이 되고나면 관(官)이 절실한 것이다.
- 유년시절에 재(財)와 인수(印綬)가 부족.
  그 시절이 지나고 나면 옛날이야기도 될 수 있다. 그러나 그 아픔은 아픔대로 영원히 가슴에 남는 것은 어쩔 수 없다.
  그러나 내가 어찌할 수 없는 경우이니 어쩔 것인가?

- 실질적(實質的)으로 중요한 것은 내가 내 인생(人生)을 사는 시기이다.
  배우자(配偶者)를 만나서 본격적인 나의 인생을 설계하고 꿈을 펼쳐나가는 시기이다. 여성에게 이때 제일 필요한 것이 관(官)의 존재(存在)다.

● 그런데 관(官)이 나타나지 않는다. 보이지도 않고 말이다.
여기에서 운(運)에서 조차 반응이 없다면 참으로 문제는 심각해진다.
이 사주의 주인공 대운을 살펴보자.

63	53	43	33	23	13	3
壬	辛	庚	己	戊	丁	丙
戌	酉	申	未	午	巳	辰

↦ 금(金) ↤ ↦ 화(火) ↤ ⇦ 대운(大運)

◈ 대운(大運)을 살펴보니 33 기미(己未) 대운 까지는 관(官)운이라?
행복(幸福)을 만끽하면서 잘 사는 것이다.

◈ 43 대운인 경신(庚申) 대운부터는 상황(狀況)이 달라진다.
신(辛)금 보석(寶石)이 무쇠인 경(庚)금을 만나니 주가(株價)가 떨어진다.
도매금(都賣金)으로 넘어가는 것이다.

◈ 인생지사 새옹지마(塞翁之馬)다.

●어제의 사모님이, 오늘은 식당에서 알바를 하고 있다. 원래(原來)의 자신으로 돌아가는 것이다.

●운(運)의 영향으로 많은 행복(幸福)을 누렸는데, 환경(環境) 즉 부모(父母)의 영향으로 유복(裕福)하게 지냈는데, 이제는 그 약발이 떨어진 것이다.

▼ 기운도 없는 주제에 바람은?

戊	癸	壬	庚	오(午)월의 계(癸)수 일간이다.
午	丑	午	午	탕화(湯火)가 보인다.

⬆ 지지(地支)에 화기(火氣)가 왕(旺)하다.

- 계(癸)수 일간의 남자인데, 재(財)인 화(火)가 기운이 강(强)하다.
  말년(末年)까지 계속 이어지고 있다. 사방에 여자가 도처에 있다.
- 본인 자신은 신약(身弱)하여 그 기운(氣運)에 휩쓸리면서 살아간다.
  오축(午丑)➜ 탕화요, 귀문이라 여자들이 미쳐 돌아가 죽는다고 난리다.
  "나 죽어 좋아서, 나 책임져" 하고 외친다.
- 중요한 것은 일지(日支)에 들어오지 않고 여기저기서 죽치고 있다.
  해로(偕老) 못하는 여인이다.
- 일간(日干)과 시간(時干)이 무(戊)–계(癸)합(合) 하는 형상(形狀)이다.
- 화(化)하여 화(火)로 변하는 형상이다.
  이래저래 재에 끌려 다니며 사는 인생이다."지 버릇 개 못주는 것이다."
- 일주(日柱)와 형(刑)되는 운(運)은 어떨까?
  천간(天干)과 지지(地支)가 형(刑)되는 운(運)은 정미(丁未)운.

세 살 버릇 여든 까지 간다. 인생사 새옹지마다.
인간의 기본 성향이다. 길흉과는 어떤 연관이 될까?

◉ 다양한 팔자(八字)의 부부(夫婦)관계

제 4 장

사주로 보는 정력(精力), 섹스.

궁합과 섹스와의 관계.

궁합이란?

사주(四柱)로 판단하는 색(色)의 문제점

금(金),수(水)와 색(色)과의 관계.

사주로 색(色)에 대한 사항을 본다는 것은 참으로 미묘한 사항이다.
상담자가 허심탄회하게 이야기를 하면서 상담한다면
그 이상 더 정확하고 편할 수 없지만 말이다.
그러나 이제는 시대적인 변화가 될 수도 있고,
보다 적극적(積極的)인 상담을 원하는 관계로 하여 신뢰가 쌓이기만 한다면
진솔(眞率)한 상담이 이루어지는 것도 사실이다.
실제 상담에서 차지하는 비중이 많다는 것은 엄연한 사실인데 이에 대한 논의가
외설스럽다던가,
점잖지 못하다는 표현은 어울리지 않는다.
오히려 더 자세하고, 엄격한 상담이 이루어져야 하는 분야다.
이성간의 문제,
부부간의 문제 특히 부부간에서는 지대한 작용을 하는 부분이다.
요사이 상담자와 피상담자간의 진지한 상담이 점점 더해가는 상황이다.
이에 더 해박하고 편안한 상담이 필요한 것이다.
스스로 입을 열게끔 유도하고,
핵심을 짚어야 하는 것이 이 분야를 공부하는 사람들의
의무이기도 한 것이다.

✤ 궁합(宮合)과 섹스와의 관계.

지금도 적령기(適齡期)의 남(男), 녀(女) 간에 혼인(婚姻)이라는 대사(大事)를 치루기 전에 서로의 출생한 년(年), 월(月), 일(日), 시(時)를 묻고 각각 서로의 궁합(宮合)을 본다.

✤ 지금도 그렇지만 예전에는 그것이 혼례전의 필수 사항이었다.
중매쟁이를 통해 서로의 사주를 먼저 알아보고 결정하기도 하였다. 그렇지 않은 경우도 있었겠지만 그런 일종의 요식행위(要式行爲)를 거쳤다.
사주(四柱)가 서로 맞지 않을 경우는, 아예 없었던 이야기로 한 경우도 허다하다.

- 그러나 시대가 흐르면서 "그 까짓것 봐서 뭘 하나, 맞지도 않는 걸! ".
 하면서 외면하는 쪽도 있고, "그래도 혹시" 하면서 좋은 소리가 나오기를 조심조심 기대하면서 궁합을 보는 경우도 있는데, 같은 값이면 다홍치마라고 그래도 적당한 선에서 답이 나오면 그런대로 흡족해하지만 예기치 못한 이야기가 나오면 사뭇 씁쓸해하면서 "공연히 봤나, 뭐 그럴 리야 없겠지!"하면서 "아니야, 다른 곳에서 한 번 더 볼까?" 하면서 망설이다 발길을 돌리게 된다.
- 요즈음의 주된 화두(話頭)는 "본인들이 좋아하면 그만이지 뭐"이다.
우리가 일반적으로 생각 할 때 궁합(宮合)을 보는 이유는 무엇 일까?
고생 안 시키고 편안히 잘 사는 가? 서로가 사이좋게 잘 지내는 가?
자식들 잘 키우고, 웃어른 잘 봉양(奉養)하는 가?
장래성(將來性)이 있는가?
- 오래 살겠는가? 등 등 갖가지 사항을 두루 살펴봄이 목적이다.
그러나 자세히 살펴보면 실질적(實質的)으로 이미 예전부터 내놓고 이야기는 하지는 않았지만, 성적(性的)인 관계를 중시하여 겉 궁합, 속 궁합이야기가 나왔다는 사실만으로도 선조(先祖)들의 부부관계에 있어서 내실의 잠자리에 대한 그 뜻과 중요성을 강조한 것을 알 수 있다.

◉ 궁합(宮合)은 내로남불.

• 신랑, 신부의 정력은 어떠한가?

신부를 잠자리에서 즐겁게 해주고 만족 시켜줄 수 있을까?
너무 서두르는 스타일은 아닐까? 혹시 조루는?
그에 비해 신부 쪽은 어떠한가?

• **자궁이 좁아 아기 낳을 때 고생은 안하겠는가?**
건강한 아이는 낳겠는가? 신부가 애교는 있겠는가?
내조는 잘 하겠는가? 불감증은?
혹시 변강쇠는 아닌가? 옹녀는 아닌가?
별 생각을 다하면서 보는 것이 궁합 아니던가?

• 그리고 정작 중요한 것은 인성(人性)이 어떠한가? 건강(健康)한가?
장래성(將來性)은 있는가? 자손(子孫)과의 관계는 어떠한가? 수명(壽命)은 어떠한가? 고부(姑婦)간의 관계는? 혈연(血緣)관계는? 대인(對人)관계 및 기타 등 등 여러 가지를 종합해서 보는 것이다.

✤ 겉 궁합이란 ?

◉ 년 지(年支)를 살펴봄으로써 띠를 보는 것이다.
예를 들어 호랑이띠와 개띠는 합(合)이 들고,
• 개띠와 말 띠도 합(合)이 든다?
이것은 인(寅)---술(戌), 오(午)--술(戌) 하여 서로가 좋다고 본 것이었다.

✤ 왜 년지(年支)를 보았을까?
그 자리는 선조(先祖)의 자리인데, 가까이는 조모(祖母)로 보는 것이다.
왜 그 자리가 합(合)이 들어야 좋다고 하였을까?
그것은 가문(家門)을 보는 것이요, 조상의 음덕(蔭德)을 보는 것이다.
특히 지지(地支)를 집중하여 보는 것은, 삼신(三神)할머니의 보살핌을 기원(祈願)하는 의미가 강했다.

● 아들, 딸을 점지하여 준다는 것이 다 조상에서 할머니들의 역할.

일반 가정, 양반집, 대궐에서의 여성파워는 예전에는 할아버지보다 할머니의 파워가 더 컸었다.

봉건주의적 사고방식이 팽배하던 예전에도 한창 때는 남성들의 파워가 거세도 늙어지고 나면 여성의 파워를 인정하고, 또 어떤 경우는 져주며 안주(安住)하기도 했으니 말이다.

● 집안의 대소사(大小事).

거의가 할머니의 입김에 의해 좌지우지(左之右之) 된다.

● 설사 할아버지가 계셔도 일종(一種)의 요식행위에 지나지 않았다.

할아버지가 어느 정도 영향력(影響力)을 행사한다 해도 결국은 할머니 보다는 일찍 돌아가시는 경우가 허다했다.

병석(病席)에 누워있는 경우가 많으니 자연 힘의 방향은 자연 할머니에게 돌아가는 것이다.

● 아들, 딸 자손들 바리바리 싸주는 것도, 몰래몰래 챙겨주는 것.

다 할머니의 입에서 소리가 나와야 처리가 되는 것이었다.

"애, 큰 며느리야 작은 집에 올 해 농사가 잘 안된 모양이니, 쌀 좀 곳간에서 갈 때 좀 내주어라!"

하는 식이다.

그만큼 곁 궁합을 중요시한데는 다 이유가 있었다.

◉ 월지(月支)를 보는 경우는 어떠할까?

● 출생(出生)을 보는 것이라, 본인(本人)의 가까운 근본을 살펴보는 것이다.

● 월지(月支)는 모태(母胎)의 근본(根本)이다.

어머니의 뱃속에서 10개월을 자라니 그 누구보다도 환경(環境)적인 근본(根本)을 보는 것이다.

● 사주에서도 월지(月支)가 차지하는 비중(比重)이 큰 것을 보면 알 것이다.

●그리고 풍수(風水)적인 면에 있어서도 사주(四柱)에서 년(年),월(月)을 중시(重視)하는 이유도 조상(祖上)을 보는 것이니 그리하는 것이다.

✣ 겉 궁합이란 ?

일주(日柱)를 천간(天干)과 지지(地支)를 대비(對比)하여 보는 것이다.
어떤 경우는 월지(月支)를 이것에 추가 하는 경우도 있다.
정작 중요한 본인(本人)들의 기운(氣運)을 살피는 것이다.

→ 실질적(實質的)인 궁합(宮合)을 보는 것이다.

- 그것도 일지(日支)에 더욱 비중(比重)을 두어서 보는 이유는? 그만큼 배우자(配偶者)가 중요함이 우선이다.
- 천간(天干)과 지지(地支)가 합(合)이 이루어진다면? 그 이상 더 좋을 수가 어디에 있겠는가만, 그런 부부가 과연 얼마나 될 것인가? 실로 드문 경우다.
- 합(合)이 이루어져도 그것이 어떤 합인가? 에 따라 해석이 또 달라진다. 그 합(合)해지는 요소가 각자 어떻게 작용 하고, 그로인한 산물(産物), 또 어떻게 영향을 미치는가? 그 정도 까지는 보아야 한다.

✤ 궁합(宮合)이란?

✤ 궁합을 보는 첫째 목적은 인간의 이기심(利己心)이 우선하는 것.

➜ 결론적인 것은 나에게 얼마나 득(得)이 되는가를 따지는 것이다.

- 나를 위해 상대방이 얼마나 헌신(獻身)하고, 봉사(奉仕)하고, 도움이 될 것인가?
- 내가 곤궁(困窮)에 처했을 때?
  상대방은 어떠한 처신을 할 것인가?
- 내가 부족함이 많다.
  상대방이 나를 이해, 관용으로 감싸줄 것인가?
  그것을 핑계 삼아 나를 구박할 것인가?
- 인물이 쳐진다.
  상대방은 잘 생긴 사람을 맞을 수 있을까?

- 금전적인 부족함이 지겨운데?
  재물(財物)이 넉넉한 사람을 만날 수 있을까? 한 마디로 부(富)와 권력(勸力)을 어느 정도 나에게 안겨줄 것인가?

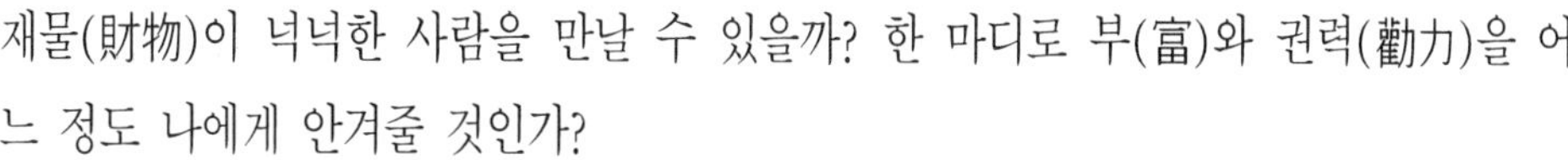

  일반적인 보통사람에게 부와 권력이란 재물의 궁색(窮塞)함이 없고, 남에게 기죽지 아니하고 어디 나가서든 목에 힘을 줄 정도를 말하는 것이다.
  일부 부유층이나, 소위 말하는 권력층에서는 자기들끼리의 기득권(旣得權)과 연관을 지어 서로 간에 인연을 맺기도 한다.
- 양반집안 끼리 사돈관계나, 권력(權力)층간의 혼인도 다 그러한 연유다.
  그것이 일반 백성에게도 그대로 답습 되고 현대에 이르러서는 금전(金錢)만능의 노예가 되어, 그저 돈만 있다면 어지간한 단점도 다 덮어두고 일단 성사를 시키고 보자는 것이다. 안 되면 위자료라도 넉넉히 받으면 될 것이 아니냐? 는 생각이다.
- 요즈음 세상이야 돈이면 모든 것이 다 해결인데 무엇이 어떠냐?
  악착같이 벌지 못하는 놈이 바보라는 생각이 세상의 철학이 되어버린 것이다.

◉ 궁합(宮合)은 내로남불.

● 본인의 근본적인 기운(氣運), 인성(人性), 재질(才質), 복성(福星). 성향(性向)이나 모든 것이 일반적인 사고방식과, 재물과, 권력이라는 커다란 암초 잎에서 머물러 선 채로 일단은 살고보자, 안전하고 보자는 사고에 얽매여 시간에 밀리면서 졸속으로 처리된다.

❖ 대체적으로는 어느 정도 합리성을 찾아 선택을 하는 것.

일부 사람들은 "찾아봐야 다 그 놈이 그 놈이고, 그 년이 그 년이지 뭐" "웬만하면 그냥 가지 뭐, 더 늦기 전에 너의 복(福)에 골라봐야 얼마나 고른다고" 하면서 판을 정리하는 것이 일반적인 상례이다. 또한 본인도 그에 수긍(首肯)하여 따른다.

● 얼마나 많은 사람들이 살고 지내면서 후회를 많이 하는가?
아이고! 저 원수만 안 만났어도 내가 지금 이러지는 않을 텐데---
내가 사는 건지? 뭐 하는 건지 ?----------
아이고! 말도 미시오----하면서 손사래를 친다.

➜ 다 이 원인은 무엇일까?

● 물론 선택을 잘하여 "나는 행복합니다."
하면서 노래를 부르는 사람도 있겠지만 그렇게 많은 수의 사람들은 아니다.

● 열 가지 복(福)이 있다면 사람은 그것을 다 가질 수는 없다.

● 항상 음(陰)이 있으면 양(陽)이 있는 것이다.

● 양(陽)이 있으면 음(陰)이 있다.
지금 어느 정도 행복(幸福)을 누린다 해도 그것은 부분적인 행복이다.

● 항상 불행(不幸)의 나머지 변수는 존재해 있다.
다만 그것이 아직 시기가 되지 않아 나타나지 않고 있다는 것 뿐 이다.

● 거기에서 사람들은 착각 하고 있는 것이다.

"항상 모든 것이 행복하고, 하는 일이 잘 풀려나가겠지" 하고 말이다.

물론 행복이라는 요소가 차지하는 비중(比重)이 많아, 다른 불행(不幸)을 당하고 있는 사람 보다 그는 실로 행복을 더 누리고 있는 것이다.

그러나 불행(不幸)이라는 요소가 들이댈 때는 그도 어쩔 수 없다.

그래서 세상사 뜻대로 되는 것이 아니다.

● 궁합이란 제대로 보려면 참으로 많은 시간이 소요된다.

이것, 저것 살펴볼 것이 하나, 둘이 아니다.

본인의 연관된 사항 뿐 아니라, 그와 연관된 모든 사항을 보아야 한다.

그렇다고 그것을 일일이 다 본다는 것은 쉬운 일이 아니다.

우선은 긴급한 사항을 먼저보고 차근차근 보아야 한다.

✤ 그러면 어떻게 보는 것이 이에 부합되는 것일까?

➡ 일단은 각자 사주의 성향을 정확히 분석한다.

궁합이라는 관계를 살펴보는 것이 원칙이다.

● 각자의 기운(氣運)을 살펴보는 것이다.

○ 나는 오행(五行)중 어느 기운이 부족한가?

많은가? 상대방의 기운은 어떠한가? 서로의 상관 관계를 살펴는 것이다.

○ 상생(相生),상극(相剋) 관계를 살펴야한다.

● 상부상조(相扶相助)가 이루어지는가?

아니면 서로가 상극(相剋)으로 치닫는 관계인가?

그런데 문제가 생기는 경우가 있다.

● 여기, 저기 다니면서 볼 것은 다 본다.

물어보아도 다 좋다고 그랬는데 그리고 "서로가 좋다고 하여 결혼 하였는데, 지금은 상황이 말이 아닌데 이게 어찌된 일입니까?"

◉ 궁합(宮合)은 내로남불.

● 한동안은 깨가 쏟아지게 잘 살았다.

ㅇ 지금은 서로 원수같이 지내고, 결국은 이혼까지 가게 생겼습니다.

ㅇ 이게 무슨 일입니까? 자식들도 있는데 말입니다.

ㅇ 집안이 온통 난리가 아닙니다. 왜 그럴까요?

➜ 원인(原因)은 간단한 것이다.

기본적인 선천적인 사항만을 참고 한 것 이다.

각자의 미래의 운(運)과, 변화를 안 본 것이다.

● 지금 당장만 본 것이다.

물론 기본적인 사항을 다 보았겠지만 변화에 대한 예측이 부족했던 것이다. 외부의 반응과 변화에 대한 대비책이 필요한 사람들이었던 것이다.

그러니 궁합을 본다는 것이 그리 쉬운 일은 아닌 것이다.

각자의 수명(壽命)도 있는 것이고, 미래의 변화 또한 있을 것이고 불상사(不祥事)도 모르는 일이고, 참으로 볼 것이 많다.

◈ 동업(同業)내지는 사업상, 인간관계상, 기타 연관관계로 나와 연이 있다?

● 도움이 될 사람인가?

해(害)가 될 사람인가? 등을 살펴볼 때도 사용 된다.

◈ 이성간에 서로 사랑 하는데 과연 우리의 인연이 사랑인가? 불장난인가?

◈ 부모와 자식 간에 인연(因緣)이 어떤가?

✤ **인간과 인간과의 관계를 보는 것이다.**

● 꼭 이성간에 결혼을 목적으로만 보는 것이 아닌 것이 바로 궁합(宮合)이다.

◈ 궁합(宮合)에 대한 의미를 좀 더 크게 보아야 한다.

◈ 육친(六親)으로 그 관계를 살펴야 한다.

육친이 갖고 있는 기본적인 사항을 대입(代入) 한다. 각각의 특성이 그대로 본인에게 미치는 것 이다.

✤ **견겁(肩劫)은 그 특성 그대로 상대와 작용 하는 것.**

● 식상(食傷)은 식상 그대로 작용 되는 것이다.
서로가 맞바꾸어 그 육친을 대조하여보는 것이다.
다른 육친 경우도 마찬가지다.

◈ 흉(凶)일 경우는 어떤 사항에 해당 되는가 살펴야한다.
각종 흉살(凶殺)의 특징과, 그 작용(作用)에 대한 분석이 필요하다.

● **서로 간에 뜻이 맞지 않을 경우.**
어떠한 원인(原因)에 의해 그 작용이 표출(表出)되는 가 살펴야 한다.

◈ 길(吉)로 작용 할 경우 어떠한 결과가 나오는 가? 보는 것이다.
서로가 서로의 입장을 바꿔 생각하는 것이 상대를 배려하는 것이다.

● 그리고 안 좋을 경우는 그것이 왜 안 좋은가?
구체적인 설명이 부수적으로 따라야만 이해가 더 쉬울 것이다.

● 일반적으로 형(刑), 충(沖), 파(破), 해(害), 원진(元嗔)–등.
기타 흉(凶)으로 연관 지어 지는 관계가 나올 때 그 자체로만 안 좋다는 설명으로 그냥 끝나는 경우가 대부분이다.

✤ **충(沖)이면 서로 반목, 질시, 충돌 부딪히니 항시 시끄럽다.**

● 집안이 잘 이끌어지지 않는다는 식이 답변이다.
그러나 거기에서 한 걸음 더 나아가 우리 공부하는 사람은 그에 대한 구체적인 설명을 해야 한다.
그 원인이 금전문제인지?,
시댁과의 불화인지?, 바람문제인지?,
자녀문제인지 ? 등 등 말이다.
여기서 강조하는 것은 섹스에 관한 문제다.

◉ 궁합(宮合)은 내로남불.

- 천간(天干)으로 합(合)이 들고 지지(地支)가 시원치 않다면 문제이다.
- 겉으로 다정다감(多情多感)해 보일지 몰라도 속사정이 많은 부부이다.
- 천간(天干)으로는 시원치 않은데, 지지(地支)가 이상스레 합(合)이 든다.

좋을 경우는 싸우는 일이 잦아도 밤이 지나고 나면 언제 그랬느냐는 식인 부부(夫婦)도 있다.

✤ 부부(夫婦)끼리의 관계.

본인(本人)들이 아니면 알 수 없는 사항이 실로 많다.

- 상담(相談)시에 부부(夫婦)전체를 보는 경우.

그렇지 않은 경우도 있기는 하다. 이런 경우 일단은 물 건너가거나, 혼자 이거나, 문제가 있는 경우가 태반이다.

- 그리고 궁합을 볼 때 중요한 것은 서로의 기운.

상생(相生), 상극(相剋)하며 조화를 이루는 가 판단해야 한다.

- 여성의 사주를 보니 견겁(肩劫)이 왕(旺)하다.

고집이 세거나 금전(金錢)복(福)이 별로 없다고 치자. 일반적으로 이런 여성이라면 시댁 쪽에서는 싫어할 것이다. 그러나 상대할 남성이 이러한 결점을 보완하고 풀어 주는 기운을 가진 사주라면 아주 좋은 결합(結合)이다.

- 성격적인 면으로 설명 한다면?

여자는 너무 말이 없고 내성적이고 고집만 세고 포용력도 부족하다 치자. 그렇다면 남자는 말도 잘하고, 사교성도 있고, 포용력도 강하다면 이들은 어울리는 배필이다. 반대로 감수성이 예민하고, 학구적이고, 인성이 강한 여성과, 식상이 강한 남성을 본다면 서로의 기운이 강하여 충돌이 잦아질 것이다. 상극(相剋)의 기운(氣運)이 충돌하는 것이다. 양보(讓步)가 없다.

✤ 궁합은 필요가 없는 것이다?

●이제 결론(結論)을 말한다면?

실질적(實質的)으로 궁합(宮合)은 필요가 없다.
그렇다고 무용론(無用論)은 절대 아니다. "필요 없다." 면서 아니다 라는 것은 앞, 뒤가맞지 않는다 할 것이다.
이제 왜 이런 소리를 하는 가? 설명을 할 것이다.

● 궁합(宮合)이란?

각자의 사주(四柱)를 분석, 서로의 기운(氣運)을 비교해 보고, 여러 가지를 대조(對照), 서로의 상관관계(相關關係)를 살펴 득실(得失)을 그리고, 보완(補完)관계를 살펴보는 것이다.

✤ 사주(四柱)원국을 비교..

선천적(先天的)인 상황을 대비(對比)하고, 후천적(後天的)인 운(運)도 살펴본다.

● 1년이 맞을 수 있고, 10년이 맞을 수도 있고 그 중간도 맞을 수 있다.

맞는다는 것은 서로 간에 큰 문제점이 없다는 이야기인데 사람이 살면서 한 번도 문제가 없다는 것은 성립(成立)이 안 된다.

● 중요(重要)한 것은 서로가 양보하고, 이해 해주고, 위하는가?

잘못해도 용서하고, 이해하여 주고 서로 위한다면 큰 문제가 없을 것이다. 부족하면 서로가 힘을 합하여 채우면 되는 것이다.

● 결론은 심성(心性)과 얼마나 인간적(人間的)인 자세(姿勢)다.

철없던 사람이 어느 날 갑자기 철이 들어 새 사람이 되는가 하면, 착하던 사람이 갑자기 돌변하여 엉뚱한 상황을 연출하기도 한다.

◉ 궁합(宮合)은 내로남불.

● 그만큼 살면서 변수가 많이 생긴다는 것이다.

그리고 두 사람의 일에 주변의 영향으로 또 문제가 발생하기도 한다.

이런 저런 상황으로 배가 항로(航路)를 순행(順行)만 하는 것은 아니다.

그랬을 경우 과연 어떻게 대처 할 것인가?

● 결국 중요한 것은 본인 두 사람의 마음에 달린 것이다.

거기에는 여러 요소가 작용 할 것이다. 그러나 왜 볼 것은 보아야 하는가?

미래를 자신 있게 알 수 있는 사람이 과연 얼마나 될까?

그것이 문제다. 그래서 그런 상황을 미리 예측 해보는 것이다.

불행보다는 행복이 낫지 않은가? 같은 값이면 말이다.

정작 중요한 것은 ?

● 과연 여러 상황이 전개가 되었을 때 얼마나 서로 의기투합(意氣投合)이 잘되어 슬기롭게 그것을 헤쳐 나가는 가가 중요한 것이다.

● 각자의 힘이 합쳐지는 가? 합(合) 아닌가?

● 한 사람은 게으르고, 한 사람은 너무 부지런하다면 일단 맞지 않는다.

그러나 자손을 키우면서 그것이 변할 수도 있는 것이요, 미혼 때는 그리 깔끔하더니만 자손 생기고 나서 지저분하고, 게을러 질 수도 있다.

일시적인 것만 으로는 평가가 힘든 것이다.

● 내가 부지런하다면 게으른 사람의 몫까지 하면 된다.

실로 중요한 것은 인성(人性)을 보고, 능력(能力)을 보는 것이다.

물론 건강도 당연한 것이고, 닥쳐오는 운(運)을 비교해 변동되는 사항을 보는 것이다. 단순히 합(合)이 드는가 안 드는가가 아니다.

- **배우자를 도와주는 가? 안 도와주는 가? 도 아니다.**

  그래서 궁합이란?

  사람 전체를 보는 것이다. 특별히 궁합(宮合)이라 칭하지 않아도 말이다.

  그래서 볼 필요도 없는 것이요, 또 보아야 하는 이유다.

- 최종적인 이야기는 무조건 인간자체를 파악해야 한다는 것이다.

✤ 궁합(宮合)이 아니라 인간(人間)을 파악하는 것이다.

그래서 보는 것이 이유가 될 것이다. 그것도 심도(深度) 있게 말이다.

✤ 부부간의 사이클은?

대체적으로 궁합(宮合)을 보면 합(合)이 드는 것이 좋다고들 하지만, 실제로 그것보다 더 좋은 것이 있다. 그것이 무엇일까?

◈ 남자가 갑(甲)목, 여성이 기(己)토일 경우.

- **합(合)이 된다면 여성은 기(己)토가 제일 좋을 것이다.**

  그런데 문제 되는 것이 있다. 목(木)날이 왔다고 하자. 기(己)토인 여성은 목(木)이 관(官)이니 자연 서방님 생각에 마음 설렐 것이다.

  그런데 정작 목(木)인 남편은 목(木)날이 오니 견겁(肩劫)이라 친구를 찾고, 형제를 찾거나, 찾아오는 것이다. 아내인 기(己)토는 기대가 어긋나는 것이다.

◈ 남자는 갑(甲)목이요, 여자는 수(水)라고 할 경우.

여자는 수(水)이므로 수생목(水生木)이라 남편을 위해 열심히 하는 여성이다. 내조(內助)에는 일등공신(一等功臣)이다.

- 토(土)날이 왔다고 가정하자.

  아내에게는 관(官)이다. 남편(男便)이 기다려진다. 남편에게는 재(財)다.

  아내가 보고 싶어진다. 이것이 바로 사이클이다. 합(合)은 보기는 좋아보여도 속내를 들여다보면 이런 사정(事情)이 있다.

◉ 궁합(宮合)은 내로남불.

✤ 결론은 이렇다.

합(合)도 좋지만 그것은 영구(永久)한 것이 아니요, 차라리 생(生)하는 것 보다는 약(弱)한 것이다. 각자 다른 경우를 입력하여 계산 하여보자.

- 실제 상담한 예를 들어가면서 하나씩 풀어 나가보자.
  사주의 다른 예를 들어가면서 보기도 하고, 부부를 동시에 볼 경우도 있고 혼자만의 사주를 보더라도 판단(判斷)하는 방법을 논하여 보자.
- 너무 깊게 생각 하지 말고, 필요한 부분을 같이 논하여 보자.
  부부(夫婦)에 관한 사항(事項)이므로 이 부분을 보는 것이다.

▼ 어느 중년 부부의 사주다. 남편이 아내를 쥐 잡듯이 살고 있는 부부의 예.

丁 癸 辛 乙　　사(巳)월의 신(辛)금 일간이다.
巳 巳 巳 未　　지지(地支)에 사(巳)화가 셋이다.

庚 庚 甲 甲　　술(戌)월의 경(庚)금 일간이다.
辰 申 戌 午　　지지(地支)가 수화(水火)상전(相戰)이다.

⇧ 각각의 사주의 특징을 보면 천간(天干)으로 각각 충(冲)이다.

- 계(癸)수 일간의 사주가 남성(男性)이다.
  다른 부분도 볼 것이 많지만 필요한 부분만을 살펴보자.
- 지지(地支)에 재(財)가 너무 많다. 재(財)에 종(從)하는 사주다.
  사(巳)화가 셋이나 있으니 국(局)을 이룬 것이나 진배없다.
- 월간(月 干)에 신(辛)금이 있는데, 년간(年干)의 을(乙)목과 충(冲)이다.
  계(癸)수의 도움이 되는 기운(氣運)이 없으니 양자(養子)로 들어가 편안히 지내는 형국(形局)이다.

● 재다신약(財多身弱)이 아니라, 오히려 재(財)를 누리며 산다.

여성의 사주를 보면 천간(天干)이 갑(甲)↔경(庚)충(沖)으로 흔들리고, 각각 지지(地支)에 설기(泄氣)되어 진정한 본인의 기운이 나타나기가 힘든 것이다.

● 일주를 비교해 보자.

남성 입장에서는 천간(天干)으로는 받아들이고, 지지(地支)로는 극(剋)을 하고 있는 형상이다. 그러니 살면서 그런 현상이 가끔씩은 있다.

● 여자는 잔정에 약(弱)하다.

● 남성들은 사소한 일이라고 대게는 대수롭지 않게 생각한다.

여성들은 그렇지가 않다. 그 사소한 일에 실망하고 그 서운함이 쌓인다. 작은 일에도 칭찬을 아끼지 말라. 스킨십도 자주 해주는 것이 여성, 아내를 사랑하는 것이다.

◈ 여성을 더 깊이 이해하고 사랑하라.

● 자란 환경이라던가, 주변 상황에도 관심을 두어 민감한 부분을 알아서 빨리 처리해준다면 여성은 감격 할 것이다. 적(敵)을 이기려면 적을 알아야 한다는 맥락이다.

▼ 여성의 경우는 사관학교를 지망하다,

결국 공기업(公企業)으로 방향을 전환 합격, 현재 근무중인 여성이다..

丙	戊	壬	辛	진(辰)월의 무(戊)토 일간이다.
辰	辰	辰	酉	미혼 여성(女性)의 사주이다.

甲	甲	癸	丁	축(丑)월의 갑(甲)목 일주이다.
子	午	丑	巳	미혼 남성(男性)의 사주이다.

⬆ 결론은 일주(日柱)와 사주 전체(全體)의 기운(氣運)을 보는 것이다.

◉ 궁합(宮合)은 내로남불.

✤ 일주(日柱)를 우선 비교해보자.

- 남성의 경우는 대기업에 근무 하다 자리를 옮긴 경우다.
  사내에서 만나 교육을 받던 중 가까워져서 교제 하고 있는 중이란다.
- 천간(天干)은 남성(男性)이 여성(女性)을 극(剋)한다.
  지지(地支)에서는 남성(男性)이 여성을 생(生)하는 형국(形局)이다.
  두 사람이 가정(家庭)을 이룬다면 겉으로는 위엄을 갖춘 듯해도 아내를 끔찍 위하는 형국이다.
- 그러나 여성(女性)의 사주를 보면 비견, 비겁이 너무 많다.
  기운이 웬만하여서는 눈 하나 깜짝 안할 모양이다. 진(辰)토가 셋이 나란히 있으니 이는 국(局)을 이룸과 같은 형국이다. 위하는 것이 능사(能事)가 아닌 사주다.
- 그러나 그 기운을 금(金)으로 화(化)하니 크게 걱정할 것은 없다.

✤ 가정적(家庭的)인 면(面)으로 아버지와 어머니의 영향력(影響力)을 보자.

초년(初年)에는 아버지의 영향력이 컸으나 갈수록 아버지의 영향력은 멀어져가고 어머니 입김이 세어진다. 그것은 진(辰)중 계(癸)수가 고장(庫藏)으로 이 여성(女性)의 현재 나이로 볼 때 이제부터 그 징후(徵候)가 보이기 시작 한다.

- 이 사주를 통하여 아버지를 보았을 때.
  2006년 병술년(丙戌年)에 변화가 생긴 것으로 보인다. 대체적으로 보았을 때 이런 이야기들은 안하니----- 핵심과는 거리가 있는 이야기가 아닌가?
  상담자가 알아서 판단하라. 예전에 상담했던 사주다. 통변은 과거에 상담했던 원국들을 살피면서 정확도를 판가름한다. 잘잘못을 배우는 것이다.
- 2007년 기준으로 살펴보자. 을미(乙未) 대운(大運)이다.
  대운(大運)수(數)는 5·오(五)이다. 2021년도 한 번 추리해보자. 어디에 해당되는가?

- **대운의 흐름은?**

  34세 까지는 목(木),화(火)의 흐름이나 35세 부터는 지지(地支)가 금(金)인 서방(西方)으로 흘러간다. 천간(天干)의 기운(氣運) 역시 화(火),토(土)로 흘러간다. 사주의 흐름은 그런대로 괜찮은 편이다. 여기서 우리가 보는 관점은 무엇인가?

- 사주가 좋고 나쁨은 물론 중요하다.

  그러나 지금의 쟁점(爭點)은 무엇인가? 부부간의 관계다.

- 왜 아버지, 어머니의 영향력을 보았는가?

  그것은 사주가 강(强)하기 때문에 부모 중에서 어느 영향력이 더 미치는가? 를 보는 것이다.

- 당연히 어머니의 영향력이 큰 것이다.

  물론 아버지의 영향력도 있겠지만, 가정(家庭)에서의 영향력을 보는 것이다. 형제(兄弟)와 어머니의 영향력(影響力)이 큰 것이다. 형제(兄弟) 중 으뜸이니 가장(家長)의 역할을 한다고 보아야 할 것이다.

- 이 여성은 남편이 만약 바람피운다면 이해를 할 것인가?

  아마도 이혼 서류에 도장을 찍어야 할 것이다. 의부증(疑夫症)의 성향도 있으니 말이다. 용서라는 것은 없다. 거기에 어머니의 영향이 나이가 들수록 커지니 당연한 것이다.

- **남자의 경우를 한 번 보자.**

천간(天干)으로 정(丁)↔계(癸)➜충(冲)이 보이고,
지지(地支)에 자(子)↔오(午)➜충(冲)이 보인다.
일단은 살면서 애로사항과 우여곡절이 많았고, 많을 사주다.
"산다는 것이 다 그렇지 뭐" 하고 넘어간다면 그도 또 그런 것이다.

- 부부간의 문제이므로 도화(桃花)를 보자. 우선 특징(特徵)이 나타나니까.
- 일(日), 시(時)에 총칭(總稱)도화(桃花)다 어디에 해당 되는 가?

◉ 궁합(宮合)은 내로남불.

✤ 각각 년(年)과 일(日)을 살펴보자.

● 년(年)을 기준하였을 때는?
일지(日支)에 도화를 놓고 있는데 ➜ 상관(傷官)도화(桃花)이다. 나이 어린 사람을 좋아하는 것이다.

● 일지(日支)를 기준하여 살펴보자.

● 묘(卯)가 도화(桃花)인데 사주 상에는 보이지 않는다.
자(子)는 인수(印綬)라, 인수도화는 참 여자가 피곤한 경우다.
물론 깔끔한 것도 좋지만 그것이 지나치면 항상 피곤하다.

● 처궁(妻宮)에 도화(桃花)를 놓고 있으니, 약간 혼란함이 나타난다.
결국 조용한 집안을 이끌어가기는 힘이 들것 같다.

● 오(午)↔축(丑)이라 해(害)살(殺)이 있다.

✤ 성격 또한 보통은 넘을 사람이다.

● 월(月), 일(日), 시(時)의 지지(地支)가 순탄치 않은 사람이다.
사주자체가 성향이 남성과 여성이 그다지 맞는다고 보기 어렵다.
남성의 경우 일(日)과 시(時)가 상충(相沖)이니 더더욱 그렇다.
살림살이는 어떨지 모르지만, 내적(內的)인 면에서 그렇다.

✤ 사주(四柱)로 판단하는 색(色)의 문제점.

사주(四柱)를 놓고 보면서 성(性)에 관련된 사항을 판단하는 것이다.
부부(夫婦)간의 성문제라고 하면 기본적인 문제 외에도 연령(年齡)에 따른 차이, 심리적(心理的)인 차이, 성(性)능력으로 인한 차이, 그 원인(原因)과 진단(診斷)은 참으로 다양하게 나온다.
의학적인 면으로는 비뇨기과, 산부인과 등 전문적인 분야에 종사하시는 분들이 더 잘 아시겠지만, 사주(四柱)를 놓고 보는 방법 또한 무시할 수는 없는 것이다. 이에는 여러 방법이 있으니 최대한 근접하여 보자.

✤ 사주(四柱)의 강(强),약(弱)으로 판단(判斷)을 하는 방법.

● 일단은 제일 기본적(基本的)인 사항(事項)이다.

● 기운(氣運)이 있어야 산에 올라 산토끼도 잡을 것 아닌가?
기운(氣運)도 없는 주제에 산이나 오르면 산토끼는 잡지도 못하고, 집토끼마저 놓치는 불행한 일이 생긴다.
일단은 사주가 강(强)하여야 한다. 그래야만 내 뜻을 펼 수 있다.
그리고 건강을 항상 유지해야 한다.

◉ 궁합(宮合)은 내로남불.

● **성(性)관계는 "하면 할수록 는다." 고 하는데 물론 틀린 말은 아니다.**

선천적으로 강하여 변강쇠니 옹녀니 하여도 결국 늙고 병(病)들면 다 부질없는 일이다. 건강(健康)을 지속적으로 유지하는 사람이 결국은 승자가 되는 것이다. 결론은 건강(健康)하여 오래 사는 사람이 변강쇠요, 옹녀이다. 그러려면 사주(四柱)가 강(强)해야 한다.

● **사주가 약(弱)하면 자율신경 자체가 약한 것이다.**

사정시의 조절이라든가, 여러 면에서 자기의 뜻대로 여의치 않다. 그런 결과로 조루라는 현상이 나타나는데 대게가 신약(身弱)의 사주에서 보이는 현상이다.

◈ 사주(四柱)의 강(强)함이란?

● 사주가 강(强)하다는 것은 튼튼한 것이다.
그래야 건강하고 지속적인 삶을 유지할 수 있다.

● 장수(長壽)해야 나중에 늙어 기운이 없더라도 쳐다보면서 눈웃음이라도 치고, 손목이라도 한 번 만져 줄 것 아닌가?

● **배우자가 없다면?**

남의 아낙이나 쳐다보고 멋진 여성을 보면서 침이나 질질 흘리면서 그저 속절 없이 눈이나 꾸뻑꾸뻑하고 말 것 아닌가?
상대방인 배우자가 있어야 한다. 바람을 피워도 상대가 있어야 하는 것이요, 어느 정도 균형(均衡)이 이루어져야 하는 것이다.
사주가 약(弱)한 경우는 손에 쥐어주어도 내 것이 되는 것이 아니다.

◈ 재다신약(財多身弱)인 경우는 어떨까?

그림의 떡이 될 것인가?
닭 쫓던 개꼴이 되는 것은 아닌가?
무리한 줄 알면서 질러 본다.
일단은 확보하고 싶은 것이다.

- 재(財)인 여자(女子)를 많이 접한다.

지나치다보니 색(色)에는 강하다고 말하는데 그것은 요령(要領)이요, 깊이 없는 사랑이다. 재(財)인 여자의 기운이 강하니 결국 여자에게 이용만 당하고 그야말로 무료(無料)봉사(奉仕)하는 실속 없는 삶을 보내는 것이다.

- 그리한 후 악처(惡妻)를 만나는 이유는?

사주가 약(弱)하여 악(惡)한 여성을 만났을 때 벗어나지 못하기 때문이다.

- 재(財)가 많으므로 거치기는 많이 거치는데, 지나가는 바람이다.

상대방들은 기운(氣運)이 강한 사람들은 아니다. 미풍이다.

- 그렇기 때문에 서로가 이별도 수월하다.

그러다 재수 없이 독종(毒種)한테 걸려서 엎어지는 것이다. 일찍이 걸릴 경우도 있고, 늦게 걸리는 경우도 있다. 다 팔자소관이다. 깨우침이 부족하다. 인성(印星)을 극(剋)하므로.

- 악처(惡妻)의 대표적인 경우.

공자(孔子)인데 그 분은 평생(平生)을 공부와 학업(學業)의 정진(精進)으로 보내는 것이다.

- 결국 재(財)를 이기는 방법은 인성을 강화(强化)시키는 길이다.

재다신약(財多身弱)인 경우 거의가 용신(用神)이 인성(印星)인 경우가 많은 데 바로 이러한 연유이다.

물론 관(官)이 용신이 되는 경우도 있지만, 일단은 내가 곤욕스러운 면이 많다.

제일 중요한 것은 내가 힘을 키우는 것인데, 신약(身弱)이라 어쩔 수 없으니 자연 인수(印綬)를 택하는 것이다. 일거양득(一擧兩得)이다.

◉ 궁합(宮合)은 내로남불.

◈ 인수(印綬)가 용신(用神)인 경우는 어떤가?

- 인성과 재성은 상극이다. 원만한 타협과 절충이 이루어질 것인가?
- 지나친 소비는 인성을 힘들게 한다. 엄처시하
- 겉으론 행복해도 속으로는 골병에 쩌 든다.

- 사람들이 대체적으로 악처(惡妻)를 만난다.

식상관이 많을 경우도 인수(印綬)가 용신(用神)인데 식신(食神),상관(傷官)이 많은 사람들은 사주의 특성 그대로 처(妻)를 얻어도 고귀함과는 거리가 멀다. 천박한 여성을 맞는다.

- 자연 악처와 연관이 깊다.

그러니 용신(用神)이 인수(印綬)가 된다.

재다신약(財多身弱)의 경우도 마찬가지다.

◈ 관(官)이 왕(旺)할 경우는 어떨까?

✣ 인수(印綬)가 용신(用神)이 되는 경우.

이럴 경우 재(財)까지 가세한다면 그야말로 죽을 맛이다.

관(官)이 왕(旺)해도, 처(妻)인 재(財)없이는 살수 없는 것이니 재(財)가 있는 것 아닌가? 관이 왕(旺)할 때 재(財)가 조금만 기침해도 일간(日干) 본인은 죽는다. 악처(惡妻)다. 혼자 살 수는 없으니 말이다.

- 혼 밥, 혼 술에 자신이 있으면 홀로 잘 사는데 능력이 부족.

옆에서 보기 민망하다. 건강을 유지하며 싱글이 좋다. 졸혼을 보라. 미리 대비하라.

✤ 음(陰)과 양(陽)으로 보는 색(色)의 상태.

음(陰)과 양(陽)으로 본다는 것도 그 기준(基準)되는 사항이 있게 마련이다.
여기서는 색(色)에 관한 부분을 논하여보자.

- 양(陽)은 목(木),화(火)요, 음(陰)은 금(金),수(水)다.
  음(陰)에 관한 부분을 살펴보자. 수(水)는 비뇨기계통을 설명하는데 해석은?

- 생식기와도 연관된다. 배설과 관련이 있다.

- 여기에서 속된 표현을 한 번 보자.
  여성이 남성으로부터 성적으로 육체적인 쾌락만 남성이 즐기고, 정신적인 면으로 소홀할 때 하는 말이 "내가 수채 가?"이다. 수채란 하수도 즉 배설물을 버리는 곳이란 말이다.
- 인간의 배설물의 일종인 "정액을 내쏟는 곳 "이냐?라는 말이다.
  남성의 지나친 행동에 대한 반박의 말이다.
- 자중하라는 의미요, 인간다운 행동을 하라는 말일 것이다.
  요즈음 시대에 일방적으로 그런 행동하다간 매 맞아 죽을 것이다. 기억(記憶)에 남으라고 한 이야기다.

- 금(金)에 관한 이야기를 하여보자.

  많은 의미를 내포하지만 그중 피부를 꺼내어 살펴보자.
  피부가 까무잡잡하면 건강하다고 한다. 그 이유는 무엇일까?
  그리고 색(色)도 강하다고 보는데 그 근거(根據)는?

◈ 피부(皮膚)와 색(色)과의 연관 관계.

● 피부는 금(金)이다.

● 금(金)이 튼튼하면 금생수(金生水)가 수월하고, 원활하다. 금(金)이 약하면 수(水)를 생하기 힘들어 자연 색(色)에 관한 부분은 약한 것이다.

● 금은 색으로 백색(白色)이다.

● 피부의 색이 지나치다는 것은 햇볕을 쪼이지 않아 그런 경우.

➜ 금(金)의 기운이 수(水)를 생(生)하는 작용을 제대로 하지 못하기 때문.

● 그 원인을 살펴본다면?

목(木),화(火) 기운(氣運)이 지나치게 강해 금(金)이 정상 작용을 못한다.

● 수(水)의 생성(生成)이 원활하지 못하면?

신장(腎臟), 방광(膀胱), 고환(睾丸), 생식기(生殖器) 등 관련된 부분이 정상적(正常的)인 기능을 못한다. 색(色)의 부분에 있어서도 문제가 있다.

● 반대로 금(金)의 기능이 원활 할 경우는 어떨까?

● 수(水)는 흑색(黑色)이다. 피부로 본다면 검은 빛의 흑인 피부다.

흑인들은 대체적으로 색(色)이 강한 편이다. 남성의 경우는 페니스도 크고 튼튼하다. 여성 역시 피부가 매끄러워 탄력이 있고 앞가슴도 풍만하다. 황색인종인 동양인의 경우는 구리 빛 피부가 그 답이다.

● 여름에 썬 텐을 하고 피부를 태우는 것도 다 건강에 좋다.

태양열은 화(火)다. 화(火)를 쪼이면 금(金)성분이 분해 작용하여 금생수(金生水)를 원활히 하는 것이다. 그러나 지나침이 안 좋은 경우는 금(金)이 약하거나 없을 때 오히려 해(害)가 된다. 혈액의 조혈(造血)작용이 힘든데 더 심해지니 그 결과 나타나는 것이 빈혈(貧血)이요, 백혈병(白血病)도 원인이 된다.

● 피부가 쉬 벗겨지고, 종기나 물집이 자주 생긴다.

피부병(皮膚病)의 감염에 무방비(無防備) 상태다. 피부의 상태가 깨끗하지 못하다.

✤ 금(金),수(水)와 색(色)과의 관계.

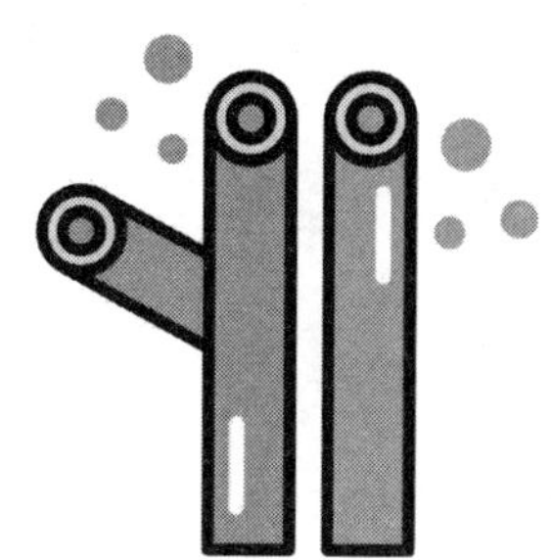

◉ 금(金),수(水) 냉(冷),한(寒)의 경우.

● **사주(四柱)가 금수냉한(金水冷寒)이면 꽁꽁 얼어있는 형국이다.**

자율신경(自律神經) 또한 굳어져 여러 예기치 못한 돌발 상황이 발생(發生)한다.

● **그 대표적인 증상으로는 발기부전증(勃起不全症)을 들 수 있다.**

나이가 들면 요실금현상이 많이 보이는데, 이는 금(金),수(水)가 약하거나, 금수(金水)가 냉(冷)한 사주에서 많이 나타나는 증상이다. 방광이 축소되어 오줌을 저장하기 힘든 것이다.

그러니 자꾸 밀어내니 밖으로 나올 수밖에 또한 자율신경(自律神經)이 둔화가 되어 참으려 하여도 알면서 저절로 실례를 하고, 조금만 힘을 주어도 앞부분이 축축해지는 것이다.

● **여성의 경우도 마찬가지다.**

불감증(不感症)에 냉증(冷症), 대하증(帶下症),생리(生理)불순(不順) 등 여러 현상이 나타난다.

●**여성(女性)의 경우.**

이러한 사주(四柱) 자체로 냉방(冷房)살이요, 공방(空房)살(殺)이다. 남성, 여성 다 외톨이 경향을 보이기도 한다.

● 여자가 금(金)일간에 금수(金水)가 냉(冷)한 사주면? 남자가 되는 일이 없나.

심하면 불구(不具)가 되거나 사망(死亡)까지 가는 수도 있다. 김밥으로 사귄다고 해도 남자가 되는 일이 없는 사람이다. 종교, 철학 쪽에 귀의하는 사주다

◉ 궁합(宮合)은 내로남불.

▼ 족저근막염(아킬레스건염)➜많은 고통을 당하고 있는 사람의 사주.

癸	癸	辛	壬	해(亥)월의 계(癸)수 일간이다.
亥	丑	亥	子	남성(男性)의 사주이다.

⇧ 색(色)에 대한 이야기조차 꺼내기 힘들다. 금수냉한(金水冷寒) 사주다. 지나치다 보니 오히려 허약(虛弱)하다. 몸부터 신경 써야한다.

▼ 다정다감하고 매우 친절한 여성이다.
현재 사귀는 남성이 있는데 같이 외국유학을 준비 중이다.

庚	癸	癸	癸	해(亥)월의 계(癸)수일간이다.
申	丑	亥	丑	현재 약국을 운영하고 있다.

⇧ 급각(急刻)살을 갖추고 있어 생각지도 않게 교통사고를 당하기도 하였다.

- 완전한 금수냉한(金水冷寒)의 사주다.
  금기(金氣)의 지나친 설기(泄氣)로 인해 골격이 너무 외소하다. 바람 불면 쓰러질 것 같이 연약하다.
- 골격(骨格) 부실하다. 출산(出産)이 걱정 된다.
- 다자무자(多子無子)의 원리다.

✣ 수기(水氣)가 지나치게 약할 경우.

위의 사주는 수기(水氣)가 지나치게 왕(旺)하여 생기는 불운(不運)한 경우고, 이번에는 수기(水氣)가 지나치게 모자라 생기는 경우를 보자.

- 요즈음은 무용을 하려면 일단 신장이 훤칠해야 된다. 무(戊)토 일간이요, 기운(氣運)이 강해 단신(短身)이 항상 문제점으로 부각(浮刻)된다.

▼ 천간(天干)-월(月)에 계(癸)수 있으나, 큰 힘을 발휘하지 못한다.

丙	戊	癸	丙	사(巳)월의 무(戊)토 일간이다.
辰	辰	巳	寅	무용을 전공하는 학생이다.

⬆ 오히려 지지에 인(寅) ↔ 사(巳) 형(刑)이다.

- 재(財)인 아버지가 일찍 돌아가시는 형국(形局)으로 나타난다.
  수기(水氣)가 지나치게 모자라 이성관계도 없는 형상이다.
- 물론 진(辰)중의 계(癸)수가 있지만 재고(財庫)다.
  이와 같은 사주에서는 충(冲)이 되어야 쓸모가 있다.

◈ 그리고 항상 아버지에 대한 그리움과 회한(悔恨)이 남는다.
일(日)과 시(時)에 자형(自形)살이 있어 후에 자손의 건강이 염려된다.

- 인수(印綬)는 사(巳)중의 경(庚)금 뿐이다.
  그 역시 인(寅)↔사(巳)형(刑)으로 항상 다툼이요, 의(義)가 안 좋을 수밖에 없다.

◈ 수(水)일간에 화(火)가 많을 경우는 어떨까?

- 수(水)일간에 화(火)가 많다는 것.
  방바닥이 뜨거워서 앉아 있을 수 없는 것이나 진배없다. ● 주전자에 물이 끓기 시작한다. 수증기로 변해 뚜껑을 밀어제치고 넘치는 상황이다.

◈ 그래서 자다가 오줌 싸는 **야뇨증(夜尿症)**.
사주가 신약(身弱)해 전체적인 통제(統制)가 어려울 경우, 이런 증상이 나타난다.
ㅇ 또한 사주가 지나치게 건조(乾燥)해도 갈급증(渴急症)이다. 수분(水粉)이 보이기만 하면 빨아당긴다.

◈ 건조한 기운이 가득하다. 시원한 달콤함이 그립기는 한데 ?

도저히 수분을 간직할 수없다. 이 역시 불감증(不感症) 환자다.

✤ **사주가 지나치게 신약할 경우.**

사주가 신약(身弱)할 경우, 그 원인은 여러 가지로 나타난다.

✤ **그 중 여성에게 관(官)이 왕(旺)할 경우를 살펴보자.**

- 관(官)이란 남편(男便)인데, 관(官)이 지나치게 왕(旺)하다.
  남편(男便)이 많음인데 사주가 어느 정도 신강(身强)하면 다행인데, 그래봐야 바람피울 일 밖에 없지만 --.

✤ 지나치게 신약(身弱)하다.

다자무자(多子無子)의 원리(原理)로 아무짝에도 쓸모 없는 사람이 된다.
그렇다고 아주 그렇다는 이야기는 아니지만, 남과 비교해 처진다.

- **남편과 성(性)관계 하고 나면?**
  며칠은 몸져누워야 할 정도로 잠자리 기피증에 걸린 여자다. 집안일도 제대로 하지를 못한다. 깔끔한 맛도 없고 집구석이 맨 날 그 모양 그 꼴이다.
- 관(官)이 제 역할을 못하니 일에는 낙제점이다.
  재(財)인 음식(飮食) 역시 마찬가지다.
- 집에서 만드는 것보다 밖에서 사다 먹는 것이 더 많은 사람이다.
- 관(官)이 왕(旺)하니 재주가 있다 해도 맨 날 쫑코 먹는 개재주다. 고친다고 하다가는 망가트리기가 일쑤다. 차라리 그냥 가만히 있는 것이 도와주는 것이다.

▼ 경(庚)금 일간의 여성이다.

丁	庚	庚	丙	인(寅)월의 경(庚)금 일간이다.
丑	戌	寅	午	여성(女性)의 사주이다.

⇧ 지지(地支)에 화국(火局)이 형성. 일지가 형살(刑殺)로 흔들리고 있다.

다른 면은 살펴볼 필요 없고 부부(夫婦)간의 관계(關係)를 보자.

◈ **색(色)에는 관심(觀心)이 없는 여성.**

● 늦게 배운 도둑질에 날이 새는 줄 모른다.
이제는 거꾸로 인생을 사는 사람이다. 이런 경우도 있다.
관(官)에 종(從)하는 사주인데, 헛발질 사주다.

▼ 관(官)의 기운(氣運)이 지나치다.

戊　壬　己　戊　　　미(未)월의 임(壬)수 일간.
申　戌　未　戌　　　여성(女性)의 사주(四柱)다.

⬆ 시지(時支)의 인수(印綬)가 일지(日支)와 합(合)을 이룬다.
친정을 내 집 드나들듯 하는 여성이다. 친정(親庭) 떠나서는 살 수 없는 여성이다.

◈ 그만큼 친정과 왕래(往來)가 많고 의존도(依存度)가 크다는 설명.

● 자궁의 발달이 원만하지 않다.
성관계를 한 번 갖고 나면 고통으로 시달린다.

● 결혼 후 예쁜이 수술한다 난리인데 거꾸로다.
자궁이 깊지가 않아 고통이다.
유산이 자주 되니 그 또한 걱정이다.

✤ **즐기는 것으로 만족하는 사주.**

✤ **사람이란 즐기는 그 자체만으로는 살 수가 없다.**

● 가정(家庭)이라는 보금자리가 있어야 참다운 삶을 누릴 수 있을 것이다.
많은 이성(異性)과 교제가 있으면서 결혼(結婚)이 늦어지거나, 남이 보아도 곧 결혼할 것처럼 보이더니 또 결혼이 무산 되고, 또 다른 이성과 교제로 많은 이의 입에 오르내릴 때 과연 어떤 소리가 나올까?

◉ 궁합(宮合)은 내로남불.

● 그 원인은 무엇일까?

그리고 어떤 사연이 있을까? 하고 긍정적(肯定的)인 사고도 필요하고, 한편으로 또 다른 무엇이 있는가? 하고 살펴야 할 것이다.

▼ 너무나도 오랜 시간을 홀로 지낸 사람이다.

丙	丙	戊	庚	인(寅)월의 병(丙)화 일간이다.
申	申	寅	寅	여성(女性)의 사주(四柱)이다.

🡅 남자도 있다. 그런데 왜 그런 소리를 듣는 것일까? 다 사연이 있다.

재(財↔)인(印)이 투쟁(鬪爭)중이다. 친정어머니를 모시고 산단다.

● 관(官)을 찾아보자. 신(申)중의 임(壬)수가 된다. ● 일(日)과 시(時)에 병궁(病宮)이다. ● 관운(官運)이 와도 성사(成事)가 힘든 사주다.

◈ 재(財)인 여성은 어떠한 가? 남성의 사주를 통해 살펴보자.

▼ 을(乙)목의 재(財)를 살펴보자.

丙	乙	丁	甲	축(丑)월의 을(乙)목 일간이다.
子	酉	丑	辰	두 집 살림하는 남성(男性)이다.

🡅 년지(年支)와 월지(月支)에 축(丑)과 토(土)가 있다.

● 일지와는 전부 합(合)이 되어있다.

육합(六合)은 부부(夫婦)합(合)이라 일지(日支)로 찾아오니 이혼(離婚)은 안한 상태. 월지(月支)의 축(丑)토를 보자. 일지(日支)와 방합(方合)으로 되어있다. 합(合)하여 ➜ 관(官)으로 화(化)하였다. 업무를 같이 주관한다. ● 같이 일을 하다 보니 그런 관계가 이루어진다.

- 나이를 본다면 년지(年支)보다 월지(月支)가 아래로, 본처(本妻)보다 나이가 아래다. 각각 일지(日支)로 합(合) 되어오니 두 집이다.
- 남자는 바쁘다.

  큰 집에서 며칠, 작은 집에서 며칠 그러다보니 큰 부인은 신경을 안 쓴다.
- 가깝기도 하고, 일을 같이 하다 보니 작은 집에 있는 시간이 길어진다.
- 진(辰)토는➜인수(印綬)고(庫)요, 축(丑)토는 ➜ 관(官)고(庫)다.

  가정(家庭)과 일이다. 중말년(中末年)이 되면 처궁(妻宮)이 흔들린다.

▼ 지지(地支)에 관(官)이 그득하다. 어찌 지지(地支)에 급각(急刻)살을 그렇게 놓고 있는지 구색을 완전히 갖추었다.

己	丙	庚	庚	진(辰)월의 병(丙)화 일간이다.
亥	子	辰	子	홀로 사는 여성(女性)이다.

🡅 밤에만 돌아다니는 사람이다.

- 물론 생업에 종사하다 보니 시간이 그럴 수밖에.
- 온통 물바다라 의지할 곳은 자손 밖에 없다.

  일찍이 남편을 여의고 홀로 지내온 여성. 금수(金水)가 냉(冷)한 사주라 화기(火氣)가 필요한데 화기가 없으니 토(土)에나 의존(依存)해야 하는데 힘이 약하다.

- 가판으로 시작하여 내 점포라도 갖고 있다.

  그런데 병(丙)↔경(庚)충(冲)이요 지지(地支) 진(辰)토가 ➜ 수(水)로 변화하였으니 죽 쒀서 개주는 형상. 색(色)의 진정한 묘미(妙味)도 모르고, 그저 나를 좋아하는 사람이 있다는 것으로 만족하는 사람이다.
- 사주가 신약(身弱), 귀가 얇고, 고집도 엉뚱한 고집을 부리는 사람이다.

  그래도 병(丙)화 일주라고 남에게 지는 것은 싫어한다. 돌보아 주는 사람이 없으니 자주 당하는 편이다.(바가지)

◉ 궁합(宮合)은 내로남불.

● 내연(內緣)의 관계에 있는 남성에게 물주(物主)노릇하며 지내는 사람이다.

● 그것이 신약(身弱)한 사주 특성이다. 관(官)에 끌려 다닌다. 관(官)에 종(從)하는 사주다.

● 여성에게 식상(食傷)이 자궁(子宮)도 된다.

토(土)가 수(水)로 화(化)하였으니 자궁(子宮)을 들어낸 것이다. 내연(內緣)의 남성은 그것도 모른단다. 그 나물에 다 그 밥이다. 밤마다 술이나 마시고 그저============.

✤ 조루증(早漏症)은 어떤 사주에 많은가?

● 조루증(早漏症)이란?

성관계시 사정(射精)이 정상적인 시간보다 병적으로 빠른 경우를 말한다.

● 현대에 있어서 다각적인 사회의 스피디한 변화와 "빨리빨리".
한국적인 특성과, 불안한 환경 그리고 오래 해야 한다는 강박관념에 의하여 더 많은 사람들이 유사한 현상을 나타내고 있는 것이 현실이다.

● 주로 화(火)일주에 많이 나타난다.
화기(火氣)가 강해 수기(水氣)가 약할 경우도 이에 해당되고, 화(火)일주가 금수(金水)냉(冷)할 경우, 설기가 심해 신약할 경우, 사주(四柱) 자체가 신약할 경우, 목(木)일주가 습할 경우도 이에 해당된다.

● 금수(金水)가 지나치게 냉(冷)할 경우?
발기부전(勃起不全)이므로 이것과는 성격이 약간 다르다. 음경(陰莖)이 축소되어 크기도 작아진다. 여성의 경우는 분비물의 원활한 소통이 잘 안 되어 여러 질환이 발생한다.

▼ 자신의 무능력과 바람기로 재산을 지키지 못하고 날린 사람.

辛 丙 辛 戊　　유(酉)월의 병(丙)화 일간이다.
卯 子 酉 申　　재산(財産)을 탕진한 사람이다.

⇧ 우군(友軍)이 없다. ● 시지(時支)의 묘(卯)목은 형(刑)이다.
습(濕)목이라 화(火)를 생(生)하지못 하고, 병(丙)화 일간은 정작 화(化)해야 할 상황이다. 조루증의 남성이다.

● 합(合)과 형(刑)이 두드러진 사주다. 노후(老後)가 걱정이 되는 사람이다.

▼ 모든 것이 다 업(業)이다. 화기(火氣)는 미(未)중 정(丁)화 만 보인다.

癸 乙 乙 癸　　축(丑)월의 을(乙)목 일간이다.
未 丑 丑 亥　　수목응결(水木凝結)로 본다.

⇧ 조(燥)토라 꺼지려하는 불빛이라도 있나 했더니 충(沖)이라, 사용도 못한다.

● 수목(水木)응결(凝結) 섣달의 흙이다.
꽁꽁 얼었고, 음지(陰地)의 나무라 따듯한 손길이 항상 그리워진다.

● 정신질환(精神疾患)으로 가끔씩 곤욕을 치른다.
건강(健康)이 항상 염려된다. 처궁(妻宮)도 부실.

● 이성과 교제에서는 건드리다, 맛만 보고 끝나는 사주

✤ 이혼 후 총각과 결혼하여 득자(得子)한 사주.

● 본 남편과 이혼(離婚)하고 총각과 결혼을 한 후, 자녀를 낳은 사람 사주다.
요즈음은 이혼 한 이혼(離婚)녀가 총각(總角)과 새로운 살림을 차리는 경우가 종종 있어 그러한 사람의 사주를 올려보았다.

◉ 궁합(宮合)은 내로남불.

▼ 미(未)↔술(戌)형(刑)에, 을(乙)-미(未), 병(丙)-술(戌) 백호(白虎)요, 병(丙)↔경(庚) 충(冲)이라, 거기에 인(寅)↔해(亥)합(合)목이 나타나고 정(丁)↔임(壬) 합(合)도 나타난다.

乙	丙	庚	辛	인(寅)월의 병(丙)화 일간이다.
未	戌	寅	亥	합(合)과 형(刑)이 잘 보인다.

🔼 합(合)과 충(冲)과 형(刑)과 변화가 무쌍하다.

- 그러다보니 팔자가 거셀 수밖에 없다. 색(色)을 밝힌다.
- 여자가 아니라 남자다. 남자여, 나의 말을 들어라!
- 다혈질(多血質)이면서 애교도 있다. 그 뒤에는 무엇이 있을까?

▼ 일지(日支)와 시지(時支)가 합(合)을 형성한다.

壬	癸	己	戊	미(未)월의 계(癸)수 일간.
子	丑	未	戌	지지(地支) 형살(刑殺)을 놓고 있다.

🔼 이 사주에서 재(財)인 화(火)를 찾아보자.

- 재(財)라고는 술(戌)중 정(丁)화와, 미(未)중 정(丁)화가 보인다.
- 일간(日干)인 계(癸)수에게 전부 편재(偏財)다.
  년지(年支)는 쇠궁(衰宮)이요, 월지(月支)는 묘궁(墓宮)이다.
  거기에 형살(刑殺)이 임하니 처(妻)와는 인연(因緣)이 박하다.
- 중국교포인 여성과 결혼하였으나, 파혼(破婚)을 한 후 홀로 지내는 사람.
  관(官)이 든든하니 직장은 열심히 다니고 있다.
- 관(官)인 토(土)의 기운(氣運). 지나치게 강해 계(癸)수가 힘을 못 쓴다.
  나이가 한창 지난 후에 기력(氣力)을 회복하여 정신을 차린들 무엇 하나 !
- 기운(氣運)도 쓸 때가 있다.
  이미 다 지나간 시절인 것을. 일주(日柱)가 백호(白虎)다.

▼ 남성 사주는 견(肩)·겁(劫)이 왕(旺) ➜ 속된 말로 깡통 차는 사주.

戊 甲 乙 甲 해(亥)월의 갑(甲)목 일간이다.
庚 寅 亥 寅 처가(妻家)살이 하는 남성이다.

己 癸 丙 丙 신(申)월의 계(癸)수일간이다.
未 丑 申 辰 아내인 여성(女性)의 사주이다.

🅾 아내는 부(夫)-궁(宮)이 부실(不實)하다.

● 월지(月支)에 해(亥)수가 있으나 인(寅)↔해(亥)➜합목(合木)하여 목(木)으로 화(化)하고 만다. 잠자리에서의 만족도는 별로다.

● 금전적으로 충분하지 못하면 밤에라도 가끔씩은 은혜(恩惠)를 갚아야 하는 것인데 이도 저도 아니다.

➜ 반면에 아내는 어떠한가? 아내는 능력이 충분하다.

● 남정네들의 각축전이 벌어진다.
아내는 부(夫)-궁(宮)이 부실(不實)하다.

● 충(冲)이 되는데 관(官)끼리 다툼이다.
"안방은 내 것이다."하고 서로 다투는 형상.
이기는 자(者)가 차지하는 것이다.

▼ 재(財),관(官)이 왕(旺)하여 신약(身弱)한 사주는 대체적으로 정력(精力)에 관한 한 약한 편이다. 과로와 스트레스로 인한 경우가 많다.

癸 辛 丁 甲 묘(卯)월의 신(辛)금 일간(日干)이다.
巳 未 卯 寅 재(財),관(官)이 왕(旺)하다.

🅾 일반적으로 재(財)가 더 강할 경우는 결혼도 늦고, 일도 잘 풀리지 않는다.

◉ 궁합(宮合)은 내로남불.

▼ 일간(日干)의 기운(氣運)이 너무 강(强)하다 보니, 독불장군이다.

壬　戊　己　戊　　미(未)월의 무(戊)토 일간이다.

子　戌　未　午　　차, 포 떼어놓고 장기를 두는 형국이다.

◘ 혼자서 모든 것을 처리해야 하니 힘이 부친다.

- 정신이 없고 손님도 앉아서 맞아야한다.
  배웅을 나가지도 못한다.
- 배우자(配偶者)궁(宮)도 이미 한 방을 맞고 있는 형국(形局)이다.
- 미(未)중 을(乙)목이 있는데 제구실을 못한다.

- 중년 후반이나 지나야 하는 사주다.

- 운(運)에서나 기대(期待)해 보아야하는 사주.

여성(女性)이라 관운(官運)이 늦게 오므로 결혼이 늦어진다.

신체적인 핸디캡도 크게 작용한다.

늦바람나는 사주(四柱)다.

▼ 매우 신약(身弱)한 사주.

乙　壬　乙　戊　　묘(卯)월의 임(壬)수 일간.

酉　午　卯　午　　결혼을 앞둔 여성의 사주.

◘ 지지(地支)에 묘(卯--)유(酉)충(沖)이 보이니 이 또한 걱정이다.
수(水)일간이 신약한데 거기에 묘(卯)↔유(酉) 충(沖)이 가임되면 참으로 걱정스런 상황이 많이 생긴다.

- 유산(流産)이 걱정되고 자궁이 약한 것이다.

- 여성의 경우 자궁(子宮)이 약하면 지나친 성(性)관계도 조심해야 한다.
  항상 건강에 유의해야 한다.
  식상관이 자궁(子宮)이라 충(冲)이 될 경우 자궁을 조심해야 한다.

▼ 수(水)기가 지나치게 강(强)하여 하체(下體)가 약하다.

癸 癸 癸 癸　　해(亥)월의 계(癸)수 일간이다.
亥 亥 亥 卯　　목(木)이 수목이 되어버린다.

⇧ 조금만 걸어도 쉬 피로감이 온다.

- 오래 걷기가 힘든 사람이다.
  얼마 되지 않는 거리도 차량을 이용할 정도이다.
  약간 무겁다 싶은 것도 제대로 들지 못하는 사람이다.
- 색(色)은 논하지 말자.
  수목응결(水木凝結)의 사주다. 수기(水氣)가 지나치게 강한 사주는 색(色)과 관련 없다 보면 된다.
- 수기(水氣)가 강(强)하다고 색(色)을 논하면?
  실수가 된다. 물이 흘러야 색(色)도 논한다.
- 관(官)은 해(亥)중의 무(戊)토가 있으나 흔적도 없이 사라진다.

▼ 처궁(妻宮)이 흔들리고 있다.

丙 己 乙 癸　　묘(卯)월의 기(己)토 일간이다.
寅 巳 卯 卯　　년간(年干)의 계(癸)수를 보자.

⇧ 년간(年干)에 계(癸)수가 보인다.

- 목(木),화(火)의 기운은 왕(旺)한데 수기(水氣)가 공급 부족이다.
  수원(水源)이 고갈(枯渴)되는 것이다.
- 인(寅)↔사(巳)형(刑)으로 물의 공급원(供給源)이 파괴되고 있다.

◉ 궁합(宮合)은 내로남불.

▼ 재(財)를 찾아보자. 천간(天干)에 을(乙)목이 보인다.

癸	庚	乙	辛	미(未)월의 경(庚)금 일간이다.
未	戌	未	酉	산(山)에서 기도중인 사람이다.

⬆ 지지(地支)로 미(未)중 을(乙)목이 있는데, 미(未)↔술(戌) 형(刑)이다.

- 왜 재(財)를 보는가?
  남성 사주이니 재(財)인 여성이 있어야 색(色)에 관련된 이야기가 나올 것 아닌가?
- 여자의 경우는 관(官)을 보아야 하는 것이 당연한 것이다.
  재(財)인 을(乙)목이 천간(天干)에서 합(合)과 충(沖)을 동시 겸하고 있다.
- 금전(金錢)과 여자(女子)에는 인연(因緣)이 박(薄)하다.
- 뜻대로 해결이 원만하지 못하다. 기회가 오면 놓치지 말아야 한다.
- 미(未)중 을(乙)목은 형(刑)이라 그것 역시 별 볼일 없다.
- 이루어질 수 없는 사랑이다. 강 건너 불구경이다.

▼ 여성(女性)의 사주인데 남편(男便)이, 남편 구실을 못하는 경우다.

辛	丙	乙	壬	사(巳)월의 병(丙)화 일간이다.
卯	午	巳	午	일간(日干)과 시간(時干)이 합(合)이다.

⬆ 원인(原因)은 다 본인(本人)에게 있다.

- 사주(四柱)의 전체적인 균형을 보면 화기(火氣)가 왕(旺)하다.
- 금(金), 수(水)가 몰려 빛을 못보고 있다.
- 일간(日干)인 병(丙)화가 시간(時干)과는 ➜ 합(合)이다.
- 년간(年干)의 임(壬)수와는➜충(沖)의 관계이다. 둘 다 크게 용도가 원만하지 못하다.

✤ 이 사주(四柱)의 특성(特性)을 살펴보자.

※ 화기(火氣)가 지나치게 왕(旺)하니 성격이 급해도 보통 급한 것이 아니다.
우물가에 가서 냉수(冷水)를 찾는 사람이다.

※ 지나치게 신강(身强)하니 남의 말을 잘 귀담아 듣지 않는다.
자기 말이 법이요, "따라와, 싫으면 말고 "이다.

※ 시간(時干)에 신(辛)금이 있는데 화기(火氣)에 다 녹아 버린다.
결실(結實)이 없다. 제 성질(性質)에 다 망치는 사람이다.
오래 갖고 있으려 하면 안 된다. 속전속결(速戰速決)이다.

※ 남편 알기를 우습게 아는 여성(女性)이다.

※ **월(月)에 비견(比肩), 비겁(比劫)이다.**
가정(家庭)을 이끌어 가느라고 애로사항이 많은 사람이다. 가장(家長)의 역할을 한다.

✤ 남편(男便) 덕(德)이 없는 여자다.

- 말년(末年)에 묘(卯)목이 있는데 자식의 자리요, 인수(印綬)다. 자산관리 잘못하여 눈물이 흐른다.
- 습(濕)목이라 연기만 펄펄 난다. 남들은 부동산으로 잘도 챙기는데, 손만 댔다하면 손해 본다.
- 자손의 영향도 있고, 신(辛)금인 재(財)가 합(合)하여 수(水)로 화(化)하니 관(官)이라 관재수(官災數)도 발생.

▼ 이혼(離婚) 한 여성(女性)의 사주.

丙	戊	丁	庚	해(亥)월의 무(戊)토 일간이다.
辰	戌	亥	戌	관(官)의 투출(透出)이 없다.

⬆ 관(官)을 찾아보니 해(亥)중 갑(甲)목이요, 진(辰)중 을(乙)목이다.

◉ 궁합(宮合)은 내로남불.

● 재혼(再婚)한다 해도 또 문제인 여성(女性)이다.

● 대운(大運)을 한 번 살펴보자. 대운(大運)수(數)는 2·2이다.

● 양(陽)년(年)이니 역행(逆行)이므로, 병술(丙戌)로 시작 된다.

● 일지(日支)인 부(夫)궁(宮)을 잘 살펴보자.

戊	己	庚	辛	壬	癸	甲	乙	丙
寅	卯	辰	巳	午	未	申	酉	戌
82	72	62	52	42	32	22	12	2

✤ 2007년계미(癸未) 대운을 기준이다.

기준년도는 사항에 따라 연령별로 선택 정하면 된다. 상담한 연도는 2007년도 이다. 옛날 일 이다 생각하면 공부할 필요가 없는 사람이다. 이혼(離婚)은 언제 하였을까? 2003년에 이혼 하였다. 계미(癸未)대운(大運), 계미(癸未)년에 이혼 한 것이다. 지금은 2021년 현재는 어떨까?

▼ 그대 없이는 못살아, 남자 없이는 못사는 사주.

乙	乙	丙	丁	오(午)월의 을(乙)목 일간이다.
酉	丑	午	未	식상관(食傷官)이 강하다.

⬆ 일(日)과 시(時)가 유(酉)--축(丑)으로 합(合)을 이룬다.

● 여자가 남편 없이 혼자 산다는 것은 참으로 힘든 일이다. 초년 복이 없더라도 말년 복이 있다면 다행인데, 그 복도 없는 팔자도 있으니 세상 참 공평하지 못한 것이다.

● 이것은 중년(中年)이후의 이야기이다.

● 전반부를 살펴보자. 년지(年支)가 일지(日支)를 충(冲)하고 있다.
게다가 오(午)↔축(丑)이 있어 욱하는 성깔이 있다.

● 화기(火氣)가 지나치게 강하다.
남편알기를 우습게 안다. 나이가 들면서 기운이 완전히 바뀌어버린다.
항상 남편이 필요한데 알면서도 잘 조절이 안 되는 것이다.

✤ 여자인데 잔 정(情) 보다는 강(强)한 남성(男性)을 원한다.

● 화기(火氣)가 강하다.

이를 달래줄 뜨거운 마음을 달굴 수 있는 강한 무쇠가 필요하다. 수(水)로써 극(剋)하다가는 오히려 역(逆)으로 당한다.

● 관(官)이 용신(用神)이다.

젊어서는 자식 뒷바라지 하느라 시간을 보내지만 다 부질없는 일이요, 그래도 내 낭군이 최고다.

● 재(財)가 식상(食傷)으로 화(火)하니 음식솜씨하나는 끝내준다.

● 남의 남자가 들어오니 그것이 문제다. 팔자(八字)인 걸 어찌 하나?

▼ 바람둥이 누나와 동생.

辛	丙	壬	丁	자(子)월의 병(丙)화 일간이다.
卯	戌	子	亥	지지(地支)는 수화(水火)상전(相戰)

⬆ 병(丙)화 일간에게 정(丁)화는 누나가 된다.

● 바람피우는 것도 유전인가?

한 집안에서 누나와 동생, 둘 다 바람둥이다. 동생인 본인의 사주를 보고 누나도 판단 하여보자. 대체적으로 그 성향이 뚜렷할 경우 사주에 확연하게 나타난다.

✤ 병화는 남자인데 병(丙)↔신(辛)합(合).

● 정(丁)화는 누나인 여자인데 정(丁)↔임(壬)합(合)이다. 주인공인 병(丙)화와 정(丁)화를 각각 살펴보자.

● 병(丙)화는 천간(天干)으로 병(丙)↔신(辛)합(合)이요, 지지(地支)로는 묘(卯)↔술(戌)➜합(合)이다. 전체적으로 세력을 확보하고 있다.

◉ 궁합(宮合)은 내로남불.

✤ 도화(桃花)를 한 번 보자.

- 일지(日支)가 술(戌)이므로 인(寅)–오(午)–술(戌)하여 묘(卯)가 도화가 된다.
  시지(時支)에 묘(卯)가 있는데 일지(日支)로 합(合)하여 들어온다.
  천하의 바람둥이다.
- 임(壬)수가 월간(月干)에 투출하여 편관(偏官)격(格)이다.
  칠살(七殺)이다. 금수(金水)가 왕(旺)하고 목화(木火)가 약(弱)하다.

➜ 이런 경우 이름 하여 설중(雪中)-매화(梅花)다.

- 정(丁)화의 경우를 보자. 천간으로 정(丁)–임(壬)➜합(合)이다.
  지지(地支)로는 해(亥)–자(子)➜방합(方合)이다.

▼ 벽이 가로막힌 부부.

癸	己	甲	丙	오(午)월의 기(己)토 일간이다.
酉	未	午	午	순환이 잘 되는 것 같다.

🔼 목(木)⇢화(火)⇢토(土)⇢금(金)⇢수(水).

- 오행(五行)의 순환(循環)이 잘 되는 것 같아 보인다.
  그러나 그것이 아니다. 미(未)토는 조(燥)토가 되어 생금(生金)하는 데는 인색(吝嗇)하다. 토(土)와 금(金) 사이에 보이지 않는 벽이 있다.
  남이 볼 때는 잘 통하는 것처럼 보인다. 그러나 실상(實狀)은 그렇지 않다.
- 자손(子孫)인 갑(甲)목이 우선이고, 아내인 계(癸)수는 뒷전이다.

✤ 시간(時干) 계(癸)수 밖에 보이지 않는다.

중간에서 연계 역할을 잘 할 것 같으나 의외로 막힌 사람이다.

- 아내를 아끼는데 인색하다.
  예쁘다고 뽀뽀한 번 제대로 안하는 사람.
  잠자리도 힘들다. 처가(妻家)를 우습게 안다.

▼ 재성(財星)도화(桃花)에 신약(身弱)한 경우.

戊　戊　甲　乙　　　신(申)월의 무(戊)토 일간.
午　子　申　亥　　　처궁(妻宮)이 불안하다.

☞ 재(財)관(官)이 왕(旺)한 사주.

✤ 재(財)가 많아 신약(身弱)한 경우.

재다신약(財多身弱)이라 하는데, 여자가 요구하면 거부하기 힘들다.
"아이, 자기 오늘은 올라 와야지?
우리 약속한 날이잖아?"
거부하지 못하고 올라 가야한다. 아! 이게 무슨 복(福)인가? 사주가 강(强)하면 자기의 뜻대로 아내가 옷을 벗고 기다려도 "나 잠깐 나갔다 올께" 하고 밀고 당기는데 신약(身弱)한 경우는 그것을 못한다. 그저 치마폭에 얼굴을 묻고 마는 것이다.

- 지지(地支)에 재(財)가 줄을 섰다. 그것도 일렬횡대로 차례차례 지나간다.

- 관(官)인 갑(甲)목은 절지(絶地)다.

을(乙)목은 사궁(死宮). 실질적인 기운(氣運)은 재(財)인 수(水)에 있다.
결국은 재다신약(財多身弱)이다.

✤ 일지(日支)가 항상 자(子)-오(午)→충(冲)이다.

- 거기에 무자(戊子)일주(日柱)라 지지(地支)에 재(財)를 깔고 있다. 이 여자, 저 여자 들어오지만 튕겨서 나간다.
- 결국은 장가를 여러 번 가는 것이다.

✤ 월지(月支) 신(申)금 식신(食神)인데 재(財)로 변화한다. 어디로 가는가?

- 결국 일지(日支)로 다 들어간다. 여자 가랑이로 다 들어가는데 인수(印綬)인 오(午)화와 충(冲)이라 결국은 내 이름으로 된 집 한 칸 제대로 안 남아나는 것이다.

◉ 궁합(宮合)은 내로남불.

● 무(戊)토 일간이 열심히 일해 돈을 벌기는 잘 번다.

여자에게 상납만 하고 자기는 챙기지 못한다.

상납도 제대로 된 상납이 아니라 주고도 핀잔 받는다. “어디 꼬불치지는 않았어?” 말 한마디에 주머니로 손이 간다.

◈ 사주가 신약(身弱)하다.

기운이 약해 벌기는 제법 벌어도 관리(管理)가 제대로 안 된다. 인수(印綬)인 불이 자꾸 수기(水氣)에 자꾸 꺼진다. 거기에 충(冲)이니 박살이 난다.

● 성(性)관계 시?

여자가 기운이 강(强)하여 남자가 분위기 좀 잡으려면 아직 멀었다며 “혼자열 내지 말라!”고 핀잔을 준다.

형이나 동생이나 팔자가 같이 간다. 테이프를 잘 끊어야 같이 가는 것이다.

▼ 재(財)가 용신(用神)인 사주.

戊	丁	戊	戊	오(午)월- 정(丁)화 일간(日干).
申	未	午	午	화기(火氣)가 왕(旺)한 사주다.

⬆ 사람들의 성격(性格)도 가지가지지만, 특성(特性)도 여러 가지다.

재(財)가 용신(用神)일 경우는 해석(解析)이 여러 가지로 나온다.

● 돈과 연애하고, 돈이다 하면 사족(四足)을 못 쓰는 사람이다.

✤ 대인관계(對人關係)에서 성공을 하는 비결(秘訣)은 무엇일까?

●적을 이기려면 적을 아는 것이다.

●술사(術士)가 무서운 이유가 무엇일까?

이미 상대방을 파악하기 때문. 보지 않아도 상대를 파악하니 그 얼마나 무서운 일인가?

●사주(四柱)의 주인공은 이미 답이 나온 사람이다.

● **화기(火氣)가 왕(旺)하고, 화토(火土)중탁(重濁)격(格)이다.**

ㅇ메마르고 건조(乾燥)한 사주다.

ㅇ화생토(火生土), 토생금(土生金)한다.

금(金)으로 배출(排出)이 이루어져야하고 돌파구를 찾아야 한다.

ㅇ자연 금(金)이 용신(用神)이다.

◈ **사주의 특성을 살펴보자.**

인수(印綬)가 잘 안 보인다. 미(未)중 을(乙)목이 있으나 고장(庫藏)이다. 사연이 그렇다. 사주가 강(强)하니 능력은 충분히 갖고 있다. 거기에 식상(食傷)이 왕(旺)하니 잘만하면 그 능력을 배가 할 수 있다. 운용(運用)의 묘(妙)가 필요한 사주다.

◈ **방법(方法)은 무엇일까?**

재(財)가 용신(用神)이니 미인계를 쓰면 아주 좋은 효과를 얻을 수 있다. 그리고 금전(金錢)을 앞세우면 성취도가 올라간다. 성과급(成果給)을 시도하면 기대치 이상의 효과를 얻을 수 있다.

✜ **일지(日支)에 재고(財庫)를 놓고 있다.**

ㅇ항상 재(財)와 씨름 하고 있는 사람이다.

ㅇ사주가 신왕하고 속된말로 싸가지 없는 편이다.

◈ **사랑의 매가 항상 필요한 사주다.**

결실(結實)인 열매, 이 사람은 그것이 필요하다. 꽃은 많이 피었는데 재(財)인 열매가 필요하다.

◈ **꽃에 비하여 열매가 빈약하다.**

재물(財物) 그릇이 작다. 많이 주어도 못 담는다. 채우려 해도 그릇이 작아 많이 못 담는다.

◉ 궁합(宮合)은 내로남불.

◈ 여자에 굶주린 사람이다.

- 색(色)으로 본다면 치마만 둘러도 넘어가는 사람이다.
- 돼지 인물보고 잡아먹나 하는 식이다.

항상 그런 것은 아니지만 룸에 가도 파트너에 대한 욕심이 별로 없고, 까다롭지가 않은 사람이다. 항상 아쉬우니까. 선 볼 경우 웬만하면 오케이 하는 사람이다.

▼ 겉보기와는 달라요, 조심하세요.

丁	辛	丙	癸	진(辰)월의 신(辛)금 일간이다.
酉	巳	辰	丑	지지(地支)에 금국(金局)이다.

⇧ 천간(天干)을 보면 병(丙)↔신(辛) ➜ 합(合)이 제일 먼저 눈에 들어온다. 사람들은 간혹 겉모습만 보고 그 상대방의 속을 모르고 대시하는 경우가 많다. 천간(天干)에서 합(合)이 된다고 좋다하다 개망신하기 일쑤다. 진정한 것은 속을 알아야 하는 것이다.

- **병(丙)화가 얼씨구나! 하고 합(合) 해 들어온다.**

●신(辛)금은 지금 너무 비만하여 살 빼는 것이 제일 급선무다.

금생수(金生水)해 물을 만들어 내보내야 한다. 옆으로 아래로 양다리를 걸쳐도 기운에 있어서는 변함이 없다.

"어서 오시와요 기다리고 있었습니다."

웅녀한테 걸린 것이다.

- 사방(四方)에 정, 편관(正, 編 官)이 있어도 까딱하지 않는 여성이다.

▼ 누가 나를 막가파라고 하는가?

己	乙	己	乙	묘(卯)월의 을(乙)목 일간이다.
卯	卯	卯	卯	해도 해도 너무 강(强)하다.

⬆ 온통 목(木)판(板)이다. 개판도 아니고 목(木)판이니 나무판 아닌가?

- 막가파라고 예전의 살인사건의 그런 사람들만 있는 것이 아니다.
- 인생에 있어서 무절제(無節制)하고, 순리(順理)를 무시한다.
  고집으로 똘똘 뭉친 사람이요, 삶의 희망이 없는 사람이 막가파다.
- 기(己)토인 재(財)가 내려앉지를 못하고 있다.
  흙이란 아래로 위치하여 만물을 포용을 하여야 하는데 있을 곳이 없다.
  자기의 자리가 없는 것이다.
  떠돌이 인생인 것이다. 처(妻)를 얻어도 남이 버린 여자(女子)이다.
  묘(卯)는 바람이라 태풍(颱風)이 휘몰아치는 인생(人生)을 사는 것이다.

◈ **인수(印綬)가 없으니 어머니가 누구인지도 잘 모른다.**

◈ 재(財)를 극(剋)하니 아버지 알기를 우습게 안다.

"당신 누구야?
왜 나를 낳아가지고 이리 고생을 시켜!"
남의 말이라고는 들을 줄을 모른다.
음지(陰地)전답(田畓)에 음지(陰地)의
나무라 음팔통(陰八通)이 문제가 아니다.

◈ **화기(火氣)가 필요하다.**

곰팡이 냄새가 진동한다. 여자의 얼굴에는 매일 손바람이 스쳐간다.
바람 잘 날이 없는 삶이다. 퉁퉁 불은 나무라 한 번 맞으면 자국이 그대로 속으로 스민다. 뼈도 작살난다.

◉ 궁합(宮合)은 내로남불.

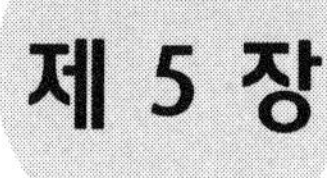

상(相)으로 보는 색(色)의 판단법.

외형(外形)을 보고 판단하는 정력(精力).
강(强)한 남성(男性), 강(强)한 여성(女性)

인간의 동물적인 근성은 누구나 다 갖고 있는 기본적인 성향이다.
알게 모르게 무의식적으로 표현되는 내장된 원시적인 행동이기도 하다. 그 가운데서 대표적인 것이 종족번식이라는 원초적인 성향이 두드러진다.
많은 이는 이것을 감추려하고, 도외시하는 척 하기도 한다.
결코 가려진다 가려지는 것이 아니요, 부인한다 해도 아니다.
다만 그것을 표현하는 방법이나, 시기, 장소 기타 여러 가지 인간으로써 자연스러우면서 순리적으로 그것을 표현, 행동하는 실천에 따른 평가에 부끄럽지 않으면 되는 것이다.
욕망을 채우기 위한 강압적인 모든 위선적인 행동과 처신은 스스로에게 평생 죄의식을 느끼게 되는 것이다.
반성하고 회개한다 해도 잊어지는 것이 아니다.
주홍글씨로 평생 숨을 거둘 때 까지 안고 가는 것이다.
후회하지 않는 근성의 표출은 실로 인간다운 삶이다.

◉ 궁합(宮合)은 내로남불.

✤ 외형을 보고 판단하는 정력.

외형을 보고 판단한다는 것도 그 보는 부분이 참으로 다양하다. 어찌 보면 참으로 막연한 이야기가 될 수도 있다.

● 과연 어느 부분의 어떠한 형태를 보는가?

아니면 일부분적인 판단으로 전체를 과연 알 수 있는가?
부분별로 하나하나 나열하는 것이 좋지만 일단 편안하게 보는 방법을 생각해보자.

✤ 인체(人體)의 각 부위(部位)를 보고 판단하는 방법.

흔히들 사소하게 생각을 하거나, 관심을 갖지 아니하고 지나치는 부분이지만 공부하는 사람들은 그것을 간과해서는 안 된다. 그 곳에 바로 답이 있기 때문이다. 물론 중요하지 아니한 부분이 어디 있겠는가? 필요에 따라 보고자 하는 부분을 빨리 보아야 하는 것이다.

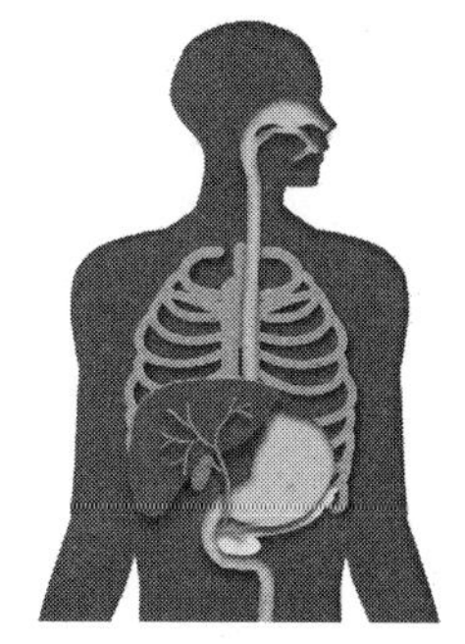

◉ 궁합(宮合)은 내로남불.

● 얼굴을 빨리 보라.

ㅇ항상 길을 가던, 사물을 보던 재빨리 보고 그것에 대한 잔영(殘影)을 그린다.

ㅇ그 영상(影像)이 내가 필요로 하고, 알고자하는 부분을 파악 할 때까지 지워지지 않도록 하는 훈련을 지금도 계속을 하고 있다.

ㅇ때로는 다른 생각으로 깜빡깜빡하는 경우도 있지만 최대한 노력을 항상 하고 있는 중이다.

● 같은 부분이라도 보는 사람의 관점에 따라 다르게 보인다.

● 그것은 세대의 차이와, 개념에 대한 이해의 차이 등 많은 부분이 작용한다. 최대한 공통적인 요소를 찾아 이야기를 하는 것이다.

● 색(色)에 대한 분야에서도 약간씩의 차이는 있을 수도 있다.
최대한의 공통점을 찾아보자.

✣ 색(色)에 관한 부분과 연결을 하여 추리어 살펴보자.

◉ 천박하면 모든 것의 순행(順行)이 원활하지 못하게 된다.
색(色)에 있어서도 그 흐름은 자연 역류(逆流)로 이어지거나, 엉뚱한 곳으로 흐르게 되는 것이다. 한 곳으로의 집중 또한 확실하지 않으므로 성(性)관계 시 불협화음(不協和音)이 발생한다.

◉ 천박한 상의 특징은?
색(色) 자체를 순수하게 생각하는 면이 지나치게 부족한 것이다.

● 색(色) 또한 천박(淺薄)하고, 음란(淫亂)하다.
정력(精力)이 약하다고 보는 것이 옳다. 간혹 색(色)에 강(强)한 경우도 있지만 그것은 그리 많은 경우가 안 된다.

- 체질적(體質的)으로 강건(剛健)하다.

상(相)이 천박한 경우는 색(色)이 강하다 해도 삶이 궁색하고, 가방끈이 짧아 그 기능을 제대로 십분 발휘하지 못하는 경우다.

◉ 남, 녀 간에 천(賤)한 상을 가진 사람은?

✣ 대체적으로 색(色)에도 약한 편이다.

간혹 색마(色魔)같은 사람들이 있기는 한데 대체적으로 범죄자에게서 볼 수 있는 경우인데, 깊이 있는 색(色)이 아니라 충동적(衝動的)인, 우발적(偶發的)이고, 범죄적(犯罪的)인 색(色)과 연관이 있다.

- 성추행, 성폭력으로 사회분위기를 우울하게 만드는 경우다. 기능을 아예 없애버리는 것이 답이다. 일벌백계.

◉ 반대의 경우를 생각하면 섹스에 대한 능력이 강하다고 보면 된다.

✣ 천박한 상의 형상.

◈ **얼굴의 생김세가 균형을 이루지 못하고 추하다.**

광대뼈가 지나치게 높은 경우 이는 남자를 존경하거나, 배려할 줄을 모르는 사람이라 독선(獨善)과 아집(我執)으로 똘똘 뭉친 형이다.

인척간 덕이 없다.

◈ 소리가 울림과 굴림이 없이 맺혀 나오는듯한 형상일 경우.

- 성상(聲相)이 흉상(凶相)인 경우를 말한다.

사고를 당해도 큰 사고를 당하게 된다. 죽음에 있어서도 호상(好喪)소리를듣지 못한다.

◈ 머리가 가지런하지 못하고 부스스한 형태를 이룸이다.

마치 쑥과 같은 형상을 갖춘 사람을 말한다.

◉ 궁합(宮合)은 내로남불.

◈ 거동함에 있어서는?

마치 뱀처럼 움직이고, 새처럼 출랑거리며 뛰는 듯 하는 형상을 말한다.

• 사람이 부지런하지 못하고, 움직이는 것을 싫어하는 형상이다.
일하는 것보다는 노는 것을 즐기는 사람이다.

◈ 성품(性品)이 지나치게 교활하다.

목소리가 남성(男性)과 같이 괄괄하여 여성의 미를 찾아보기 힘들 경우.

◈ 억세고 거치른 형, (여성)

• 기운(氣運)은 왕성하여 남자를 피곤하게 하는 스타일이다.
색(色)으로 다스리기 힘이 든 여성(女性)이다.

• 어지간한 남성이 아니고는 두 손을 들고 만다.
정복(征服)하기 힘든 여성이다.

• 그래서 결국 결혼을 여러 번 하는 팔자로 전락하고 만다.

◈ 머릿결이 지나치게 곱슬 일 경우.

• 지나치게 자신을 내세우는 면이 강해 많은 사람들로 하여금 피곤을 느끼도록 한다.
겸손이 아쉬운 형상이다.

◈ 코가 납작하고 바른 형태를 유지하지 못하는 경우.

재물(財物)운이 문제가 아니라 단명(短命)할 상이다.

◈ 눈이 희고 정기(精氣)가 없어 보이는 형상.

• 마치 넋이 나간 사람과 같은 형상을 설명한다.
매사에 의욕이 없고, 하는 일도 지지부진 결실이 보이시 않는 사람이다.

◈ 유방이 작고 몸이 비대한 경우,

• 몸의 균형(均衡)을 상실한 사람이라 삶의 곡절(曲折)이 많은 사람이다.

● 인생이 지겹도록 느껴지는 사람이다.
흉운(凶運)에는 그 타격이 심해 삶을 포기하는 경우도 있다.

◈ **신체적인 균형에 비해 눈이 지나치게 클 경우.**

● 부모(父母) 중에서 모친(母親)에 대한 연(連)이 희박한 사람이다.

● 스스로 독립(獨立)해야 하고, 자수성가(自手成家)해야 하는 사람이다.

● 형제(兄弟)가 있으면 그 우애(友愛)는 깊다.

● 특히 눈에 물 기운이 비치면 항상 고뇌하고 사연이 많은 사람이다.

● 결혼도 이혼(離婚)이요, 재혼(再婚)도 마찬가지.

◈ **엉덩이가 높고 발이 긴 경우.**

● 엉덩이가 위치보다 지나치게 높고, 발이 길다.
뒤에서 보면 마치 긴 의자와 같은 형상을 한 경우인데 쉬엄쉬엄 하는 일과는 거리가 멀고 항상 분주하게 다니는 업종(業種)에 종사하게 되고, 결과를 놓고 핀잔을 받는 경우가 많고, 열심히 해도 좋은 소리 못 듣는다.

◈ **이마가 지나치게 넘어간 경우.**

● 흔히들 까졌다는 표현을 많이 한다.
이혼을 해야 하는 팔자인데 색(色)을 지나치게 밝히는 경향이 많다. 금전적인 여유는 있으나 이 역시 천박한 상으로 본다. 한사람으로 만족을 못하는 사람이다.
말년에는 금전의 어려움에 봉착 패착을 두기도 한다.

◈ **머리가 크고 얼굴이 작은 사람.**

● 생각은 많은데 그것을 일일이 다 표현을 못하므로 자연 고집이 세어진다.

● 포용력(包容力)과 너그러움과 이해심(理解心)이 부족하다.
주변에 적을 많이 만든다. 융통성이 항상 부족하다.

◉ 궁합(宮合)은 내로남불.

☞ 얼굴이 세모형인 사람.

☞ 가슴이 마치 거북이의 형상(形象)을 이룬 사람.

◈ 대화(對話)를 함에 있어서 한숨과, 탄식조로 하는 사람.

매사가 부정적(否定的)이요, 일을 항상 어렵게 만들어 처리하는 사람이다. 순리대로 모든 것을 풀어나가는 것이 필요한 사람이다.

☞ 눈에는 광채(光彩)가 있으나, 지나치게 입이 넓은 경우.

호색(好色)녀인데 도(道)가 지나쳐 항상 문제를 일으킨다.

☞ 피부가 꺼칠하고, 통뼈인 사람.

사랑에 굶주리고, 열심히 해도 대가(代價)가 지나치게 작은 사람이다.

남편(男便) 복(福)이 박하고, 일복은 많은 사람이다.

☞ 목소리가 작고, 갈라지는 사람.

소리가 작다함은 기(氣)가 약하다. 거기에 갈라지니 이 또한 더더욱 복(福)도 모이지 않는다.

☞ 얼굴이 지나치게 희고 피부가 얇은 사람.

얇다는 것은 연약함이라 나를 지켜주는 사람의연이 박하다는 설명이다.

가정(家庭)이라는 울타리가 매우 약한 사람이다. 자손(子孫)덕 또한 박한사람이다.

울밑에선 봉선화다.

☞ **젖꼭지가 지나치게 작은 사람.**

내가 활동해야 모든 것이 원만하게 돌아가는데, 그 능력(能力)이 부족한 사람이다. 자신의 뜻을 제대로 펴지를 못하는 사람이다.

☞ **눈 위에 잔주름이 많고, 간격이 벌어진 경우.**

가정(家庭)에 흉사(凶事)를 예고하는 사람이다. 삶이 순탄치가 못하다.

☞ 코에 **빗살형**의 선이 많은 경우.

일찍이 남편을 사별하는 팔자다.

☞ **귀가 뒤로 쳐져서 늘어진 경우.**

삶이 뒤집어지는 사람이다. 가정(家庭)이 흉사로 인해 파괴되는 경우다.

☞ **머리가 뾰족한 경우.**

흔히들 말하는 새대가리다. 사람이 경망스럽고, 가볍다.

☞ **이마가 좁고, 머리카락이 쳐진 사람.**

생각하는 면이 부족(不足)하여 항상 모자람을 나타내는 사람이다.

☞ **입이 얇고 뾰족한 사람.**

매사 하는 일이 순서가 없다. 항상 뒤죽박죽이다.
차라리 시키지 아니 한만 못한 경우가 된다.

☞ **입술이 푸르고, 혀가 검은 색이 보이는 사람.**

매우 엉큼하고, 솔직한 면이 부족한 사람이다. 몰래 몰래 사랑을 즐기는 무서운 스타일이다. 줄타기를 감행하는 사랑의 도피행각도 연관된다.

☞ 얼굴이 추하다.

● 사마귀나 점이 유달리 많은 사람.

지나치게 많다는 것은 없다는 것과 같다.
고독의 상징이다.

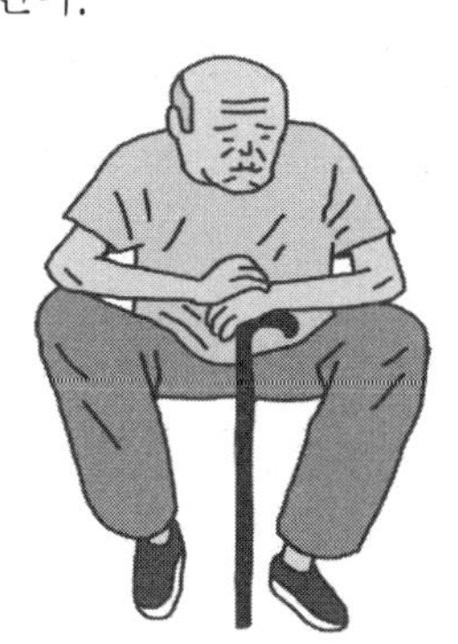

☞ **목이 가늘어 말과 같은 형상을 한 경우.**

지나침은 해(害)를 끼치는 것이다.

◉ 궁합(宮合)은 내로남불.

자꾸만 높이 보려고 하고, 위에 올라가려 하니 상대방을 누르고 가야한다.
남편을 해(害)하는 형상이다.

☞ 지나치게 외모에 신경을 안 쓰는 사람.

외모(外貌)를 등한시 하는 사람은 천박한 상이라 하기 에는 약간의 의문이 있으나, 색(色)의 관점(觀點)에서 본다면 천박함이다.

반대로 지나치게 겉모양만 추구하는 사람은 색(色)을 밝히는 편이다.

☞ 귀가 작고 검은 색을 띄는 경우.

작으니 듣는 것도 적다. 스케일이 작고, 항상 소규모다.

무엇을 해도 당장 눈앞 밖에는 보지 못한다. 장래성(將來性)이 없다.

☞ 발은 큰 편인데, 다리가 유난히 가는 사람.

땅은 열심히 파는데 물은 나오지 않는 사람이다.

☞ 인중이 지나치게 짧은 사람.

이미 중년에 모든 것이 끝나는 사람이다. 자식 덕이 없는 사람이다.

☞ 양쪽 이마가 지나치게 높은 경우.

기운이 지나치게 강하고, 상승 되어 성품이 매우 강렬한 사람이다.

불과 같아 자제하기가 힘들어진다.

☞ 허리가 지나치게 가는 경우.

허리가 지나치게 가늘다는 것은 신체(身體)가 전체적으로 약하다는 것을 말한다. 허약의 대명사처럼 느껴진다. 자손의 연(連)이나 덕(德)이 없다.

☞ 걸을 때 몸의 흔들림이 심한 사람.

건강에 이상이 있는 사람이다. 사고가 건전하지 못하고, 확고한 주체 의식이 희박한 사람이다.

쓸데없는 일에 휘말려 관재수(官災數)에, 삶의 기복이 심한 사람이다.

매사 흔들리는 스타일이다.

☞ 걸음걸이가 일정하지 않고 약간 기우뚱하듯 걷는 사람.

오장육부가 항상 안정이 되어있지 않은 사람이라, 골격이 약하고 허리가 항상 움직이니 토(土)인 중심이 허약한 사람이라, 소신(所信) 없이 사는 사람이다. 내분기계통에 항상 시달리고 금(金)인 뼈도 약하니 항상 골골하며, 일찍부터 관절염(關節炎)이나 골다공증(骨多孔症)은 안고 사는 사람이니 단명(短命) 한다. 신장(腎臟) 기능 또한 약한 것이 당연하다.

☞ 행동에 있어서 경솔(輕率)하다.

●겁(劫)이 많고, 불안한 기색(氣色)이 항시 보이는 사람.

●신중하지 못하다함은 침착성이 결여된 것이라, 심리적인 불안감으로 항상 모든 일을 처리함에 있어서 졸속(拙速)이요, 부실(不實)이다.

●색(色)에 있어서도 그대로 모든 것이 나타난다.

☞ 콧구멍이 지나치게 들어나 보이는 사람.

소위 말하는 들창코의 형태다. 배우자가 바람을 피거나, 부적절한 이성관계로 하여 속을 썩인다. 재물(財物)에 궁핍함을 당하는 경우가 많다.

☞ 손이 짧고 발이 긴 사람.

오장의 균형이 흐트러진 사람이다.

☞ 입술이 뒤집혀진 형상을 이루는 경우.

음란(淫亂)한 형상이다. 사람이 속이 깊지가 못하고, 경솔하여 잠잖은 자리에 나서기가 힘들고 남자 없이는 못사는 사람이다. 여자의 경우는 남자에게 이용당하는 경우가 많다. 배워도 무식한 사람이다.

☞ 눈썹의 뼈가 높고, 눈썹이 별로 없는 경우.

지나치게 드러나고, 갖추진 못한 형상이다. 빈한(貧寒)한 상이다.

◉ 궁합(宮合)은 내로남불.

☞ **턱이 지나치게 뾰족한 형상을 한 경우.**

◈ 턱의 모양이 약간 틀어지거나, 지나치게 뾰족한 경우.
아랫사람과의 연이 박한 형이다. 수하(手下)에게 당하는 형이다.

☞ **얼굴에 표정의 변화가 많은 사람.**
성격이 안정적이지 못하고, 심리적 상태가 불안정한 사람으로 변화가 지나치니 신뢰감이 없고, 성감도 변화가 심한 사람이고, 변태적(變態的)인 면이 나타나는 사람이다.

☞ **입술이 검거나 푸르고, 이가 누런 경우.**

☞ 대인관계에서 지나치게 겸손하고, 굽실거림이 눈에 거슬릴 정도의 경우.

☞ 상체는 길고, 하체가 짧은 경우.

☞ 귀가 지나치게 얇고, 색이 밝지가 못하고 어두운 색을 보이는 경우.

☞ 윗입술이 뒤집어져 이가 드러나 보이고, 잇몸이 지나치게 보이는 경우.

◉ **비만은 색(色)과 성(性)에 있어서 최대의 난제(難題)이다.**

비만인 경우는 항상 배우자와의 사이에서 문제가 된다. 가정불화(家庭不和)의 커다란 원인제공을 하고 있다. 건강상의 문제로 병원 출입이 잦아진다.

◈ 눈이 밖으로 튀어나온 형상을 이룬 경우. 금붕어를 연상하면 될 것이다. 단명(短命)하는 사람이다.

◈ 사물을 쳐다볼 때 똑바로 보지를 못하고 흘겨보듯 하는 경우. 음란(淫亂)한 경우다. 심성(心性)이 올바르지가 못한 사람이다.

◈ 눈의 끝 모양이 아래로 쳐져서 눈을 누르는 듯 형상을 한 경우.
가정에 문제가 많이 발생하여 집안이 조용할 날 없는 사람이다.

◈ 눈이 가늘고 길어 기(氣)의 발산이 약하고, 흰 부분이 많은 경우.
경제적인 여유가 없고, 항상 쪼들리는 사람이다.

◈ 입을 다물어도 입술이 잘 붙지를 않는 사람.
항상 헬렐레하는 것으로 상대방에게 오해 받기도 한다.
심성이 지나치게 약해 기(氣)가 약한 편이다. 부모의 연(緣)이 박한 사람들이 많다. 형제의 연 또한 박하다.

◈ 입술의 두께가 확연한 경우.
입술이란 그 두께가 일정하고 상(上),하(下)가 균형(均衡)을 이루어야 하는데 윗입술에 비해 아래쪽의 입술이 지나치게 얇아서 매우 가늘게 보이는 사람은 항상 위에서 눌리는 기운이라 추구하고자 하는 일에 있어서 성취(成就)도가 떨어지고, 가는 중간 중간에 장애(障碍)가 많아 항상 곤욕(困辱)을 치르는 형상이다.

◈ 입술이 지나치게 두터운 경우.

●입술은 얇은 경우 보다는 두터운 것이 좋은데?
사람이 미련하여 보이고, 실제로 본인은 영리하다고 생각을 할지는 몰라도 자기 꾀에 넘어가는 경우가 많다.

●여자의 경우는 색(色)을 밝히는 편.
한 남성(男性)으로는 만족을 못하는 사람이다. 특히 어두운 색조(色調)가 강(强)한 사람은 부적절한 관계를 유지하는 사람이다.

☞ 윗입술이 지나치게 얇은 경우.
위의 입술이 얇은 사람은 심성(心性)이 거칠지는 않으나 자기의 잇속을 지나치게 챙기고 손해(損害)는 절대 보려하지 않는 사람이다.

사람이 약간 경망스러워 보이나 재주 있는 사람이다.

☞ **치아(齒牙)가 약한 경우.**

치아(齒牙)가 약한 경우는 기혈(氣穴)이 왕성하지 못하다.

색조(色調) 또한 깨끗한 흰 색이 좋다. 치열(齒列)도 고르고 가지런함이 좋다. 기(氣)의 운행(運行)이 원만하지 못하므로 자연 색(色)에는 낙제점이다. 치과에 자주 다니는 사람은 일단 약한 것이다. 스케일링을 할 경우는 아니지만.

☞ **치아가 짧거나 약하고, 윤택함이 없는 경우.**

건강이 부실하여 단명(短命)하는 사람이다.

☞ **뻐드렁니가 난 경우.**

결혼생활이 순탄치 못한 사람이다.

☞ **혀의 형상(形相)이 좋지가 않은 경우.**

혀의 길상(吉相)이라 함은 모양이 단정, 일단 크고, 긴 것이 좋은 형상(形相)이다. 짧거나, 둥글거나, 얇은 형상은 안 좋다.

☞ **혀의 색깔의 경우.**

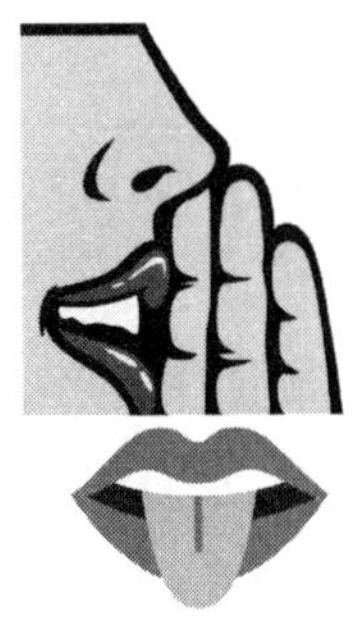

● 혀의 색(色)은 주사(朱砂)처럼 붉은 색(色)이 좋다.

● 간장의 색(色)과 같은 색(色)은 안 좋다.

● 거기에 작고 뾰족하다면 지나친 욕심(慾心)으로 인해 화(禍)를 자초하게 된다.

☞ **법령(法令)이 분명하지 못한 사람.**

● 법령(法令)이란?

코의 좌우 양끝에서 입가로 하여 약간 곡선(曲線)식으로길게 뻗혀진 굵은 선을 말한다. 입의 끝을 지나야 자기의 수명(壽命)을 누린다.

- 검고 지저분하거나, 선이 뚜렷하지 못한 경우. 입에 거의 붙어 마치 입으로 들어가 는 형상을 하는 경우 등은 삶의 애로사항이 많고 단명(短命) 하는 경우다.

✤ 강(强)한 남성(男性), 강(强)한 여성(女性).

강한 남성(男性)이란 ?
강한 여성(女性)이란?

- 건강(健康)하다는 것을 의미한다.

건강이란 스스로 지키는 것이지, 결코 누가 대신해 주는 것도 아니다.
가정불화(家庭不和)의 근본원인은 항상 건강에서 발단하여 그것이 여러 분야로 파급되면서 진행 되는 것이다.

- 성(性)과 색(色)에 관한 사항(事項).

건강(健康)이 항상 뒷받침 되어야 나오는 말이다.

- 작금(昨今)의 시대(時代)에 있어서 재(財)가 차지하는 비중(比重).

노골적으로 나타난다. 물론 예전부터 그 중요성은 항상 인식 되어왔지만 지금은 거의 공개적(公開的)으로 그에 대한 논란(論難)이 되고 있다.

- 가정(家庭)에 있어서도 마찬가지다.

거기에 첨부하여 새로 고개를 내밀고 나타나는 것이 성(性)에 대한 문제다.
뒤에서 쉬쉬하며 지내던 그런 시대는 지나간 것이다. 이것은 건강(健康)과는 떨어질 수 없는 불가분(不可分)의 관계로 가정에서 차지하는 비중이 실로 막대한 것이다.

- 물론 중요하지 않은 사항이 어디 있겠는가?

가정(家庭)파탄(破綻)의 원인으로 까지 발전 사회적인 문제로 대두된다.
이제는 그러한 문제를 사전에 미리 방지하는 방법을 찾는 것도 묘수가 될 것이다.
지금부터 각자의 상태를 알고 배우자를 선택하는 것도 방법이 될 것이다. 나와 견주어 비슷한 상대를 고르면 되는 것이다. 그러기 위해서는 무엇을 알아야 할 것인가?
이제 그 방법(方法)을 찾아보자.

◉ 궁합(宮合)은 내로남불.

✣ 관상(觀相)으로 살펴보는 성(性).

✤ 사주를 감명함에 있어서 중요한 것은?

항상 일부분적인 것을 보고 판단하지 않고, 항상 전체를 종합적으로 보면서 그 일부분을 살피는 것이다.

✤ 관상(觀相) 역시 마찬가지다.

어느 한 부분이 이렇다고 하여 "전체적으로 다 그럴 것이다." 는 식은 피해야 한다.

물론 어느 정도는 그럴 가능성이 있는 것은 사실이다.

그러나 결코 전체가 전부 그렇다는 것은 절대 아니다.

어느 일부분이 부족(不足)하면, 어느 한 쪽은 차 있는 곳이 있기 때문이다.

지금 논하는 성(性)에 대한 문재도 그렇다.

어느 한 부분의 기능(機能)을 살펴보는 것이다.

◎ 변강쇠와 옹녀를 구분하는 방법.----(섹스 포인트.)

● 어디를 보아야 구별을 쉽게, 그리고 빨리 할 수 있을까?

볼 곳은 많은데 마음이 급해지면 볼 곳도 못 보는 것이다.

우선 한 곳, 한 곳을 보면서 차차 점차적으로 늘려서 보는 것이다.

어느 정도 숙달 되면 전체적인 것이 시야(視野)에 들어오게 되어 있으므로

조급하게, 숙달 시키려고 해도 되는 것이 아니다.

◉ 첫 째는 건강이 우선이다.

● 사주(四柱)가 신강하고, 튼튼해야 색(色)에 대한 이야기가 가능 할 것이다.

● 재다신약(財多身弱)의 경우처럼 재(財)는 많은데 감당이 어려운 경우는 그것은 정력(精力)하고는 거리가 먼 것이다.

● 그러나 몸 관리를 잘해 건강할 경우 이때는 문제가 달라진다.

- 사주는 약(弱)한 사주이지만?

어느 정도는 재(財)를 건강(健康)으로 감내한다. 물론 팔자야 어쩔 수 없지만?

- 결국 당하더라도 어느 정도 그것이 유지 된다는 것이다.

이성관계가 복잡하여 삶에 있어서 굴곡(屈曲)이 많으나, 결국 말년(末年)에 철이 드는 그런 인생이다.

- 여성(女性)의 경우도 마찬가지다.

관(官)이 많으니 팔자가 그리되는 것이요, 사연이 많이 생긴다.

◉ 유방(乳房)

유방(乳房)은 여성에 있어서는 필수 항목이다.

가슴에 위치하여 여성의 상징(象徵)이요, 건강의 척도(尺度)요, 섹스의 상징(象徵) 같은 존재다.

- "보기 좋은 떡이, 먹기도 좋다"고 누가 말했던가? 일단은 풍만하고, 넓은 것이 건강하고 섹스에 강하다.

☞ 약간은 아래로 쳐진 듯하고 탄력이 있어야 한다.

☞ 젖꼭지는 위로 향하여야 함이 좋은 것인데 아래로 쳐질 경우.

섹스에는 흥미를 못 느껴 관심이 없는 사람이 되나, 중년이 지나서야 쾌락의 맛을 느끼는 경우가 된다.

☞ 유방이 풍만하여 한 입에 젖꼭지가 두 개 다 들어올 정도이면 ?

성(性)의 즐거움을 만끽하는 사람이나 주변의 유혹에 쉬 넘어간다.

☞ **유방이 겨드랑이에 가까우면?**

심덕이 후(厚)하여 성관계시 남성을 포근하게 하며 때로는 아이 다루듯 리드하며 유희(遊戲)를 즐기는 스타일이다.

☞ **유방이 좁거나 빈약할 경우.**

성격이 답답하고, 신경질적이고, 색(色)에 대한 개념(概念)이 분명치가 않다. 섹스의 능력도 부실하다.

◉ 궁합(宮合)은 내로남불.

☞ 유방이 단단하며 작은 경우.

소위 말하는 그릇형의 유방이다. 이 경우는 두 가지로 분류를 하는데 남(男性)의 관계가 복잡한 경우와 반대로 아주 드믄 경우로 본다.

완전히 극(極)과 극(極)을 달리는 사주다.

섹스의 능력도 강하면 아주 강하고, 약하면 아주 약한 스타일인데 대체적으로 강(强)한 편으로 많이 본다. 그 이유는 일단 능력은 갖추고 있는데 활용을 제대로 하지 않는 것이다. 늦게 배운 도둑질에 날 새는 줄 모르는 유형(類型)이 된다.

☞ 젖꼭지가 부드럽고 큰 경우.

성감(性感)이 풍부하여 이성(異性)이 한 번 빠지면 헤어나지 못한다.

다산(多産)하는 스타일이요, 복(福)이 있는 사람이다.

☞ 유두(乳頭)의 색은?

젖꼭지의 색(色)은 검을수록 성욕(性慾)이 강하고 성감도 풍부하다.

색은 윤택함이 좋으며, 탁할 경우는 변태(變態)성이 엿보인다.

◉ 입술

☞ 입술은 색(色)이 붉고 윤택하여야 건강하고, 섹스에 강하다.

지나치게 붉을 경우는 항상 경계해야 할 사람이다. 지나치게 색을 탐하는 사람으로 보면 된다. 입술이 두터운 경우는 야성적(野性的)으로 보이기도 하는데 오히려 우둔한 쪽으로 보는 것이 더 타당하다.

☞ 혀로 입술을 자주 핥는 사람.

단맛만 쭉 빨아먹고 떠나가는 사람이다. 색(色)을 좋아한다.

☞ 입술이 상하(上下)가 다 얇은 사람일 경우.

행동 보다는 말이 항상 앞서는 사람이다. 입으로 다한다. 말로만

☞ 법령(法令)의 선이 확실한 경우.

섹스에 강(强)하고, 박력 있는 사람이다.

◉ 인중(人中)

인중(人中)이란 코 바로 아랫부분 입술의 바로 위쪽에 계곡처럼 골이 진 곳을 말하는데 삼등분하여 상부(上部), 중부(中部), 하부(下部)로 나누어진다.

☞ 위가 좁고 아래가 넓은 경우.

인중(人中)의 상부(上部)가 좁고 하부(下部)가 넓은 경우를 말하는데, 깊고, 길고, 윤택이 있으면 건강한 체질이라 섹스에 대하여 크게 신경을 안 쓰는 사람이다.

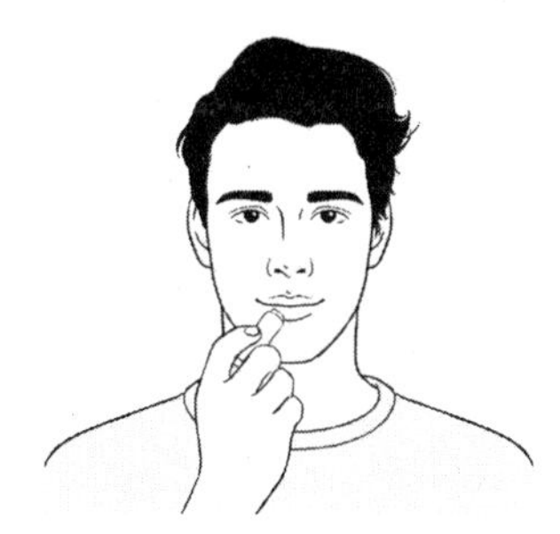

☞ 위가 넓고, 아래가 좁은 경우.

갈수록 태산이라는 말이 어울리는 사람이다.
성질이 괴팍하여 정상적인 섹 스 보다는 변태적인 섹스나 본인 위주의 쾌락을 즐기는 사람이다
위가 넓고 아래가 좁으니 둑이 무너지는 형상이라 그나마 골이라도 깊으면 물줄기라도 막을 수 있으나 골마저 두렷하지 않다면 흉(凶)에 삶이 피곤해지는 것이다.

☞ 인중(人中)이 짧고, 엷은 경우.

- 매사가 뒤엉킨 형국이다.
  마음이 선한 편은 못되어 항상 업(業)을 쌓는 사람이다.
- 섹스 능력은 별로다. 늦바람나는 형상이다.
- 주체의식(主體意識)이 희박하다,
  확고한 자신감도 결여된 사람이다.
- 일하고도 제 권리를 주장하지 못하는 사람이다.

◉ 궁합(宮合)은 내로남불.

◉ 이(耳)----귀

귀를 말함인데 신장(腎臟)기능과 연관되어 진다.

- 귀의 기능은 소리를 듣는 기능인데 청력(聽力)이 좋으면 건강한 것이다. 특히 성(性)기능과 연관이 깊어 두텁고, 단단하고, 길어야 건강한 것으로 수명(壽命)과도 연관 지어본다.

☞ 귓바퀴와 선이 분명한 경우.

건강하고, 영리하고, 매사에 충실하여 주위의 환심을 산다. 가정과 업에 충실하고, 섹스에도 문제가 없는 사람이다.

☞ 귀에 살이 오동통한 경우.

살이 풍만하다는 것은 성기능이 왕성하다는 설명이다.

☞ 귀 문이 넓은 경우.

문이 넓으니 듣는 소리도 많으니 해박하고, 지혜(知慧)가 출중하여 항상 앞서는 위치에 있게 된다.

☞ 귀가 단단한 경우.

단단하다는 것은 그만큼 삶에 애로사항이 없다. 편안한 가운데 즐기는 성생활이라 별 문제가 없는 사람이다.

☞ 귀가 뒤집어지고, 귓바퀴가 없는 경우.

뒤집어지고 없으니 갖고 있는 모든 것을 버리는 형국이라, 부모대의 조업을 파하고 가산(家産)을 탕진하는 것이다. 낙제점이다.

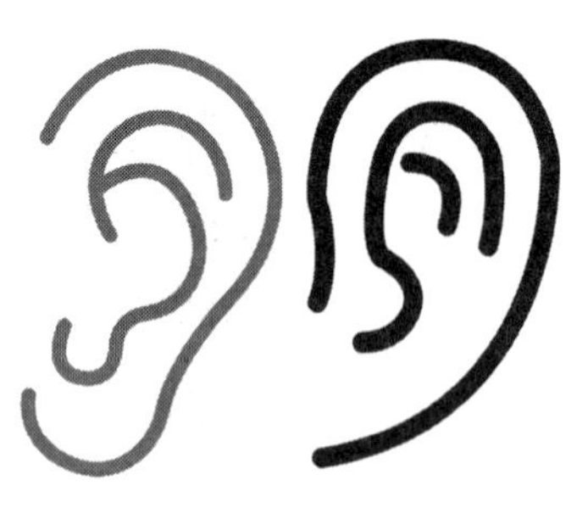

☞ 귀문이 좁고, 역할 경우.

문이 좁고, 약하니 복(福)이 들어오기가 힘들고, 재산(財産)을 축적(蓄積)할 기력(氣力)이 없다.

☞ 두텁고 둥근 경우.

복록(福祿)이 쌓이고, 재물(財物)이 모이는 형국(形局). 아내는 기쁨에 행복을 노래한다.

◉ 관골(觀骨)

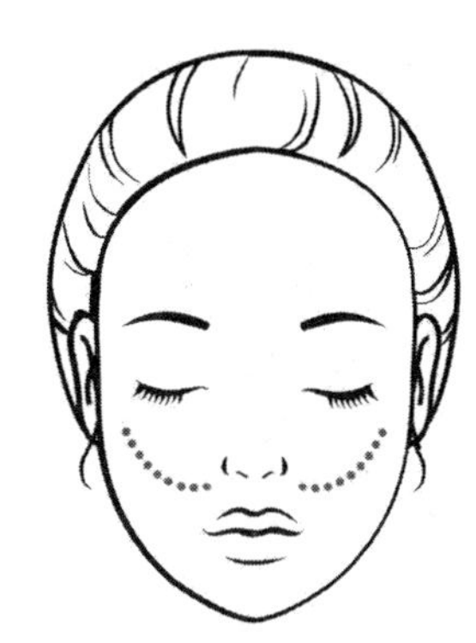

관골(觀骨)이란 코의 좌(左), 우(右) 양방향으로 하여 눈 아래쪽에 위치하고, 볼의 상방에 위치한 일종의 솟은 뼈인데, 코를 보호하여 감싸주고 얼굴전체의 윤곽을 잡아주는 지대한 역할을 한다.

- **특히 여자의 경우는?**

관골이 지나치게 튀어나오거나, 불거지면 팔자가 사납다고 보는데 그것은 보조자의 역할이요, 참모의 역할인데 그것이 지나쳐 대주(大柱)인 남편을 꺾는 것으로 보는 것이다. 성격(性格) 또한 기질(氣質)이 강하여 유순한 맛이 없고, 억센 여자다.

☞ **관골의 광택(光澤)과 청결(淸潔)도.**

관골(觀骨)의 색조(色調)가 환하고, 윤택하면 건강한 사주의 주인공이라 복록(福祿)을 누리고, 일의 성취에 있어서 큰 어려움이 없다.

☞ **풍요(豊饒)와 빈곤(貧困)의 관골.**

관골은 특히 중요한 사항이 있다. 살이 어는 정도 있어 두툼한 맛이 있어야 하는데, 뼈가 앙상하다고 느낄 정도가 된다면 커다란 문제점이 있는 사람이다.

관골인 광대뼈가 육안(肉眼)으로 보아도 툭 불거져 있으면 일단은 대인(大人)의 기상(氣象)인데 시원시원함이 좋다. 섹스에 있어서도 강인함을 나타낸다. 살이 부족하여 그 빈곤함을 나타낼 때는 범죄인의 상이 되는 악상(惡相)으로 변하는 것이다.

- **실질적으로 요즈음은 범죄인은 어떤가?**

그 상(相)이 일반적으로 생각하는 그러한 상이 아니고 의외로 곱상하고 잘 생긴 상도 많이 나오는데, 이것은 시대가 다변화되어 종류도 많아지고 정신적(精神的)인 면으로 작용하는 범죄가 증가해 생기는 현상이라 보면 될 것이다. 남자던, 여자든 성격이 포악한 편이라 거칠게 대쉬하는 경향이 강하다. 그로인해 도 아니면 모의 스타일이 나오는 것이다.

- **성행위에 있어서도 전주곡이 필요 없는 돌격(突擊)형이다.**

상대방과 마찰이 빚어지고, 기물을 집어던질 정도의 과격함이 항상 잠재되어 있다.

◉ 궁합(宮合)은 내로남불.

◉ 견(肩)----어깨

- 어깨는 얼굴과 목을 제외한 몸의 부분에서는 제일 위에 위치한 부분. 팔과 연결되어진다. 건강한 상은 두텁고 평평해야 하며 약간 높으면서 위로 비스듬히 향하는 것이 좋은 상이다.
- 보통 말하기를 "가장(家長)으로써 어깨가 무겁다."는 표현. 그만큼 차지하는 비중이 크다는 설명이다. 모든 물건을 지고, 이끌고, 받치고 모두가 어깨가 튼튼해야 한다.

☞ 어깨의 넓이와 섹스와의 관계.

- 어깨가 넓어 건장하면 섹스가 강할까?

물론 어느 정도는 강할 것이다. 그러나 힘이 좋다는 것이지 테크닉은 아니다.
지구력이나 완력은 강할지 몰라도 테크닉 쪽은 아닌 것이다.
대체적으로 어깨가 평수가 넓으면 하체가 상대적으로 빈약한 경우가 많다.

- 남성은 하체가 강해야 힘을 쓴다.

그러나 하체가 너무 튼튼하여 음낭과 성기를 감싸듯 한다면 오히려 그것은 역효과를 낼 수도 있다.

- 성관계시 서로의 닿는 부분?

아기자기한 효과가 일방적인 힘의 논리에 가려지기 때문이다.

☞ 빈약한 어깨와 강한 어깨.

빈약한 어깨를 갖춘 사람은 힘을 못 쓰니 자연 섹스에서는 실력을 발휘하지 못한다. 수기(水氣)가 지나치게 강(强)하거나, 금(金)기가 모자라는 사람들의 경우가 이에 해당한다.

☞ 어깨의 기울기와 높이.

어깨는 왼쪽, 오른쪽 양쪽으로 두 군데가 있는데 오른쪽이 높은 것은 상관이 없으나, 왼쪽이 높으면 흉(凶)으로 본다. 가산(家産)을 탕진하고, 업(業)을 패(敗)하여 패가망신(敗家亡身)을 하는 것이다.

● **섹스에 있어서도 왼쪽어깨가 올라간 형은 ?**

내성적인 면이 강하고, 대인관계가 원만하지 못하여 극히 가까운 일부분의 사람과의 접촉만이 있을 뿐이라 극히 소극적이고 예민하여 긴 시간을 지탱하지를 못한다.

◉ 요(腰)-허리

● 온 몸의 힘이 모이는 곳이다.

허리가 튼튼한 사람은 건강한 것이요, 허리가 부실하면 건강하지 못한 것이다.

● 섹스에 있어서 허리가 제대로 정상적인 작용을 못한다면?

아무런 행위도 할 수 없다. 나이가 들면 기력이 쇠하여지고 허리가 굽어지는 것이 바로 이러한 연유다.

● **허리는 몸 전체를 지탱하는 중추적인 역할을 한다.**

온몸의 기(氣)가 앞으로는 배꼽과 통하고, 뒤로는 신(腎)과 통하는 것이다. 그리고 위로는 척추로 연결이 되어 있는데 척추는 신경(神經)을 감싸고 몸이 직립(直立)과 구부림을 할 수 있도록 기둥의 역할을 하는 것이다.

● 남자던 여자든 일단 척추를 크게 손상당하면 성인(成人)의 경우.

잠자리 걱정을 하는 것이 바로 이러한 연유다.

● **섹스에 있어서도 애로사항이 생긴다.**

부부간에 있어서 이러한 시간이 계속 지속이 될 때 문제가 되는데 참으로 답답한 사연이다.

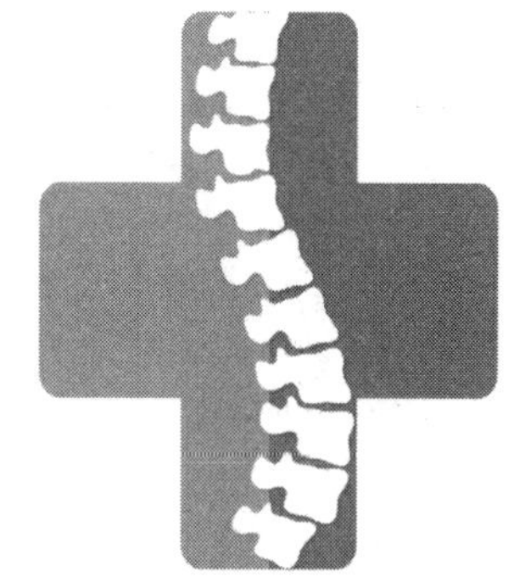

● **사회적인 분위기?**

가만히 있는 사람도 그리 되도록 어찌 보면 조장하는 것 같기도 한 것이다. 옆에서 더 난리다.

"척추를 다쳤다며?"---

◉ 궁합(宮合)은 내로남불.

➜ 너나 잘 하세요!

오래 사귈 사람들이 못된다.

진실 된 사람은 말을 안 한다.

- 그러한 부분에 연연하지 않고 얼마든지 행복하게 지내는 부부.

그에 대한 방법을 서로 노력하여 찾으면 얼마든지 가능한 것인데 말이다.

- 허리가 튼튼하기 위하여서는 일단 등이 튼튼해야 한다.
- 허리가 가늘거나 약하거나 하면?

건강도 건강이지만 섹스에 있어서는 낙제점이다. 허리는 상하의 연결부위요, 인체에서는 중추적인 역할을 하기 때문에 이에 이상이 오면 그것이 척추로 연결되고, 또 온 몸으로 연결되기 때문에 그 파급효과(波及效果)가 무서운 것이다.

- 허리에는 필요 없는 살이 너무 많으면?

동작이 둔해져 감각 또한 무디어진다. 구부림 동작이 원만하지 못해 척추가 자꾸 경직되어 어쩌다 한 번 구부린다 해도 잘 작동이 안 된다. 그런데 그것을 무리하게 하다보면 자연 탈이 나고, 부작용이 생기기 십상이다.

허리나 배에 살이 붙기 시작을 하면 섹스는 그에 비례하여 줄이는 것이 좋은 방법이요, 건강을 유지하는 것이다. 횟수나 시간이나 다 마찬가지다.

◉ 배(背-등)

- 등은 묵묵히 일하는 신체의 일부분이다.
- 오죽하면 “등신(等神)같은 놈!”이라는 소리가 나왔겠는가? 여기에서의 등신은 등신(等身)이 어울릴 것이다. 어원(語源)을 찾는 것은 나중으로 미루자.

◈ 길상(吉相)의 등은?

일단은 둥글고, 두텁고, 길고, 단정해야 한다.

- 사람은 누구나 어려서 부모의 등에 업혀보았을 것이다.
그런데 요즈음의 아이들을 업을 때 앞으로도 업는데 이것은 바람직하지 않다. 일단은 시야(視野)를 가리고, 행동을 함에 있어서도 불편한 것이다.

- 요즈음은 신세대 부모들이 아기를 앞에 안듯이 업고 가는 것.
이는 위생상, 건강상, 등 모든 면에서 시정해야 할 문제다.

- 단지 편의상 이라는 것만 으로는 안 되는 것이다.
그래서 등은 길어야 하고 포근한 맛이 있어야하고, 단정하고, 두터워야 하고, 넓어야 하는 것이다.

- 앞에 안겨서 자는 것과, 등에 업혀서 자는 것을 비교하여 보라!
어느 편이 안락하고 편하겠는가?
개울물을 남성이 여성을 업고 건넌다고 생각해보자.

- 등이 튼튼하면 얼마나 좋아하겠는가?
그런데 등이 좁고, 작고, 기울어지거나, 삐딱하거나 골이 지나치게 파여 불편하다면 얼마나 서로가 힘이 들 것인가?

- 자리가 편하면 몸도 편안하고 모든 것이 편안해진다.
반대로 자리가 불편하고, 왜 그런지 낯설게만 느껴진다면 만사가 귀찮아지고 짜증이 먼저 날 것이다. 섹스 역시 마찬가지다.

- 등의 모양을 보고 그 사람의 모든 것을 아는 방법이다.
제일 간단하게 생각하면 그것이 정답이고, 순리대로 보는 것이다.

◉ 궁합(宮合)은 내로남불.

◉ 복(腹)-배

● 배는 우리가 한글로 그냥 어떤 배가 좋아?

하고 묻는다면 사람들은 무어라고 대답을 할까? 아마 그 대답은 가지각색일 것이다.

● 과일인 배가 있을 것이고, 강가에 매어놓은 배나 바닷가의 배가 있을 것이다.
사람의 인체에 있는 배가 있을 것이고, 또는 갑절, 곱절이라는 의미도 되고 '배상(拜上)'의 준말로도 표현이 되고, 생물의 난세포가 수정하여 어지간히 자랄 때까지의 유생물(幼生物) 《식물에서는 배아(胚芽), 동물에서는 배자(胚子)---등 등 많은 해석이 나올 수 있다.

● 그러나 이 중에서 고른다면?
사람의 가슴과 엉덩이 사이 부분이 제일 적당할 것이다. 지금 단어들을 연상해보자.

✣ 배 란?

● 항상 달콤함이 있어야 하고, 바닷바람을 가르는 시원함이 필요한 것이요, 그것도 두 배 세 배하여 자기 존재를 알리는 부분이 되어야 하는 것이 아닌가? 그리고 섹스 부분과 연관 시키면 수정(受精)이라는 단어와 연관된다.

● 배는 입으로 섭취한 모든 음식물을 저장하는 창고.

그 안에서 여러 기관들이 각각 유기적(有機的)인 작용을 하여 양분을 인체에 원활히 공급할 수 있도록 하는 곳이다.

◈ 배의 색(色)을 보도록 하자.

● 어떤 색이 좋을까? 희고 붉고 윤택함이 좋다.

● 어두운 색(色)이 비치거나, 누르고, 피부(皮膚)가 거칠다면 어떨까?
좋지 않고 나쁜 쪽이다 하면, 일단 사주 상으로도 건강하지 못한 것이다.

● 건강하지 못하므로 일단 색이나, 섹스 문제는 별로다.

반면에 특이한 경우가 있기는 하지만 그것은 약간 병(病)적인 의미가 있을 경우이거나, 일시적이거나, 환경적인 경우다.

◈ 배는 음양(陰陽)으로 본다면 음(陰)에 속한다.

보이지 않는 것이요, 감추는 기능(機能)을 하고 속을 알 수가 없으니 말이다.
과실도 껍질이 지나치게 얇으면 속의 내용물이 터져서 상하기가 십상이다.

● 사람의 배도 마찬가지다.

껍질인 뱃가죽이 어느 정도는 두터워 두둑해야 보호를 하는 것이다.

● 뱃장이 두둑하다는 말은 뱃가죽이 두껍다는 의미도 포함된다.

● 음(陰)이라 하였으니 양(陽)이 좋다.

아랫배보다는 위쪽으로 배가 나와야 좋은 것이다. 위가 아래로 쳐지는 위하수채를 생각하면 된다. 이미 중년 이전에 배가 많이 나오는 것은 건강의 적신호다. 중년 후에 배가 약간 나오는 것은? 나이 살 이라고 하지만, 운동량이 그만큼 젊었을 때와는 비교가 안 되고, 소화능력도 떨어지므로 약간정도 나오는 것은 큰 문제가 될 것이 없다.

◉ 안(顔-이마

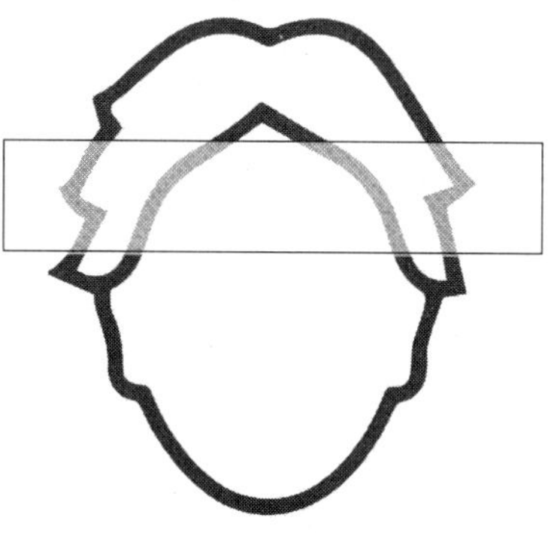

● 이마는?

눈썹의 윗부분에서 시작하여 머리털이 난 곳까지의 안면 상부에 속하는 넓은 공간을 말한다.

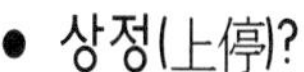

● 상정(上停)?

초년(初年)의 운(運)을 나타내는데 특히 부모(父母)의 관계를 판단하는 곳이기도 하다. 관운(官運)의 유무를 판단하기도 한다.

● 이마는 여성이 경우 남성에 대한 배우자 문제를 판단하는 곳이기도 하다.

◉ 궁합(宮合)은 내로남불.

▼ 여성의 경우 이마를 보는 관점.

◈ 이마가 좁거나 뾰족하게 나온 듯하고, 까진 이마일 경우?

재혼하거나, 나이 많은 신랑(新郞)을 만나는 팔자라 결혼(結婚)운이 순탄치 않다.

◈ 여성의 이마가 약간 들어간 사람은?

초혼(初婚)으로 끝나지 않는 팔자(八字)다.

◈ 좋은 이마란?

- 이마는 하늘이라 둥글고, 넓은 것이 좋다. 그리고 항상 두터움이 가득해야 한다.
- 이마가 넓으나, 흠이 있는 사람의 경우.

이마가 넓어 시원하여 좋으나 들어간 듯 약간 움푹한 사람은 항시 그 복(福)이 오래 가지 못하고 중간에서 도중하차해야 한다.

◈ 재혼을 해야 하는 팔자는?

- 본인이 정력이 강해, 색(色)에는 능한 것이다.
- 대체적으로 이마가 까진 경우를 많이 보는데, 성격도 외형성이 되어 꽁하고 있는 성격이 아니다. 터트려야 직성이 풀리는 사람이다.

◈ 이마의 색(色)의 변화.

- 이마가 윤택이 없고 색조(色調)가 밝지가 못하면?

건강에 이상이 있다는 징후인데, 목(木),화(火) 계통의 부분을 의심해 보는 것이 좋다.

◉ 눈썹.

- 눈썹은 눈을 보호하고 얼굴의 상단부에 있는 꽃술과도 같은 존재다.

그리고 눈썹은 눈보다 그 길이가 길어야 한다. 이는 눈썹은 보호창인데 눈보다 길지 않다면 그 기능을 상실하는 의미다.

◈ 좋은 형상의 눈썹.

바람직한 형상은 가늘고 길며 눈 사이가 넓어야 한다.

◈ 흉상(凶相)으로 보는 눈썹.

눈썹이 거칠거나 지나치게 빽빽하고 거슬러지거나, 단정하지 못하고 엉클어진 형상을 하고, 드문드문 듬성듬성하고, 눈썹이 이어지지 못하고, 짧거나 갈라진 형상을 하면 안 좋은 형상으로 본다.

◈ 미간(眉間)이 좁은 경우.

미간(眉間)이라 함은 눈썹과 눈썹사이를 말하는데 그 간격이 좁은 사람은 고집이 지나치고, 동기간에 우애가 없고, 인덕(人德)이 없는 편이다.

◈ 눈썹은 형제궁(兄弟宮).

- 눈썹을 보고 그 사람의 형제간이 많고, 적음 그리고 고독한 지를 판단.
- 눈썹이 길고 좋으면 형제간도 많고 우애가 좋고, 사람이 어질다.
- 그러나 그 모양이 가지런하지 못할 경우는 형제간 반목이 심하다.
- 특히 짧거나 흠이 있다면 흉상(凶相)으로 삶이 피곤해진다.
- 애정관계도 기복이 심하다. 이혼에 구설에 갖가지 곤욕을 치루기도 한다.
- 친구나 터놓고 이야기할 친구도 별로 없다.

항상 외로운 기러기다. 남편과도 진지한 대화가 별로 없어진다.

◉ 궁합(宮合)은 내로남불.

◈ 눈썹에 결함이 있거나 드문드문 난 경우.

결함이라 함은 흉상을 말하는데 눈썹이 숱이 적거나 별로 안보일 경우는 사람이 교활하고 능수능란한 수완(手腕)을 발휘, 사기꾼 기질이 다양하다.

●본인은 남에게 손해를 입힐망정 자기는 절대로 손해(損害)를 안 본다. 대인관계에서 항상 조심해야 할 사람이다.

◉ 목(目)-눈

안(眼)-눈

● 대인관계에서 대화(對話)하기 시작하면 처음 쳐다보는 것이 눈이다. 얼굴을 쳐다보고 대화하기 마련이다.

● 상대방을 바라보지 않는다?

고개를 돌리거나, 외면(外面)을 한 채로 대화(對話)를 할 수는 없다. 그러다 보면 시선(視線)이 쏠리는 것이 눈이요, 안면(顔面)이다.

● 오히려 쳐다보지 않으면 관심이 없는 것으로 오해 받기가 일쑤다.

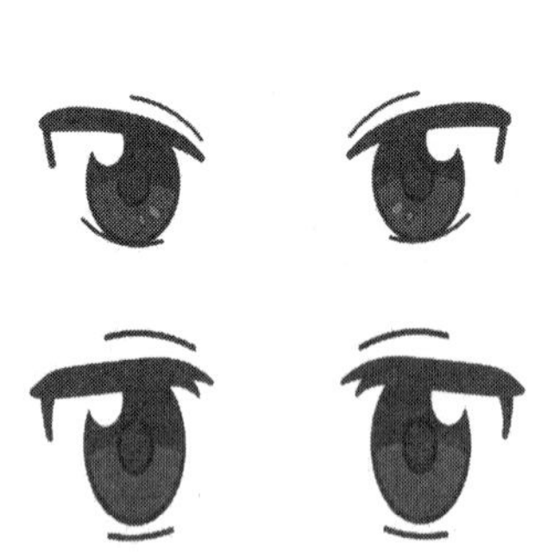

● 자연 바라보는 시간이 많으니 관찰(觀察)하는 시간이 넉넉한 것이다.

또한 자세히 보기 쉬운 것이다. 상대방에게 오해 받을 염려도 없다.

그러면서 공부는 충실히 할 수가 있다. 바로 이 분야가 그런 것이다.

관심(觀心)을 집중해야 하는 부분이다.

어느 부분이 우리가 필요로 하는 부분일까?

✤ 건강하고 좋은 눈.

● 건강하고 좋다는 것은 그만큼 정력(精力)도 왕성하다는 설명이다. 그러나 아무리 건강해도 색(色)이란 부분에 대하여 크게 관심을 갖지 않는 다면 아무리 좋은 칼 이어도 장수가 사용하지 않으면 쓸모가 없고, 용도에 맞게 사용 되어야 한다.

● 일반적으로 건강하고 튼튼하다?
대부분의 사람들은 자기가 추구하는 일에 집중을 하다보면 잠시 소홀할 수가 있다. 색(色)에 자연 무관심해지고 등한시 하는 경향이 많다. 지금 우리는 색(色)에 대한 이야기를 하지만 이 분야에 지나치게 집착하는 것은 결코 바람직한 것은 아니다.

● 다른 부분의 상(相)을 보면서도 그렇다.
사주(四柱)를 판단하여 보더라도 저 사람은 분명히 색(色)에 대한 충분한 능력(能力)도 있는데 왜 그럴까? 왜 저런 좋지 않은 결과가 나왔을까?
가정불화(家庭不和)가 생겼을까? 할 것이다. 그 원인(原因)에 있어서 이것은 분명히 짚고 넘어가야 한다.

● 건강하고, 능력 있고, 출중(出衆)해도? 사람이 모든 것을 다 완벽하게 할 수는 없다. 그 사람에게 있어서 섹스는 차후(此後)의 문제다.

● 그보다 먼저인 것은 대외적(對外的)인 활동이다.
사업(事業)이요, 명예(名譽)요, 지위(地位)와 권력(勸力)이요, 야망(野望)인 것이다. 그러다보니 섹스는 자연 이차적인 문제다. 남성에게 있어서 섹스는 분명히 일차적인 문제가 될 수는 없다.

● 가장(家長)으로써 할 일이 있기 때문이다.
만약에 섹스가 일차적인 일로 생각하는 남성이 있다면 그는 호스트바에서나 일하는 사람이요, 여성에게 몸으로 봉사하고 화대(花代)를 받는 남성 접대부요, 이성을 유혹하여 그것을 약점으로 공갈, 사기에 등이나 치는 꽃뱀이나, 제비족과 다를 것이 무엇이겠는가?

◉ 궁합(宮合)은 내로남불.

● 여성들은 남성에게 섹스에 대한 집중력 지대한 관심을 요구한다.

● 물론 그것은 당연한 요구이자, 권리다.

사랑으로 인하여 맺어졌던, 다른 연유로 하여 맺어졌던, 사랑은 분명 필요하고, 섹스 또한 그 역할을 다 해야 하는 의무이기도 하니까는.

● 여성이 남성의 스트레스는?

모든 잡념을 사랑으로 풀어준다.

편안하게 하여 줄 수 있는 방법 중의 하나가 섹스이기도 하니 그의 중요성 또한 무시 못 할 사안인 것은 틀림없다.

● 그것은 그만큼 좋은 의미(意味)로, 용도(用度)로 활용해야 함이다.

그 기능이 제 빛을 발하는 것이다.

● 간혹 신문지상에 나오는 숨겨둔 자식 운운하는 이야기.....

그러나 요즈음은 그런 소리가 잘 안 나온다. 그만큼 각자가 잘 대처 하고 자식에 대한 집착이 예전 같지 않기 때문이다.

● 잦은 출장과 밖으로의 지나친 활동은?

자연 이성의 그리움과 섹스에 대한 유혹이 따르기 마련이다. 이때 남성이나 여성은 각자의 상대를 찾아 외도(外桃)라는 방법을 택해 돌파구를 찾는 사람도 있고, 유혹에 넘어가지 아니하고 건실히 자기 임무를 충실히 하여 사랑으로 이루어진 그 믿음을 지키는 사람도 있는 것이다.

● 부적절한 행동으로 인한 기억은 평생 지워지지가 않는다.

일시적인 기억으로 생각하는 일부 사람들의 잘못된 판단이 평생 동안 자신을 옥죄는 사슬로 작용하는 것이다. 그리고 다음으로 자손에게 까지 추한 기억으로 되살려져, 눈을 감은 후에도 자손의 입에 오르내리는 처량한 신세가 되는 것이다.

● 그만큼 부적절한 관계는 항상 꼬리표로 따라 다니는 것이다.

- 미국의 클린턴 대통령도 결국 그 추한 소리에 시달리지를 않았는가?
  후대(後代)의 사람들이 기억을 할 때 다른 점은 몰라도 "아 섹스 스캔들 대통령" 하면 다 알 것이다. 그만큼 무서운 것이다.
- 양(陽)과 음(陰)의 핵심(核心)부분 끼리의 접촉은 이리도 신성하다.
  한 편으로는 더럽기도 한 것이다.
- 극(極)과 극(極)이 만나서 작품을 만드는 것이니 오죽하겠는가?
  죽여!, 살려! 나 못 살아!, 이럴 수가!, 아!, 아!-----소리가 한 두 번이 나오는 것이 아니지 않는가? 그러니 무서운 것이라는 것이다.

✜ 인체에는 많은 구멍이 있다.

- 그 가운데서 가장 높은 위치에서 기(氣)를 발산하는 곳이 바로 눈이다.
  흔히들 "눈에서 광채가 나오는 듯하다"는 표현을 많이 들었을 것이다.
  그만큼 눈에서 나오는 에너지는 매우 강렬하고, 신선하고, 예리하여 그 사람의 모든 것을 나타내는 것이다.
- 눈에는 정기(精氣)가 서려, 모든 사물을 보고 곧바로 뇌에 전달한다.
  바로바로 판단하도록 하는 영상의 기능을 갖춘 고도의 세밀하고, 중요한 부분이다.
  그래서 상을 봄에 있어서 제일차적인 관문의 역할을 한다.

◈ 눈이 매우 검은 경우.

- 심성이 맑고 착한 사람이다.
  몸도 건강하여 매사에 적극적이나 리더의 그릇은 못되는 사람이다.
  올라가야 참모가 최고인 사람이다.
- 명석하기는 하나 지혜(知慧)가 부족하고 결단성이 약간은 모자란다.
- 정력은 왕성하여 아내에게 존경과 사랑을 받는다.
  그리고 믿음 주는 스타일이다.

◉ 궁합(宮合)은 내로남불.

◈ 음란(淫亂)한 눈.

- **남성이던, 여성이든 이 눈웃음이다.**

 눈의 회오리에 꾸뻑 가는 사람들이 참 많다. 특히 애교가 많은 여성의 경우, 이 눈웃음 하나로 많은 남정네 들을 울렸다, 웃겼다 갖고 놀기도 한다.

- 이런 눈은 도화안(挑花眼)이라 한다.

 웃을 때 눈모양이 약간 접어지며 물빛 어린 듯하다. 접히는 모양이 실로 희한하다.

- 사교성은 좋으나 음란(淫亂)하다.

 자의 반, 타의 반, 이성(異性)관계(關係)에 휘말리게 된다.

- 한 번 빠지면 헤어나기가 힘들어진다.

꽃과 나비

終

✣춘하추동 실전 사주학 시리즈 **두원출판미디어 易學도서**

① 건강과 질병

사주 통변에 있어 병을 찾고 그 치료법을 구하는 요령과 대책. 사주의 병이란 인체의 질환과 같은 것. 치료법은 격국과 용신이라 할 수 있다. 관상으로 찾는 방법도 열거.

책의 크기 142*210

정가 15,000 원

② 사주명리에 빠져봅시다.

입문 과정을 총망라한 실전 입문서 배우면서 사주를 감명하는 요령, 기초를 다지는 확실한 내용으로 여러분과 함께 합니다.

책의 크기 148*225 520쪽

정가 27,000 원

사주 관상 ③ 부부클리닉

부부간에 벌어지는 알 수 없는 많은 사연,
남녀 간에 벌어지는 사랑의 멜로디를 아름답게 적는 방법. 행복을 위한 사랑 궁합은?

책의 크기 148*225

정가 18,000 원

④ 사주 통변술의 이차방정식

실질적인 통변의 요령. 육친 해석에 대한 정석, 사주원국을 차분하게 분석하고 감추어진 내용들을 와해시켜 하나씩 끄집어내는 방법.

책의 크기 142*210

정가 25,000 원

⑤ 격국의 원류와 흐름을 찾아서

격국이란? 집으로 비교하면 아파트인가? 단독인가? 거푸집인가? 조립식인가?---
구별하여 그에 알맞은 생활을 하는 것이다. 과연 어떻게 사는 것이 참다운 삶인가?
책의 크기 148*225

정가 27,000 원

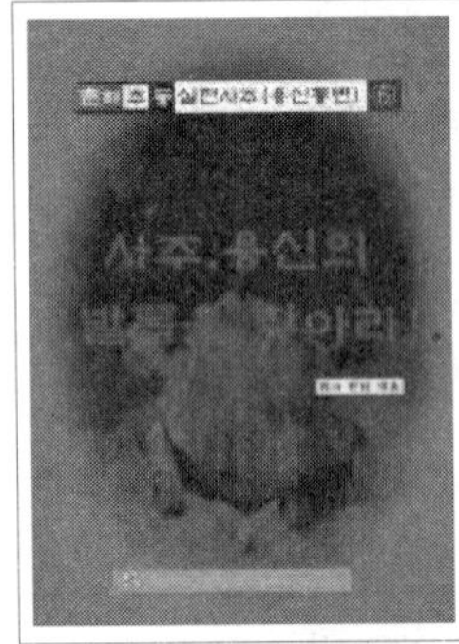

⑥ 사주 용신의 발톱을 찾아라

격국 다음 과정으로 용신편. 격국으로 뼈대를 형성하고, 살을 부치는 작업, 병을 확인하고 치료하는 과정이다. 사주의 맥과 급소이다. 몸에 옷을 맞추어 입는 것이 순리다.
책의 크기 148*225

정가 30,000 원

⑦ 사주 신살 약인가 독인가

藥도 되고, 毒도 되는 것이 신살. 길신과 흉신이 그렇다. 세상사는 이치가 그렇다. 지금 약이지만 지나치면 독이 되는 것. 중용과 순리를 지향하는 처신의 해법을 제시.
책의 크기 148*225

정가 27,000 원

⑧ 내 팔자가 내 복이다.

정해진 팔자는 마음대로 바꿀 수는 없다. 다만 얼마나 잘 순응을 하고, 적응하여 대응을 적절히 하는 가에 달린 것. 내 탓이다.
책의 크기 148*225

정가 38,000 원

⑨대박은 터트리고 쪽박은 깨야한다

필요해서 갖고 있으면서도 활용을 못해 없는 것과 같고, 버려야 할 것을 귀히 여기는 어리석음을 이른다. 사주의 특성을 파악 자신의 장단점을 살피는 것이 통변이다. 책의 크기 148*225

정가 30,000 원

⑩ 사주 명리 격론(激論)

정해진 팔자는 마음대로 바꿀 수는 없다. 다만 얼마나 잘 순응을 하고, 적응하여 대응을 적절히 하는 가에 달린 것. 내 탓이다. 수명(壽命)−추가.
책의 크기 148*225

정가 27,000 원

추명가① 음양 오행통변술

모든 것의 기본은 음양이요, 그리고 오행으로 세분화한다. 물론 분야에 따른 해석방법이 다 다르지만 어떠한 사안에도 근본적인 흐름은 결국 음양오행이다. 활용하는 방법과 기준을 제시하는 것이 이 책의 특징, 책의 크기 182*257

정가 25,000 원

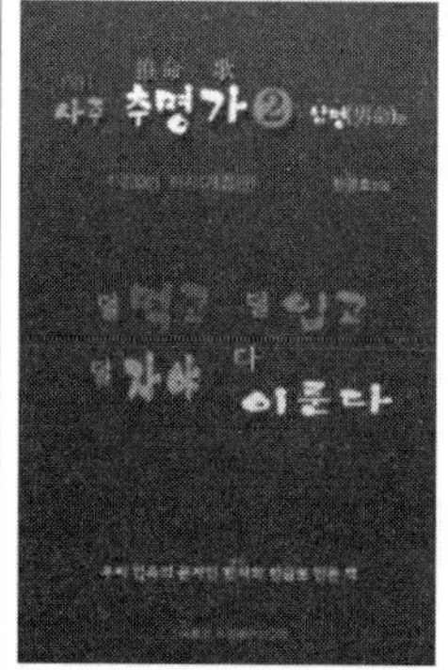

사주추명가②-남명편

남성에 관한 모든 사항을 항목별로 구분하여 실전 사주를 대입하여 통변하는 방법과 요령을 설명. 실전에서 통변할 때 실수하시 않도록 핵심적인 부분을 집약 설명한 도서이다.
책의 크기 148*225

정가 18,000 원

사주추명가 ③ - 여명편

여성에 관한 모든 사항을 항목별로 구분하여 실전 사주를 대입하여 통변하는 방법과 요령을 설명. 실전에서 통변할 때 실수하지 않도록 핵심적인 부분을 집약 설명한 도서이다.

책의 크기 148*225

정가 18,000 원

움직이는 만큼 오래산다

건강과 질병의 개정판. 삽화와 함께 이해를 돕는 구성으로 편하게 볼 수 있는 책으로의 변신을 시도.

기억에 남는 획기적인 영적인 상담에 도움이 되도록 편집. 건강에 대한 중요성을 강조. 관상을 중시.

책의 크기 187*257

정가 23,000 원

파워만세력-④

구성 납음 명리 종합만세력.

책의 크기148*225

정가 18,000 원

스마트 만세력-3

기동성 있는 만세력-소지하기 쉬운 만세력.

책의 크기 138*190

정가 13,000 원

스마트 2021-만세력2

카다란 만세력. 큰 활자로 눈의 피로도를 줄이고 시원한 느낌으로 날짜를 적어낼 수 있도록 편한 만세력.
책의 크기 182*257

정가 20,000 원

춘하추동-만세력2

보통 편하게 접하는 크기로 부담없이 펼쳐보는 만세력. 양력과 음력의 편한 구별을 강조. 일반 도서의 양식. 책의 크기148*225

정가 15,000 원

◉ 도서출판 두원출판 미디어 역학서적 안내 ◉

◉ 판권

궁합은 내로남불

엮은이 / 한명호
펴 낸 이 / 한원석

판권 본사
소유 의인

펴 낸 곳 / 두원출판미디어
강원도 춘천시 효자3동612-2
☎ 033) 242-5612,244-5612 FAX 033) 251-5611

등록 / 2010.02.24. 제333호
♣ 파본, 낙장본은 교환하여 드립니다.
홈페이지: www.dooweonmedia.co.kr
: www.internetsajoo.com
♣ E-mail :doo1616@naver.com

초판 1쇄 2021. 10. 05 ISBN 979-11-85895-27-7

정가 23,000 원

◉ 판권